A Study of Urban Tourism and Its Use of Languages

城市旅游业
及其语言使用研究

黄 慧 梁 兵 陈倩茜 著

ZHEJIANG UNIVERSITY PRESS
浙江大学出版社

目　录

上编　城市旅游业研究

下编　城市旅游语言使用研究

上编

◆ 城市旅游业研究 ◆

第一章　城市学与城市旅游业

第一节　城市的功能与定义

城市是一个客观实体存在，已有几千年的历史。城市也是一个非常复杂的系统，很难定义。以中国古代城市的物质文化内容为例，其宫室、园林、道路、器皿，以及其精神文化方面的典章制度、意识形态、风俗观念等，都在城市中有更为集中的表现（张雨，2016）。自第二次世界大战后，各国城市化发展迅速，人们对城市的研究也日趋深入，涌现出了许多城市研究的新学科，如城市规划学、城市建筑学、城市地理学、城市经济学、城市人口学、城市社会学、城市管理学、城市旅游研究等。而我国自改革开放以来，城市建设和发展速度进入了历史上的最快时期。人们从科学的角度对所居住城市的过去、现在与未来进行了一系列研究，有了城市规划、建设与可持续发展的一些理论，有了探讨如何为今后城市发展留下足够空间和良好环境的研究成果。城市是一个庞大而复杂的系统，因此在围绕城市纵向和横向等方面的研究上，无论是在理论上还是实践上，都需要对城市进行综合的研究。城市学主张从整体上把握城市运动的规律，是综合研究城市的学科。

一、城市的起源

城市科学中的任何一门学科，都可以按照自己学科的理论体系加以研究和界定。对城市的现有定义多着眼于城市某个或某些方面的特征分析，从不同学科专业的角度进行阐释，有的从城市起源角度阐述城市的发生定义，有的从城市功能角度讨论城市的功能定义，有的从城市集聚本质讨论城市的集聚定义，还有的从城市系统性角度解释城市的系统定义等（王国平，2013）。

对于城市的起源问题，不少学者从不同的角度进行分析，主要分为两种不同的观点。第一种观点认为，古代城市最早兴起于防御上的需要。从"城市"这个词的构词来看，城市由"城"和"市"两部分构成。所谓"城"，是指以高墙围起来，扼守交通要冲，形成要塞，形成具有防卫意义的部落。《管子·度地》曾描述"内为之城，城外为之郭"。《吴越春秋》也曾说，"筑城以卫君，造郭以卫民"。城市中的"市"即"交易的场所"。因此，"城市"被看成"城"与"市"的结合体，即以高墙和瞭望台围起来的进行交易的一定区域（王国平，2013）。

第二种观点认为，城市是社会分工的必然产物。随着社会大分工的形成，人们居住的空间被分为城市和乡村两个组成部分。首次社会大分工是原始社会末期的农业与畜牧业的分工。这次分工产生了以农业为主的固定居民，出现了产品剩余，从而为产品交换创造了前提条件。随后的第二次社会大分工起源于金属工具的制造与使用，手工业和农业逐步分离，产生了直接以交换为目的的商品，使部分农村居民脱离了土地的束缚。第三次社会大分工随着商品产生的发展和市场的扩大而逐渐成形（马克思，恩格斯，2012），工商业劳动和农业劳动逐步分离，专门从事商业活动的商人应运而生，由此导致了城市和乡村的最终分离。商品经济不断发展、集市贸易逐渐成规模，居民和商品交换活动慢慢集中，进而出现了城市。

二、城市的功能与定义

城市有别于农村居民点，不仅是因为人口集聚的不同，更主要的是因为其功能的特殊性。学者林广曾通过研究美国社会哲学家刘易斯·芒福德（Lewis Mumford），在其著述中总结了城市的五大功能。第一，城市是人居中心。城市的基本功能是居住和生活。第二，城市是文明的生产者。因为"人类的精神思想是在城市环境中逐渐成形的"（芒福德，1938:4）。城市是记录人类文明的史书，也是创造人类文明的场所。第三，城市具有教化功能。芒福德（1938）认为，城市的主要功能是化力为形，化能量为文化，化僵化的东西为活的艺术形象，化生物繁衍为社会创新力……城市是体现人类之爱的一个器官，因而理想的城市经济模式应该是关怀人和陶冶人。第四，城市具有社会功能。与传统的乡村不同，城市具有包容性和开放性：不同的文化在这里汇集、碰撞和融合，产生新的文化；不同的人群在这里聚合、杂处和生活，形成新的人群。城市的全方面开放性促使城市之间的联系打破了地域差异的束缚，形成了一个自然的、有机联系的社会群体。第五，城市具有经济功能。城市的资金、人力等资源较为集中，极大地促进了当地的生产、消费等活动，为产生利润创造了条件。"城市本身表明了人口、生产工具、资本、享乐和需求的集中；而在乡村里所看到的却是完全相反的情况：孤立和分散。"（马克思，恩格斯，2012:57）相较于乡村，城市更具有经济发展的优势条件。

　　城市研究的不同角度赋予了城市不同的定义。广为接受的有从城市聚集特征出发的定义和从城市系统特征出发的定义，其分别从城市本质特点和城市空间的角度出发为城市概念做了限定。前者是从城市的本质特点给出的定义。城市的本质特点是集聚，城市是人口十分密集的场所，也是产业、资金、技术、文化和建筑物密集的场所。钱学森（1985）认为，所谓城市，就是一个以人为主体，以空间利用和自然环境的合理利用为特点，以聚集经济效益、社会效益为目的，集约人口、经济、技术和文化的空间地域大系统。后者从城市的空间角度加以阐释。城市是一个复杂的自然社会复合系统，城市各组成部分在城市空间内形成一个互相联系又互相制约的有机体。芒福德（1986）曾解释说，城市既是多种建筑形式的空间组合，又是占据这一组合的结构，并不断与之相互作用的各种社会联系，各种社团、企业、机构等在时间上有机结合。英国学者 K.J. 巴顿（K.J.Button）认为，城市是一个有限空间地区内的各种经济市场——住房、劳动力、土地、运输等——交织在一起的网状系统（Button, 1984）。特别值得注意的是，从城市区域中心特征总结出的城市区域定义及专业性更为突出地表现在城市景观定义、城市文化定义、城市生活方式定义等方面。各种定义对城市的认知具有一定共通性，即城市是一个庞大的复杂的系统整体。

　　城市的复杂特性使人们不得不重视以下几个因素。一是明确城市和乡村之间的区别是定义城市的主要途径。城市相对于农村，人口总数多、密度大，非农业劳动密集，居民职业构成、社会构成复杂，政治、经济、文化等人类活动集聚，具有高度开放性、包容性、现代化及社会化等特征。

二是明确城市的定义应该是综合性的概念。不同的定义所选择的研究角度有所不同，但相互联系不可割裂。日本学者山田浩之认为，城市须具备密集性、多样性及非农业土地利用三方面特点。山田浩之分别从城市的一般性质、社会性质、经济性质对城市加以定义，并认为三类性质相互作用，构成城市的大致框架。三是明确城市定义是不断发展变化的。古时，城市是具有防御功能的交易场所；如今，城市的发展远远地超出了这一范围，城市已经是具有多元化功能的大系统。

根据相关的研究成果，城市可分为资源型、创新型、交通港口型、旅游型和综合型这几种类型。本研究重点关注旅游型城市。旅游型城市拥有能够吸引大量外地游客的丰富的旅游资源，与旅游业发展相关的各类设施、机构、城市功能发达而完备，旅游产业结构合理，运转高效，并处于支柱产业地位。浙江杭州是旅游型城市的代表之一。

旅游型城市的物质构成要素有自然生态环境、空间结构布局、建筑与经典建筑作品，以及由以上三方面组成的风景景观等。非物质构成要素有政治、经济、社会、历史、文化等。国内旅游型城市大都是在当地自然风景或人文景观的基础上发展起来的。另外，旅游业的发展有利于实现城市的可持续发展，也是构建生态城市的途径之一。但有关资料表明，部分旅游型城市对旅游资源保护力度不够，未能充分保护环境，存在旅游产业链多、短等问题，对城市的发展造成了一定程度的阻碍。

第二节　城市学的定义与研究内容

近代以来城市经济和文化的不断发展，使得城市在人们的生活中占据越来越重要的地位。因此，有学者把城市作为一个复杂的科学课题加以研究，逐步建立了具有很强综合性的"城市学"学科体系。近些年出现了从不同视角研究城市学的成果，如以城市教育问题为切入点的研究。2015年11月8日召开的"中国城市学年会·2015"围绕"城市教育问题"研究城市教育制度创新，其目的是探索如何推动城市教育科学发展，提升城市化水平。城市教育研究与城市旅游研究一样，是城市学的要素之一（毛春红，2016:33）。

一、城市学的定义

与任何一门新理论、新学科的创建一样，城市学建立的基本问题在于"如何创建一门纯粹统一的城市学学科"。鉴于此问题的思辨哲学色彩过于浓厚，也可以具体转化为"在当代城市化进程中，是否存在着普遍性或共通性的问题、范畴、知识、方法、框架与规律"。这是一个发生在具体的城市研究之前的、具有先验性质的问题，显然已经超出了实证哲学或一般经验研究的范围。从对国外城市研究的回溯来看，关于这个问题可以归纳出两种主要的观点与态度：一是城市悲观主义者把城市本身理解、描述为"无序的复杂性"，甚至还把人类治理、改造城市的努力与实践称为"一场注定要失败的战争"，分别从理论和实践两方面否定了建构城市学科的可能性与必要性；二是以 20 世纪美国学者简·雅各布斯（Jane Jacobs）为代表的"有机整体"观，她认为城市问题表现出很多变数，但并不是混乱不堪，毫无逻辑可言的，相反，它们"互为关联组成一个有机整体"（雅各布斯，2005:485）。城市既然是一个有机整体，其本身就必然存在着共通性的特征、规律与本质，为建构一门名为"城市学"的新理论、新学科指明了前行方向。由此可见，国外对城市学的基本定义是，城市学研究关注其有机整体本身所存在和具有的共通性特征、规律与本质。

国内对城市学的定义存在不同的说法。其一，城市学是一门应用的理论科学，而不是基础科学，或者说是一种技术科学，而不是基础理论。钱学森于 20 世纪 80 年代在《关于建立城市学的设想》中是这样定义"城市学"的：具体而言，城市学是研究城市本身的，不是乡村社会学、城市社会学等，而是城市的科学，是城市的科学理论。有了城市学，城市的发展规划就可以有根据了。他进一步强调，城市学要研究的不光是一个城市，更是一个国家的城市体系，并指出我国今后城市发展专业化的问题，预言将来会有除钢铁港口城市外新的专业城市，如科学城、金融城、旅游城等。这一预言在 30 年后的今天已成为现实。以高新技术、金融贸易及旅游为主体的城市比比皆是，城市发展专业化已然成为我国城市化进程中的新气象。随着愈来愈多的城镇进入城市化历程，城市发展专业化已由单一产业转为多产业齐头并进，发展过程更为复杂多元，产业结构层次更加分明。例如，浙江省会杭州市是全国知名的旅游城市，其城市发展一直受到关注，旅游业一直受到支持。其轻工业及新兴电商产业也借着改革开放的新风迅速崛起，成为城市发展的坚实支柱，有效地推动了杭州的城市化建设，为城市带来了新的活力。

在钱学森发表这篇论文前，国内另一位重要学者李铁映（1983）已在《城市问题》杂志发表了《城市与城市学》一文，提倡创立城市学。他认为城市是一个大系统，关于这个大系统的理论就是城市学。城市作为大系统，应该作为整体以城市学来研究。城市学不是研究每个分支科学的理论，建立在这些分支科学理论基础上的城市理论，应该综合地加以研究，包括城市战略、城市学概念、城市发展方向、城市模型、城市性质对人类发展和人类文明的作用，为解决城市诸多矛盾提供大系统的理论基础、前提和依据、边界条件、协调反战的限制性因素等，应该认识城市诸矛盾本身及其相互联系的系统的科学理论。

为推动城市学研究，探讨解决城市化进程中所面临问题的思路和对策，推动城市学发展，杭州成立了国际城市学研究中心。该中心成立于 2009 年，是杭州市委、市政府专门设立的城市学、杭州学研究机构。中心围绕中央实施新型城镇化战略和建设中国特色新型智库两大战略决策，树立了打造具有国际特征、中国特点、杭州特色的城市学学派和打造"国内领先、世界一流"的城市学智库两大目标；中心以"城市概念性规划"为品牌，以"城市学金奖征集评选活动"为抓手，以"中国城市学年会"为平台，组织开展了征集评选、课题研究、论坛组织、人才培养、成果发布等一系列工作，探索中国新型城镇化的发展之路，为各级党委政府规划、建设、管理、保护、经营城市提供智力支持。研究内容涉及城市文化遗产保护问题、城市生态环境问题、城市流动人口问题、城市交通问题、城市教育问题、城市国际化问题等。

二、城市学的提出

"城市学"（Urbanology）一词最早出现在 20 世纪 60 年代。希腊学者康斯坦丁诺斯·A. 多克西迪斯（Constantionos A. Doxiadis）提出创立新学科"城市学"的主张。后来的美国哈佛大学与麻省理工学院联合设置的城市研究所所长莫伊尼汗（Moynihan）及加利福尼亚大学格莱齐尔（Clazier）

等教授均针对"城市学"进行过讨论，并自称为城市学家。

20世纪50年代，英文单词"Urbanization"还未被选入词典，"Urbanology"很少出现在广泛使用的英语中，许多权威的辞典、大全和百科全书都没有收录这一单词，有些辞典虽然收录了，但在释义上还相当模糊。1979年出版的《韦氏新二十世纪英语大词典》（*Webster's New Twentieth Century Dictionary of the English Language*）收录了"Urbanology"（城市学）条目，但仅解释为"关于城市问题的研究"。法国学术界也对"Urbanology"的定义存在争议。法国著名城市规划学家、法兰西城市规划学院创始人及前院长皮埃尔·马尔兰（Pierre Merlin），巴黎第八大学和法兰西城市规划学院教授弗朗索瓦兹·肖埃（Françoise Choay）联合主编的《城市规划与管理词典》收录了"Urbanology"这一条目，并解释这个词的创立是为了替代"Urbanisme"（城市规划）。由于"Urbanology"这一概念本身并不具备实体性，因此这种等同关系并未得到广泛认可。法国城市社会学家克里斯蒂安·托巴罗夫（Christian Topalof）在其文章中论述城市学的内容及研究对象时就使用了"La Science de la Ville"（城市的科学），来取代"Urbanology"，显然城市学这一学科在当时还未完全形成。

城市学的研究直到20世纪初城市社会学、城市经济学形成后才开始深化。城市学研究作为一种研究方法始创于帕特里克·盖迪斯（Patrick Geddes）。盖迪斯把生物生态的原理和方法应用于社会研究，把法国实证主义哲学创始人孔德（Auguste Comte）和勒·布莱（Frédéric Le Play）互相对立的社会学统一起来，综合了两人研究中的地理学因素和历史学因素，并进一步把分散于各个方面的城市研究都综合到一起，包括环境考察、实用卫生学、住宅建造、市政工程、城市规划、城市文化等，创立了城市社会学和建筑学的整体概念，奠定了城市区域发展规划的思想基础。

三、城市学的研究内容

20世纪30年代，随着城市化的兴起，国外有关城市、城市化研究的论文陡然增多，研究的方向有建筑、规划、设计、社会学、经济学、生态环境学等，国外城市学研究的发展由搜集材料的阶段进入基础理论研究的阶段，从宏观发展到微观，从理论研究发展到了应用科学阶段。之后的研究可将城市学的发展分为三个方向：理论研究，包括城市原理、城市结构、行政管理等；应用科学研究，包括城市生态环境保护、城市规划及发展等；城市社会危机研究。

到了 20 世纪 80 年代中期，"城市学"一词几乎与"城市化"一词同时在中国出现。宋俊岭（2012）曾解释过城市学学科建设的关键之处。他认为，城市学能不能真正站起来，要看这三个条件能不能满足：第一，要有客观明确的研究对象，研究半天没有对象等于没有前提。第二，这个学科要有自己的合理定位，完整的框架，以及独特的贡献。如果其他人没做，你得有做这种绝活的决心。从实践层面来说，要有教材，要开设相关课程和有授课的专业人员，还要有大量艰难、长期、坚定的科学研究和科研实践。城市科学研究方向有城市经济学、城市历史学、城市管理学、城市社会学、城市人口学、城市法学、都市法学、都市园林学、城市生态学、城市建筑学、城市规划学等。从认知学角度来看，人类的历史正是记录、实践循环往复的过程，在记录中归纳真理指导实践，在实践中检验真理修正记录，因此城市学学科建设最核心的就是宗教和哲学，具体来说就是城市历史科学和文化人类学。宋俊岭强调历史科学是祖母科学，而宗教更是文明之母，是所有学科的发源地。文化人类学之所以能成为城市学科建设的另一核心，是因为城市说到底，是人类现象。正是在研究城市历史和人文的基础上，综合了地理学、经济学、文化人类学、社会学、生态学、市政学、法学和建筑学等，提取构成了城市学自身的范畴、逻辑、理论和方法，其目的在于为城市规划、建设、设计、管理提供理论依据，也就是用理论来指导实践。2017 年 3 月，住房和城乡建设部下发文件，将杭州列为首批"城市设计试点城市"，而浙江同时入选的还有宁波、义乌，成为入围数量最多的省份。所谓城市设计，范围可大可小，从整个城市三维空间架构的制定，到城市区域的安排，甚或一个弄堂的改造，一栋历史建筑物的维护，以及一个纪念碑的设计，都可包含在城市设计范围内。相对于理性构建城市骨架的城市规划，城市设计则是更进一步的人文情怀的血肉堆砌，塑造出了当代城市，尤其是旅游城市发展的新形象。

城市学是一门从整体上综合研究城市和城市体系产生、运行和发展的科学（陈光庭，1998），它是研究城市的学科，有别于规划建设城市的城市规划学。城市学的研究内容主要是城市和城镇体系的产生和发展、城市的功能与作用、城市的特征与本质、城市的结构与运行机制、城市与人及环境的关系、城市与乡村的关系、城市化及城市现代化与国际化的基本理论与衡量指标体系等。汉语文献中，城市学与城市科学混淆的现象也频繁出现，实际上城市学与城市科学是完全不同的概念。城市科学是研究城市的学科群体（Urban Sciences），而城市学（Urbanology）则是单一学科，归属于城市科学，是一个新的研究领域。日本城市学家吉村英一曾在其主编的《城市问题事典》中设立"城市科学"条目，特意指出"城市学与城市科学并不一样"。也可以这么理解，城市学是形成城市科学中心的学科体系，但不是城市科学本身，城市科学是包括城市地理学、城市规划学、城市社会学等以城市为研究对象的科学的总称。

第三节　旅游城市的功能与定义

一、旅游城市的形成

城市具有为人们提供居住、商业、工业、交通、娱乐、休闲场所等功能。城市还具有综合实力强、环境优美、娱乐休闲设施完善、旅游资源丰富、文化底蕴深厚等特点。城市吸引来自各地的商务人士和前来参观、游览、休闲度假的游客。城市作为区域旅游的中心，有着旅游管理、接待、集散的功能。作为人口的密集聚集地，城市是主要的旅游客源地。

旅游城市的形成是在自然条件与旅游资源、区位因素与集聚效应、经济发展水平、旅游产业政策、旅游市场需求、旅游客源市场等因素综合作用下的产物。这些因素彼此关联、相互整合组成旅游城市形成发展的动力机制。尽管多因素综合演变是旅游城市起源和发展的基础，但不同城市、不同时期都存在不同的主导因素。国内城市学学者王国平在其著作《城市学总论》中将旅游城市按不同主导因素主要分为以下五种类型：资源推动型、区域推动型、政策推动型、需求推动型及经济推动型。

资源推动型旅游城市的形成主要基于高质量的旅游资源。具有先天优越自然条件与旅游资源的城市很容易最先发展起来，成为颇有名气的旅游城市，如拥有西湖的杭州、依傍庐山的九江、紧挨黄山的黄山市等。城市有高品质自然条件和旅游资源是城市旅游项目开发和旅游产品产生的前提条件，所需的开发成本较低，回报率高，因此成为早期旅游城市发展的主要模式。

区域推动型旅游城市的形成依托较好的经济区位，能更好地发挥其中心辐射功能。地理区位同样能为城市带来强大的旅游吸引力。国内有些城市旅游资源禀赋较弱或者基本不具备旅游资源，但因其具备较好的区域区位特征，形成了明显的集聚效应，也可以投入资金发展城市旅游业，开发旅游购物、会展旅游等各种形式的旅游产品，满足不同层次人群的旅游需求，如占据改革开放先机迅速发展的深圳、成为中国商业中心的"魔都"上海等。

政策推动型旅游城市顾名思义就是基于政策的引导，率先获得发展旅游产业机会的城市。近几年，国家着力发展旅游业，尤其是在部分具备旅游资源，但因交通闭塞、经济落后无法实现旅游业长足发展的偏远城镇。部分地区政府设立了"旅游扶贫开发区"，把"旅游城市"作为城市发展定位，以期获得国家的政策支持，如福建厦门在国家优惠政策的扶持下，大力发展休闲产业，成为国内首屈一指的旅游城市。

需求推动型旅游城市是基于游客爱好、出游能力等组成的客源市场条件，以及旅游客源市场需求的规模、特征等发展起来的旅游城市。旅游市场需求是旅游城市发展的重要前提，也是旅游产业发展的动力所在，如有着苏州园林的苏州，一直以来都有极大的旅游市场，这也促使苏州积极增强旅游竞争力，逐步往旅游城市发展。

经济推动型旅游城市的形成在于经济发展水平对旅游城市动力作用的进一步强化。随着社会经济的发展，旅游城市不再仅仅局限于旅游资源型、区域推动型等被动发展，而是走向旅游产品升级、人工产品开发。一些拥有优越经济条件的城市依托其经济实力，开发一些具有极大吸引力的人造景观，通过城市集聚和辐射作用，吸引大量资金、人流，如有号称投资上亿的"瓷房子"的天津市。

二、旅游城市的功能与定义

与一般城市不同，除了具有城市文化、贸易、金融、交通、信息、科学、教育等中心功能外，旅游城市主要发挥"旅游"功能，主要以发展旅游业为中心，使城市的各种功能与之相适应。在发展旅游业时，又要重视发展与之相适应的产业，使各个产业之间相互促进，协调发展（陈洁行，1988）。与西方国家旅游城市发展注重休闲功能不同，中国旅游城市发展关注的是旅游的经济功能。旅游产业对我国经济发展产生了许多直接影响，旅游过程中产生的消费行为和活动有助于促进城市相关产业的发展，提升我国的整体消费水平，实现国民经济的快速增长。具体来说，城市旅游业的经济功能主要表现在六个方面：

一是增加外汇收入。旅游景区对外开放可以吸引大量的国外游客，增加外汇，平衡本地区的对外发展支出。

二是促进当地交叉产业发展。联合国统计司 2013 年的具体测定表明，旅游业是典型的龙头产业，其发展可以带动 110 个行业的发展，对餐饮业的贡献率达到 40%，对住宿业的贡献率达到 90%。此外，与其他经济活动相比，旅游业带来更多的就业机会，可以有效推动产业多样化发展，为当地城市化提供支撑。

三是平衡区域间经济发展。经济发达地区居民的旅游行为能为区域之间带来财富的流动，为旅游目的地带来经济收益，从而带动当地城镇的经济发展。

四是扩大当地政府的税收。旅游业的发展势必会为当地政府带来更多税收收入，而税收的最终用途主要是为人们提供有效的治安与和谐的环境。当地政府通过旅游的税收进一步建设规划本地经济，一方面加快城市化进程为人民创造小康社会，另一方面也努力保护城市文化和景区风景。

五是促进城市可持续发展。旅游业发展将有利于旅游资源的优化和整合，为旅游资源的深度开发、专业化发展提供更多的优惠政策和经济支持，进一步丰富旅游产品，提高旅游体验满意度，为城市的可持续发展提供原动力。

六是促进城市国际化发展。旅游业发展将促进城市科学规划，探索特色发展之路。同时，将促进城市的基础设施建设，使城市管理更趋人性化，扩大对外文化传播，全面提高城市的国际化水平。

20 世纪末以来，学者们对旅游和城市旅游的关注程度急剧增加（黄安民，韩光明，2012）。然而关于旅游城市，学术界尚未形成统一的定义。从城市设计的角度来看，对旅游城市的定义强调旅游城市以城市规划、城市建设为基础；生态学角度，认为旅游城市以自然生态的良性循环和可承载能力为基础；经济学角度的定义，则着重于旅游经济的投入产出比例高这一方面，强调旅游产业是经济的重要支柱。

目前，人们对旅游城市的普遍认识是以现代化的城市设施为依托，以该城市丰富的旅游资源为吸引要素的。人们认为旅游城市包含美丽的自然风景、丰富的人文景观、深厚的文化底蕴、周到的旅游服务及良好的城市形象，是集丰富的旅游资源、发达的旅游产业和完善的旅游功能为一体的综合系统。

三、旅游城市的研究内容

城市旅游推动了城市经济和社会的发展，也奠定了我国整个旅游业发展的基础。而旅游城市作为具备独特性质的新兴城市类别，其发展引起了理论研究者的高度重视。从收集的文献资料来看，旅游城市的研究主要有以下几个方面：旅游城市的概念研究，旅游城市的特征研究，旅游城市的形象研究，旅游城市的可持续发展研究，以及旅游城市的竞争力研究。

关于旅游城市的概念研究，李伟（2005）认为，旅游城市即城市经济比较发达、综合环境优美、旅游资源丰富、配套设施完善，从而旅游业为其重要城市职能的城市，他在此基础上提出生态旅游城市的概念及特点、建设模式、建设原则等。李娜（2006）认为，旅游城市是指旅游资源丰富、旅游基础设施完善、城市环境优美、旅游产业发达且在城市产业结构中占有重要地位的城市。杨其元（2008）曾经讨论过旅游城市系统的构成，探讨了旅游城市系统的复杂系统特性，分析并提出了旅游城市系统的系统结构框架及动力机制；同时分别从城市设计、经济学、生态学角度对旅游城市的内涵进行了阐述。

针对旅游城市的特征，赵兵（2004）基于旅游城市的分类，对比分析了各种类型旅游城市的特征。连晓燕（2007）在对旅游城市内涵进行界定的基础上阐述了旅游城市的一般特征，并按照不同的分类标准对旅游城市进行了分类，对旅游城市形成发展的影响因素和基本路径进行了系统化的探究。王旭科、冯书春（2009）分析了旅游城市的主要特征，指出其发展存在的问题，总结提出传统旅游城市转型升级的模式。阚如良、操诗图、胡晶晶（2006）阐述了国际性旅游城市的特征与内涵，分析了湖北省宜昌市建设国际性旅游城市的比较优势与主要差距，提出宜昌建设国际性旅游城市的战略部署。

围绕旅游城市的形象问题，韩顺法、陶卓民（2005）探讨了我国城市旅游形象存在的问题并提出了一些积极建议。毛宗清（2005）结合实际情况，分析旅游城市形象设计的核心和定位，梳理出城市旅游形象设计的措施和方法，并提出塑造城市旅游形象的基本思路。宋章海（2000）认为，旅游目的地形象应当从主客体双方的要求出发，根据双方的特点、条件发展状况，合理导入城市形象识别系统（City Identity System），正确评价旅游地的形象，并从旅游者角度提出旅游地形象应具有可感知性与不可感知性的特点。杨慧芸（2009）提出旅游城市形象的口碑传播策略、影视传播策略、危机传播策略和空间传播策略。

有关旅游城市的可持续发展，目前国内这方面的研究较多，而研究旅游城市可持续发展的文献则相对较少。赵兵（2004）提出旅游城市可持续发展的制约因素，并提出旅游城市可持续发展的主要对策。董大为（2005）界定了旅游环境承载力的概念、特性、内涵及功能，阐述了旅游环境承载力理论与可持续发展理论的关系，提出了旅游环境承载力的评价指标体系，并用模糊线性规划的方法建立了测度模型。杨其元（2008）从城市设计、经济学、生态学的不同角度对旅游城市进行了深入探讨，构建了旅游城市发展的理论框架。

陈红梅（2006）针对旅游城市竞争力就我国中小旅游城市、中小旅游城市竞争力及中小旅游城市竞争力系统的内涵进行过界定，并分析中小城市旅游竞争力与大城市旅游竞争力之间的联系与区别，提出中小城市旅游竞争力系统的构成要素和运行机理，并建立了中小城市旅游竞争力评价体系。吴静（2009）界定了旅游城市竞争力的内涵，分析旅游城市竞争力与城市旅游竞争力的差异，指出城市旅游竞争力是旅游城市竞争力的组成部分，并构建了旅游城市竞争力评价指标体系。杨其元（2008）在旅游城市综合竞争力评价方面进行了探索性的研究，建立了旅游城市综合竞争力的评价体系。

目前，国内开展了城市旅游开发、旅游商品开发、旅游业效率、城市旅游国际化等相关研究。杨新军、祁黄雄（1998:119）论证了旅游开发模式是旅游业可持续发展的基础，也是旅游业务发展和旅游开发的阶段性问题。李东、石维富（2013:69）分析了四川省攀枝花市旅游商品资源的类型及特点、攀枝花市旅游商品开发的现状，从旅游商品的开发、建立与完善，旅游商品的购物网络，公平与放心的市场秩序的营造，旅游购物营销的创新等方面，提出了攀枝花市旅游商品开发的对策。杨春梅、赵宝福（2014:65）采用三阶段数据包络分析（Date Envelopment Analysis）的方法，选取 50 个著名旅游城市为研究对象，对旅游业效率值进行测算。针对旅游业效率值分析，他们提出扩大生产规模、实现资源集中配置的建议。宋家增（1993:18-21）以天津为例，探讨了加快发展旅游业、促进城市国际化的问题。

第四节　城市旅游业研究的意义

一、国外城市旅游业研究的意义

关于城市旅游业，国外主要开展了旅游产业、生态旅游、城市旅游、游客行为、客源市场、旅游目的地、旅游地产、旅游地营销等方面的研究。主要包括旅游城市管理模式、旅游城市规划与管理、旅游产业开发营销、旅游产业对生态环境的影响、旅游城市功能及城市空间拓展等方面的研究成果。主要采用了文献查阅、实证分析、案例解析、数据模型、对比分析等研究方法，取得了一定的研究成果，具体情况如下：

R. A. Smith（2005）通过对泰国芭提雅城市拓展过程的分析研究，指出该城市滨海线性空间开发强度不断增大，滨海度假区的建设用地逐步增加，随着用地的局限，空间上城市在沿海岸线扩展的同时向内陆地区拓展，滨海用地以商业用地及旅游接待设施用地为主，与之相对的内陆则以居住用地为主。

D. Pearce（1982）以巴黎为例，基于旅游交通的角度讨论旅游城市功能分区及发展方向，研究其旅游功能分区，得出了旅游城市中的商店和服务业用地布局在旅游的带动作用下会向主要的旅游景区靠近的结论。

旅游对环境影响的研究主要包括旅游对环境造成的破坏和生态退化问题，具有一定的积极作用。Robert Maitland 的研究探讨了旅游战略对历史文化名城剑桥发展管理的长期影响，围绕通过管理措施合理控制城市发展来实施这些旅游规划的战略目标，旅游发展促进废弃建筑得以重新利用、历史遗迹得到修复和保护，进而为历史文化名城带来新的活力（连晓燕，2007）。

Kevin Meethan（1997）以澳大利亚东北部约克角半岛的约克角城为例研究了旅游城市的管理，讨论了城市作为旅游目的地和作为居住、工作场所之间的管理冲突，并提出了城市旅游业发展的一些对策。

Robert Maitland 的研究也是关于旅游城市的规划与管理研究。他对英国及其城市剑桥 1978—2003 年的旅游规划与管理进行了探究，讨论了旅游战略对历史名城发展管理的长期影响，特别是通过控制城市来实施这些规划的战略目标和政策。Stephen Litvin 通过对美国西弗吉尼亚州首府查尔斯顿和卡罗来纳州的研究，为城市改建工程对城市发展的作用提供了一个良好的反馈，也为其他历史城市的复兴提供了良好的参考价值（连晓燕，2007）。

二、国内城市旅游业研究的意义

我国城市学着重研究城市发展中宏观性、战略性、综合性等问题（陈为邦，2007）。在国内城市学研究初期，研究关注点就在于城市在国家经济社会发展中的地位和作用。20 世纪 80 年代，国内计划经济影响仍在，传统工业城市思想仍然遗存，人们尚未形成完整的城市概念。随着改革开放和社会主义市场经济的发展，人们的城市观念有了变化，城市研究宣传了城市的地位和作用，帮助人们对城市有了一定的认知。

我国城市学研究的另一特征在于强调组织跨行政区的综合研究，促进区域的协调发展。尽管由于行政区域的局限，区域协调发展的行政机制和体制至今尚未得到完善，但学术研究则在不同区域的协调上享有较为自由的空间。1988 年，"长江三角洲地区城科会联系会"在上海召开，本次会议由上海、南京、杭州三市城市科学研究会倡议开展，会议成立了联系中心，合作开始了长江三角洲地区跨行政区的城市科学研究的卓有成效的活动。又如京津冀城市协调发展研讨会首次会议于1991年在天津召开，与会城市就区域内城市合理分工、优势互补、协调发展、共同繁荣的途径，以及加强宏观调控等问题进行了探讨，决定建立联系机构，协调开展工作。在此之后，三地城科会多次举行联系活动，相互沟通，并正式提出了开展京津冀北区域规划的建议。这些学术活动对促进政府之间的联系，推进区域城市协调发展都产生了良好的作用。

具体来说，国内城市旅游业的热点集中在旅游城市空间形态研究、城市旅游业案例研究、城市旅游业发展概况研究及城市旅游业可持续发展研究。主要采用了文献查阅、数据分析、评价模型、RS分析方法、跨学科理论，如景观生态学、生态足迹、可持续发展、生态补偿、低碳经济等理论，成果丰硕，取得了阶段性的重要成果。具体情况如下：

旅游城市空间形态研究。例如，郝艳丽（2008）以旅游用地为切入点，研究旅游用地在城市中的合理利用，通过对著名旅游城市安徽省黄山市旅游用地现状及问题的分析，探讨了黄山市旅游用地的空间结构和分区的功能优化，以促进城市快速、持续、健康发展；李铭（2011）从旅游产业的发展对旅游城市发展定位、城市外部形态扩展、城市内部功能结构优化等的影响，分析了河北省秦皇岛市城市空间结构演变的过程，总结了一般规律，提出了城市形态优化的对策。

城市旅游业案例研究。例如，张萍、孙俊涛（2012）采用了文献查阅等方法调查了北京市居民关于北京奥运会对城市旅游基础设施影响的认识和看法，结果表明北京市居民一致认为奥运会改进了城市的旅游设施，为奥运会而改进的基础设施影响了奥运城经济的发展，同时也增加了旅游者的数量。曹芳东等（2013）从经济、市场、效率、公平四个方面构建了旅游业绩的评价体系，系统分析了泛长江三角洲城市旅游业绩效空间格局的演化过程，结果表明泛长江三角洲城市旅游业绩效空间分异明显，经济驱动、市场驱动、产业链驱动、政府驱动及相互间的综合驱动共同作用，促进了城市旅游业绩效空间格局的演化。

城市旅游业发展概况研究。例如，刘艳（2004）讨论了中国城市旅游业的现状、地位及其发展中存在的问题，并针对性地提出了建议；冯守宇

（2014）对中国城市旅游业、会展业联动发展的基础及对策进行了深入分析，提出多种措施，以促进两业合作共赢、共同发展；黄磊、郑岩（2015）回顾了国内外资源型城市旅游业发展的研究历程，发现研究焦点集中于国内外对比、资源型城市转型与旅游业发展的关系、个案、发展机制与路径、评价体系和发展模式，并基于以上综述，结合理论研究与应用研究进展，提出研究展望。

城市旅游业可持续发展研究。例如，厦门大学郭雅诚（2014）的硕士学位论文基于区域生态经济系统的视角，运用当前较为先进的能值分析理论，确定旅游能值综合指标，对厦门市旅游业可持续发展现状进行定量分析，同时结合 RS 分析方法，以厦门市近十二年旅游能值分析为依据，对未来的旅游业可持续发展趋势进行预测。中南林业科技大学安永刚（2010）在其博士学位论文中综合运用景观生态学、生态足迹理论、可持续发展理论、生态补偿、低碳经济等方面的理论来研究休闲城市旅游业可持续发展问题，用旅游环境承载力评价体系和改进生态足迹两种方法来分析长沙旅游业可持续发展的现状，并根据低碳理念来提出相关的旅游业可持续发展政策。郑扬（1998）从市场机制、历史文化、城市转型等方面开展调查，对城市旅游业的可持续发展提出了相关建议，调查了北京胡同旅游业发展，探讨了市场机制与城市历史文化的可持续发展问题。

此外，国内还开展了标识语、公示语与国际旅游城市建设之间关系的研究。邵红万（2012:46）以江苏省扬州市公共标识语翻译语料为研究对象，采用文献研究与实地调查相结合的研究方法，从拼写错误、中式翻译、译文不一致、拼音使用不当和语用失误五方面揭示标识语翻译中存在的主要问题，探讨有效促进旅游语言环境建设的五大对策。葛丽等（2011）以陕西省西安市世园会中汉英公示语错译为例，从语言和文化角度分析公示语错译的原因，指出错译对旅游城市语言环境建设发展的影响，探求改进策略。冯丁妮、孙智（2008:112）从英语语言功能出发探讨旅游英语语言的特征，研究旅游英语的文化内涵，揭示英语语用功能与文化内涵的关系，论述旅游英语在辽宁省大连市创建国际一流旅游城市中的作用。

三、存在的问题

国内的城市学研究也存在一些值得注意的问题。城市研究，包括城市地理学、城市社会学、城市经济学、城市规划学、城市人口学、城市传播学等，也包括近年来新兴的城市文化研究、城市美学、城市哲学等交叉学科，这些研究吸引了政治学、艺术学、文学、法学、哲学等人文学科的参与。从一定程度上来说，这种跨学科的知识结构与研究队伍恰好对应于当代城市发展本身的复杂性与多元性。围绕着城市发展中的环境、交通、生态、建筑、文化、历史等问题，有大量专门性的城市研究成果出现，部分甚至涉及城市一般发展与演化规律的共性探索。但就城市研究的总体现状而言，由于传统上形成了科学壁垒，我国的城市研究对当今世界城市的发展规律、本质、特点和趋势还缺乏系统、深入的基础理论研究，特别是面对高速发展、涉及面广和环境复杂的中国城市化进程，以及在这个进程中表现出来的中长期与当下需要、总体目标与局部利益、空间资源与现实条件、物质文明与文化生态等方面的矛盾冲突，现如今的城市学研究可以说是严重不适应和不对称的。我国的城市学研究需要厘清早期经验，在深入反思的基础上，努力建构更有创造性、更符合逻辑进程，以及更能主动承担历史必然要求的城市学科。

目前国内与城市相关的研究分属自然科学、社会科学与人文科学，固有的学科壁垒使三者之间的交流与对话严重不足，这让国内的城市研究往往表现为一种"片面的深刻性"或"局部的有效性"（刘士林，2012:23）。在三种学科中，最具实用价值的是自然学科，在城市规划、城市建筑、城市交通以及新能源开发方面都起到了重要作用。当代城市发展越来越依赖科学技术，但也由此带来了愈发严重的生态环境问题和伦理问题。因此，当前最为活跃的城市研究当属城市社会科学研究，如城市社会学、城市人类学、城市管理学等，通过实证、统计得来的数据和模型已然成为当下城市提升科学决策水平及管理效率的主要参考依据。但由于实证科学本性排斥人文主义问题，因此城市社会科学研究往往从根本上忽视了城市的理想与信念。当然，排除了社会科学的城市人文科学也是同样不可取的。如何围绕城市研究突破学科壁垒，改善自然科学、社会科学和人文科学之间互不相容的恶性状态，尽快结束三大学科长期以来形成的孤立与对立状态，在更开放的城市科学框架内实现三种基本知识与伦理的协调和统一，是迫切需要解决的问题。

国内城市旅游研究方面的相关文献很多，存在不同时间阶段和不同研究深度的文献。研究的核心问题包括基础理论、城市旅游可持续发展、城市旅游竞争力、城市旅游规划、城市旅游空间、城市旅游形象、具体实例研究等。从研究综述角度，目前关于城市旅游和旅游城市的研究已经不再停留在传统的城市旅游产品和客源市场等方面了；对城市旅游竞争力研究的视角更加新颖，研究方法不再限于单纯的理论研究，而是通过实证研究，结合各个城市旅游业发展现状，力求为解决实际问题提供一定的参考意见。但国内的城市旅游业研究依然存在一些问题，具体来说有以下几个方面。

第一，理论体系的建设是城市旅游业研究的薄弱环节。关于城市旅游的理论研究课题在近些年如雨后春笋般兴起，但仍然存在问题：如城市旅游空间研究理论没有清晰的理论框架，会展旅游和旅游城市的研究理论比较浅显等。城市旅游业研究多数停留在宏观和中观层面，微观深入的研究比较少。国内研究多为模仿追随国外研究成果，研究限于结合当前形势和任务而展开。尽管出现了不少零碎的研究成果，但尚未有成熟的理论研究，不能形成完整体系，因此很难有力地指导具体的城市旅游业实践工作。

第二，城市旅游业的研究方法存在一定的问题。"城市"和"旅游"是两个独立又复杂的概念，研究城市旅游业意味着要跨越多个学科来实现城市旅游向多学科多层次的发展，涉及的学科有数学、经济学、管理学、社会学等，并结合这些学科来建立模型或探讨新的发展模式和评价体系。

第三，关于城市旅游业和旅游城市之间的联系的结合分析较少。城市旅游业是旅游城市发展的重要产业，两者概念既有不同也必然有所联系，如城市旅游规划与旅游城市规划、城市旅游可持续发展和旅游城市可持续发展等。要研究探讨城市旅游业，从"旅游业"和"城市"之间的联系入手，才能真正厘清城市旅游业的概念。

国外关于城市旅游业的研究主要从旅游产业、城市旅游、生态旅游、游客行为、客源市场、旅游目的地、旅游地产、旅游地营销等方面进行。上述文献说明，国外相关研究主要有旅游城市的具体管理模式、旅游产的开发营销、旅游产业对生态环境的影响及城市空间的拓展等方面。从研究内容上来看，国外相关研究主要关注旅游城市的建设和旅游产业的影响力，同国内城市旅游业研究存在一样的问题，缺少系统理论的支撑，研究多形成零散的成果，涵盖领域广。这样的研究理论不利于系统性地指导实践，也难以促使城市旅游业研究成为一门完整的系统的学科。

第二章 城市旅游业的历史、发展与现状

第一节 城市旅游业的历史

亚里士多德说："人们为了活着而聚集到城市，为了生活得更美好而居留在城市。"从现代人对城市的追求与宣传可见，人类对城市美好生活的向往亘古未变。城市功能的日趋多元化使得城市旅游也变得"更综合和多样化"（张凌云，2014:24）。早在 1992 年，世界旅游业理事会 (WTTC) 运用严密的经济分析仪器，测定出旅游业是当今世界第一大产业（利克里什，詹金斯，2002）。旅游业的发展和城市各方面成绩的取得有着密不可分的关系，了解国内外城市旅游业的历史有助于我们对两者差异的存在有更加清晰的认识，从而有效地借鉴国外城市旅游业发展过程的研究成果。

一、 国外城市旅游业的历史

国外对旅游学问题的研究虽有近百年的历史，但城市旅游研究的历史较短，主要集中在城市旅游的经济理论（需求与供给），城市旅游对经济、社会、文化和环境生态的影响，城市旅游的规划和管理，以及城市旅游的市场营销等方面（苏晓冬，2008:2）。

国外早期的城市旅游(Urban Tourism)可追溯到17至18世纪欧洲的"大旅行"（Grand Tour），它主要指英国和欧洲大陆国家的贵族或富裕家庭的子弟在踏入社会前的旅行，用来开阔眼界、增长知识，旅游的目的地一般为当时的文化中心——城市，如法国巴黎，意大利米兰、罗马和威尼斯等，但对城市旅游进行系统研究则要晚得多。

一般认为，最早对城市旅游进行研究的是美国学者斯坦斯菲尔德

（Stansfield, 1964）。他在《美国旅游研究中的城乡不平衡》（*A Note on the Urban-Nonurban Imbalance in American Recreational Research*）中提出了城市旅游研究的命题。因此，城市旅游研究出现于 20 世纪 70 年代，当时，工业化国家普遍出现城市危机，城市中心出现了严重的污染和拥挤等问题，犯罪率也飙升，城市的经济中心开始向城镇和郊区转移。这为城市旅游的萌芽带来了机会，这一工业城市产业结构的弊端为城市旅游发展带来良好的契机（赖艳，2014:190）。

"旅游城市化"（Tourism Urbanization）这一概念由 Mullins 在 1991 年提出。在后工业时代，人们开始倡导城市建设中的环境改善及可持续发展，强调"以人为本"的指导思想，从而使得城市的综合实力迅速提高，整体环境得到极大改善，各种配套服务设施更加完善和人性化，这些改变赋予了城市旅游管理、接待、集散和辐射等新的功能，为非城市地区提供了独特的旅游体验，旅游因此开始"城市化"（Mullins, 1991）。"城市旅游"要以人们为何选择城市作为旅游地为出发点，需要分析旅游者行为的社会心理，特别是旅游者的动机（Pearce, 1982; Douglas, Bulter, 1993）。

Hall（1997）曾预言 20 世纪的最后 30 年将会是欧洲主要城市和历史文化小城镇的大旅游时代（俞晟，何善波，2003）。总之，城市对外交通和工商业发达程度对于城市旅游起着重要作用，一些国际性旅游大都市往往是交通枢纽或区域中心城市。旅游者被城市所吸引，主要是由于城市提供的专业化功能和一系列的服务设施（Page, 1995）。

二、 国内城市旅游业的历史

自 18 世纪 40 年代以来，随着资本主义工业革命的进程，发达国家的经济得到了迅猛发展，刺激了以定居为目的的城镇化的进程，以及以旅居为目的的旅游业的发展；19 世纪，发达国家国内城镇化达到较高水平，人们更为关注城镇的休闲和娱乐元素；随着资本主义经济的对外扩展，旅游输出成为发达国家平衡外汇的重要手段之一，客观上刺激了发展中国家入境旅游市场的发展，并与发展中国家的城镇化浪潮融合在一起（李柏文，田里，2009:678）。二战后，各国开始关注本国的经济复苏和社会发展。中国虽为文明古国，历史文化名城众多，风景旅游城市较多，但大多数城市盲目发展，独立作战竞争，很难在加入世贸组织后迎接国际旅游城市的竞争和挑战（聂献忠，2003:3）。

宋家增（1996）以上海为例，提出了"都市旅游"的概念，将其定义为以都市风貌、风光、风物、风情为特色的旅游。彭华等 (1999) 给出的定义为发生在城市中的各种游憩活动的总称，而旅游产业则是旅游者在城市中的所有物质和精神消费活动。随着时代的发展，陆续有其他学者给出相应定义，这里不做深入探讨。

由于旅游业是一项新兴的产业，改革开放之前中国各地各部门对旅游业及其相关产业的认识几乎是空白，所以自改革开放以来，中国许多相关学科（如历史、地理、经济、文学等），纷纷从各自的领域介入旅游业的研究，观光旅游、历史旅游、体育与文化旅游等得到大力发展（聂献忠，2003:9-10）。但就研究领域而言，多数研究还是局限于针对自然资源开发的景区规划等，对城市的旅游研究也主要集中于上海等大城市（吴必虎等，1997）。其中，对以自然景观为主的风景旅游城市的研究，以及对历史文化名城的旅游业开发与城市旅游吸引力、竞争力的分析评价较少涉及，对城市旅游业经营与管理的讨论也比较少。面对全球化环境下的新旅游市场竞争，中国城市旅游业亟须加强这些方面的研究，特别是在保持个性、塑造城市旅游吸引力和核心力的前提下，研究如何应用新技术和知识经济来强化提高城市的竞争能力，从而促进城市旅游业的发展步伐，显得尤为重要（聂献忠，2003:10）。吴必虎对 1974 至 2003 年在国际权威旅游研究学术期刊 *Annals of Tourism Research* 上发表的论文进行综合研究后发现，旅游地研究始终是旅游研究的热点。城市旅游研究作为旅游地研究的一个分支学科，近些年在国内逐渐受到重视，城市旅游研究也日益广泛而深刻地得以开展（秦学，2001）。

1978 年 1 月，中国恢复旅行游览事业管理局为国务院的直属局，国内的国际旅游业得到了大规模的发展，在北京召开的全国旅游工作会议使全国的旅游发展突飞猛进，而 1986 年是国内旅游业取得显著进展的一年：旅游事业第一次被纳入国民经济发展计划，并成为国家重点支持发展的事业；制订了全国旅游事业发展 15 年规划；旅游设施有了较大程度的改善；旅游人才的培养得到了重视 (中国城市经济社会年鉴理事会，1987:135)。改革开放以前，中国的城市旅游业基本上是接待性的任务，直到 1978 年以后，城市旅游业作为一项产业和地区经济发展的主体才逐渐发展起来，它是旅游业发展的重要基础，是争取旅游外汇的重要手段。此外，城市人文经济旅游资源相对丰富，是旅游者的主要目的地，而且城市建设和基础服务设施也比较完善，能够成为区域旅游集散中心和枢纽（刘艳，2004:127）。改革开放以来，中国旅游业实现了从接待任务工作到事业型发展，到目前的产业化发展，旅游业已形成相当产业规模，被大部分省（区、市）列为主导产业、支柱产业、先导产业或重点产业；与此相吻合，中国城市旅游作为旅游业发展的重点区域也得到逐步发展（王旭科，2008:46）。

因此，严格意义上来说，中国的现代城市旅游发端于 20 世纪五六十年代，起步于 20 世纪 70 年代末期；自 20 世纪 80 年代始，我国旅游产业发展迅速，一批旅游城市的发展起到了示范效应，带动了中国城市旅游的发展；90 年代以后中国城市旅游发展步伐加快，尤其是随着 1999 年"黄金周"制度的确立，城市旅游进入一个空前发展的状况，各地区依托各自的旅游资源，涌现出一批旅游大省和旅游强市；20 世纪后期，我国城市化进程得到了空前的发展，并形成了以长江三角洲、珠江三角洲、环渤海经济圈为代表的高度城市化地带，并以此为核心向整个流域和周边地带进行辐射，带动了周边地区城市化的发展；与此同时，城市旅游也得到迅速的发展，稍有特色的城市都把城市旅游作为经济发展的增长点，各地旅游发展呈现出日益蓬勃的态势，城市成为客源地，而且城市作为旅游目的地的作用也愈发显著，旅游对地方经济的贡献不断增大（王旭科，2008:46）。

第二节　城市旅游业的发展

现代旅游业的快速发展让人们意识到旅游业及其发展所依托的城市之间存在密切的双向互动关系，它是城市发展的重要动力，而城市不仅是它的发展依托，也是重要的旅游目的地，"景城一体"、共同发展方能实现双赢（张辉，2014:17）。随着经济、社会、科技的不断发展，现代旅游业的范畴也在不断扩充，不同城市又各具特色，千差万别，且城市中可产生吸引力的内容广泛而复杂，因而城市旅游的内涵也不尽相同，并且在不断地丰富与变化着（王旭科，2008:12）。据世界旅游组织预计，到 2020 年国际入境旅游者将超过 15.6 亿人次，其中对大约 4 亿人次的长途旅游者来说，城市将成为旅游接待地的第一站，届时城市将发挥更多的旅游功能。可以预计到旅游业在未来仍将是世界经济的一大热点，而城市旅游或者以城市为基地开展的旅游活动将成为新崛起的世界旅游业的核心竞争地带，同时也将是最有活力的世界旅游产业和旅游经济的中心之一（王旭科，2008:43）。

一、国外城市旅游业的发展

第二次世界大战以后，随着各国经济的复苏和社会的发展，城市居民更为注重生活质量和环境状况，对外出旅游、休闲度假的需求不断增长，最初由于乡村交通基础设施的落后和相关配套服务设施的缺乏，城市旅游作为传统旅游业率先蓬勃发展，而后到了 20 世纪 80 年代，世界上一些主要的城市已经成为游客们重要的旅游地，如纽约、香港与巴黎等（聂献忠，2003:3）。

在国外，自 Stansfield（1964）阐述城市旅游的概念后，学者们就开始逐渐认识到城市旅游的重要性。20 世纪 80 年代，世界城市旅游出现迅速的发展（Law, 1993; Page, 1995）。到 20 世纪八九十年代，西方城市旅游研究迅速发展，基本形成多学科综合研究的局面，其研究领域涉及城市旅游的需求与供给、开发规划与管理等方面（徐福英，马波，2012:53）。

国外对城市旅游问题的研究主要从城市旅游吸引、城市旅游市场、旅游管理与决策、旅游效用与影响的角度展开。20 世纪 80 年代以后，欧美学者开始注意到旅游发展因素的综合性与系统性，在旅游开发研究中开始关注自然、文化、工商业、金融、社区与政府等因素对旅游系统功能的影响（Gunn, 1988）。海外中国游客形象问题近些年来是一个热门话题。2015 年，中国旅游研究院联合中国国际广播电台开展了中国游客海外形象调查，其调查内容涉及 23 个国家和地区的外国人对中国游客海外文明行为的认知情况，获得有效问卷 1264 份。

二、国内城市旅游业的发展

当西方发达国家的城市旅游已有相当规模并走上规范发展的道路时，中国城市旅游才刚刚起步。自 1995 年起，在全国范围内开展的创建"中国优秀旅游城市"活动，带来了城市旅游的迅速和持续繁荣（徐福英，马波，2012:52）。城市旅游不仅促进了国民经济的发展和社会的进步，还奠定了中国旅游业的发展基础，成为国内现代旅游业发展新的增长点，在整个旅游产业中地位突出（同上，2012:53）。据 2016《中国旅游发展报告》，国内旅游从小众市场向大众化转变，拥有全世界最大的国内旅游消费市场；国际旅游从单一入境发展为出入境并重格局，出境旅游市场更加活跃、发展潜力更大；旅游业从单纯外事接待型转向产业共同发展；旅游业发展由局部扩展到全国（国家旅游局，2016）。因此，本节重点围绕杭州旅游情况进行调查、统计分析。

21 世纪初，我国开始不断关注城市旅游业的新定位和发展方向，比如注重发展网络旅游，使网络旅游不仅仅停留在对旅游景点的介绍上，还要实现影视和服务安排相结合，并通过网络提供旅游指南和个性化旅游服务，满足不同游客的多样化需求（宋佰谦，2000:20）。当前，城市旅游仍是大众旅游的主要方式，旅游城市也成为主要的旅游目的地，作为一个多元文化融合和各相关利益方共存共享的空间综合体，旅游城市未来既不能成为西方中世纪城堡的升级版，更不能是富人俱乐部的扩大版，而应该是"为大多数人提供最大、最持久的幸福"，让各相关利益方各得其所，各享其乐的城市（张凌云，2014:30）。当前国内的城市建设主要依靠政府主导和政策推动，在全球化的背景下，城市的文化基调、建设方向、可持续发展进程等问题都将影响旅游业的发展。

随着我国经济社会发展被全面纳入科学的轨道，旅游业被作为支柱产业来发展的定位更加明确。"十二五"时期我国旅游产业体系将进一步完善，供给能力将进一步提高。当前和谐社会的建设为我国城市旅游业的发展提供了广阔的空间，旅游形象的塑造和品牌的创新已成为国内城市旅游发展的新领域（王茂林，2012:230）。目前，我国各地区发展旅游业的热情非常高涨，大多数省区市已把旅游业确立为支柱产业或先导产业，许多城市立足自身实际，全力培植壮大旅游业，努力提升城市竞争力，其中一些城市的旅游业发展不仅引起了国内关注，也吸引了世界的眼球，正向成为国际性旅游城市的目标迈进。尽管如此，国内旅游业从总体上来看仍处于发展的起步期和产业化前期，发展不充分，与国外旅游强市存在很大差距。就此现状，加快发展旅游业已成为我国城市创新发展理念、培育支柱产业、提升服务业水平、调整经济结构、转变经济增长方式、推动经济社会又好又快发展的一项重要工程（王茂林，2012:233）。城市是旅游的客源地和重要目的地，我国若能不断提升城市旅游竞争力，建设一批具有国际竞争力的旅游强市，将有助于城市软实力的提升，并在构建社会主义和谐社会进程中起到积极作用，为其他城市大力发展旅游业提供信心和动力。然而如何科学地推进城市旅游业的可持续发展一直是是广大城市建设者和相关专家学者积极探索的难题。2007年4月国内举办了首届城市旅游竞争力百强城市高峰论坛，更是强调了对城市旅游业发展的重视（王茂林，2012:225）。

当前，国内旅游业在巨大的社会需求推动下异军突起。许多独特的自然景观和历史文化遗址为城市旅游业的开发和发展提供了丰富的旅游资源和相当程度的自然生态支持。但在发展中，人们往往只看重旅游地的经济价值和对国民经济的贡献，却忽视了旅游业所面临的实际环境问题，例如旅游资源管理休系有待完善、经济社会环境的可持续发展问题突出、"交通瓶颈"问题的存在、旅游品牌特色和个性不突出等（王茂林，2012）。针对该现状，有学者提出，城市旅游的融合与嵌入发展导致了人们在城市旅游的资源、功能、管理等方面观念的转变。从资源上看，"无景点旅游"等新型旅游方式表明人们开始转向原有城市旅游资源观；在功能方面，城市旅游已向发挥综合功能转变，强调改善人民生活品质；从管理上看，城市旅游将改变政府主导的发展模式，借鉴其他产业经验，探索新的管理模式，以求更好发展（徐福英，马波，2012:60-61）。对于城市旅游业发展的对策研究，也有相关研究发现，如加大国际国内客源市场开发力度，实施品牌战略吸引国内外游客，建设民族特色的城市景观，加强旅游市场软环境建设，优化产业结构及完善旅游产品体系等（赵天宝，2010）。通过拉大城市框架，进一步优化城市发展空间，逐步改善城市的功能布局，城市可以凭借其完善的基础设施、优良的生态环境、多元的文化和独特的魅力吸引更多旅游者和外来投资。随着国内旅游的大众化发展，旅游需求日趋多样化和个性化，消费决策更加理性，旅游者更加青睐参与式、体验式、休闲度假式的旅游产品，满足市场多元化的消费需求。因此，需要从城市规划融合入手，实现旅游资源开发保护和全市经济社会协调发展，使旅游业发展与城市其他产业发展、景区开发建设与城市建设、景区旅游和城市旅游发展一体化（张辉，2014:19）。

在中国旅游业发展过程中，不同的地区因为各种资源与生产要素的差异，而呈现出不同的发展特点，而城市作为区域旅游业发展的重要支柱和节点，将在区域旅游业发展中占据日益重要的地位，所以中国旅游业的发展和国际化进程，将主要依赖于不同地区和不同特色的区域旅游业发展，最终又将依靠城市旅游业来加快整体旅游产业的发展，提高国际竞争力（聂献忠，2003:2）。"旅游城市"，就是以旅游业为支柱产业的城市；"城市旅游"，就是要把整座城市打造成中外游客交口称赞的巨型旅游产品（王国平，2009:4）。当前，不仅中国旅游业进入了以城市综合体"唱主角"时代，而且城市经济发展也开始进入以城市综合体"唱主角"的时代，故旅游业之间的竞争，要靠城市综合体决胜负；城市之间的竞争，同样要靠城市综合体决胜负（王国平，2009:5）。改革开放以来，中国旅游业发展经历了三个时代：一是传统景点景区唱主角的时代；二是主题公园唱主角的时代；三是国际旅游综合体唱主角的时代，目前中国正进入国际旅游综合体唱主角的时代（王国平，2009:5）。旅游业是当今世界发展最快和前景最广阔的新兴产业之一。目前我国正在快速推进城市化进程，城市化的快速发展必然推动城市旅游业的发展，而城市旅游产业在发展过程中必然面临来自区域、国内和国外不同城市旅游目的地的竞争压力，这种竞争压力已经由景点竞争、线路竞争进入到城市竞争、区域竞争的发展阶段。随着国内竞争国际化、国际竞争国内化，中国旅游业的市场竞争强度将更加激烈，积极参与市场竞争是中国旅游业的必然选择（张洪，2012:2）。综上所述，国内的城市旅游业发展正在朝着国际化的水平迈进。

目前，城市旅游已成为现代旅游和现代都市生活的一个重要组成部分，城市的旅游功能也日益成为城市的重要功能之一；城市旅游作为一种新兴的旅游类型，从旅游经济总量的占有率来看，已成为当代旅游业的主体（王旭科，2008:12）。作为世界上旅游资源丰富、旅游活动开展较早的国家之一，现代城市旅游业已成为我国国民经济的一大产业。但由于某些原因，我国的城市旅游产业在旅游产业结构、旅游经济效益、旅游企业利润率、国际旅游市场占有率及国家旅游业整体形象策划和营销等方面都要明显落后于世界旅游发达国家。产品的单一性、人造景观的泛滥、行业恶性竞争、各种污染等问题使中国的旅游形象受损，与旅游发达国家的差距日益增大，这不仅会影响中国在国际市场上的整体竞争力，更会导致旅游业时空分布与发展更加不平衡、污染与资源耗竭问题日益严重、旅游业综合效益低、经营管理粗放的恶性循环。因此必须制定和实施可持续发展战略，使城市旅游业经济结构水平朝着正确方向提高（聂献忠，2003:169）。

通过对国内外文献的调查总结，目前国内外对城市旅游的研究个案研究丰富但缺乏系统研究，研究理论模型少，主要是简单的理论分析；研究对象主要是旅游目的地，针对城市旅游整个系统的利益相关者的研究较少；研究方向多但分散；国际学者对南美、亚洲、非洲地区的研究不够，研究对象从旅游目的地扩展到消费者诉求到整个利益相关者的圈子，且越来越注重城市旅游目的地的内在，包括整个空间结构布局、整个城市的意象与形象（赖艳，2014:190）。旅游城市化的研究尚处于探索中，国外的研究侧重于探讨和建立旅游城市化的理论，确立本国的旅游城市化地域，结合一些典型案例分析探讨旅游城市化的特征、类型和影响，丰富旅游城市化研究内容；国内的研究侧重于旅游城市化的动力机制、负面影响及对策研究，与旅游城市化的发展实践相比，国内理论研究相对滞后，旅游城市化概念尚处于构建之中，还未形成较完善的旅游城市化概念体系，研究领域较分散，研究内容不够丰富，尚未凝练成明确的研究领域和研究方向。但是我国地域广阔，城市发展的自然条件、历史条件和社会经济发展水平差异明显，为我国的旅游城市化研究提供了很好的素材（陆林，葛敬炳，2006）。

第三节 城市旅游业的现状

钱学森独创性地指出了城市发展专业化的问题，如建设科学城、金融城、旅游城等专业化城市等。随着愈来愈多的城镇开始城市化进程，城市发展专业化已由单一产业转为多产业齐开花，发展过程更为复杂多元，产业结构层次更加分明。城市学家对未来城市的模式展开了研究，其中颇受关注的未来城市模式有宜居城市、生态城市、健康城市、智慧城市、休闲城市（王国平，2013）。

根据《全球休闲范例城市研究》报告，休闲城市是指充分利用当地自然环境和历史文化特点，围绕人们的休闲需求（包括当地人的日常休闲需求和外来游客的旅游度假需求），发挥政府和市场的共同作用，形成完善的休闲公共设施和服务体系、合理的休闲空间布局、发达的休闲产业供给和知名的休闲城市品牌建设。尽管城市发展历史不长，但城市发展目标是让城市里的人们生活得更好，城市发展关键是要处理好人与环境的关系。城市学是一个复杂的综合体系，涉及面广，本研究从城市学的旅游资源配置及优化视角重点关注城市国际化与城市专业化发展问题，以个案分析为切入点，在全面展开旅游资源调查的基础上，系统、全面地分析城市发展中的各种问题，特别是满足外来游客休闲需求的环境、硬件、服务等问题，为国际化休闲城市建设提供建议，促进城市国际化与城市专业化的可持续发展，进一步丰富、深化城市学理论与实践研究。

一、国内城市旅游业的传统种类

国内旅游业可根据不同的标准，分为不同类型。按区域可分为国内旅游与国际旅游。国内旅游指一个国家（地区）的居民在其国家（地区）的境内所进行的旅游活动，可以细分为地方旅游、区域旅游、全国旅游。国际旅游指一个国家（地区）的居民跨越国界到另一个或几个国家（地区）所进行的旅游活动，还可以细分为跨国旅游、洲际旅游、环球旅游。

按旅游目的可分为观光旅游、度假旅游、公务旅游、专项旅游。观光旅游主要指旅游者到异国他乡游览自然山水、鉴赏文物古迹、领略风土民情，从中获得自然美、艺术美、社会美的审美情趣，以达到消遣娱乐、放松休息和愉悦身心的效果。公务旅游指以某种公务为主要目的的旅游活动，如商务旅游、会议旅游等。专项旅游指以满足某种特定需要为主要目的的旅游，具备定向性和专题性，如宗教旅游、购物旅游、会展旅游等。

二、国内城市旅游业的新兴种类

2009 年出台的《国务院关于加快发展旅游业的意见》中指出，旅游业是战略性产业，要培育新的旅游消费热点促进旅游业的发展，需要大力推进旅游与文化、体育、农业、工业、林业、商业、水利、地质、海洋、环保、气象等相关产业和行业的融合发展。因此，在近年发展中，旅游部门加快了旅游产业与工业、农业、渔业、体育、中医药、文化、民政等相关产业融合发展的步伐，如今融合态势强劲，成效显著，旅游业态呈现出多元化、主题化、特色化等特征。工业旅游、乡村旅游、运动休闲旅游、养生旅游、养老旅游等逐渐成为旅游业的新亮点和新聚焦点。

（一）发展现状

旅游业应坚持"大旅游、大资源、大市场、大产业"的发展方针，发展定位为战略性支柱产业，一个多层次、全方位的"泛产业"，把产业融合作为拓展旅游产业发展空间，优化产业结构，促进产业转型发展，树立开放合作意识，强化合作共赢的思维，加快与相关部门的紧密合作与融合。

一是推动工业旅游全面发展。我国工业产业门类齐全，特色鲜明，为工业旅游的发展提供了广阔的资源空间，深厚的现代工业文明为工业旅游的开发提供了有力的支撑，工业企业转型升级的需要为工业旅游的开发提供了强劲的驱动力。国内著名工业企业如青岛海尔、上海宝钢、广东美的、克拉玛依市石油工业等已经相继向游人开放。工业企业通过发展旅游业，规范了企业内部管理，提升了旅游企业形象，宣传了企业品牌，获得了新的经济增长点，探索了新的转型发展道路。各地工业旅游产品业态新、成效好，前景广，后劲足。

二是促进乡村旅游优化提升。乡村旅游应突出乡村田园风光和传统文化的原真性，完善旅游设施配套，丰富旅游项目，加快乡村旅游精品建设，引导乡村旅游经营户提档升级。国内乡村旅游做得比较好的有秦皇岛市北戴河、浙江桐庐、湖南湘西等。旅游与农业的融合发展，带来了乡村旅游的大繁荣，有效地盘活了农村经济，促进了农村第三产业的发展，提高了农产品附加值，扩大了农民的有效就业，增加了农民收入，美化了农村环境，提高了居民的素质，给广大城市居民提供了一种新的旅游和休闲产品的同时，也为美丽乡村建设和社会主义新农村建设助推添力。

三是培育养生旅游产业。养生旅游业属于高端旅游的一部分，一般来说，旅游者对养生旅游的主要诉求在于：延年益寿、修身养性、医疗保健、生活体验等。国内目前养生旅游业主要包括温泉养生旅游、森林养生旅游和滨海养生旅游。中国文化养生资源丰富，主要以中医药养生观、道教养生观、中华茶文化和太极文化为主，养生手段有茶保健、温泉疗养、中药调理、太极养生等，形成极具我国特色的独到养生旅游方案，具有极大的国际市场竞争力。

四是积极开发老年养生旅游新业态。目前，我国人口老龄化形势日趋严峻，老年人已成为旅游主力军。目前开发的模式有候鸟式养生养老旅游（如海南岛旅游）、"三维立体"养老（如绿城开发的乌镇雅园）、农家式养生养老（即乡村养老）。其中农家式养生养老极具市场，我国应当充分利用丰富的乡村旅游资源优势，加快"银发旅游市场"的开发，为老年人提供丰富的休闲养生旅游产品，满足老年人日益增长的养生休闲和精神文化需求，培育新的旅游经济增长点，拓展乡村旅游的发展空间和发展水平。

五是指导运动休闲旅游深入开展。目前国内运动休闲旅游业发展迅速，各地新兴了一批漂流、滑雪、骑行、赛艇、滑翔伞、徒步登山、海钓、冲浪、划船、赛马、探险、山地高尔夫、攀岩等运动休闲旅游新业态，发展态势迅猛。旅游与体育的联姻，助推了运动休闲旅游的健康发展，通过借鉴典型，将运动休闲旅游新业态培育成新的经济增长点、转型升级的优势产业、惠民健身的绿色健康产业和品质生活的助推产业。

旅游产业融合工程的开展，极大地推动了产业间的大融合和互利互惠，扩大了旅游产业发展的平台，拓展了旅游业的发展空间和文化内涵，为旅游业挖掘出更加丰富的旅游资源，创新了旅游产品和业态，优化了旅游产业结构，实现了旅游业由行业向产业的转变，实现了小旅游向大旅游的转变，实现了单一的观光旅游向多元模式转变，旅游产业融合成为促进旅游产业转型发展的重要抓手，也逐渐成为旅游业的新亮点和新聚焦点。

（二）主要措施

部门合作，合力推动。相关政府职能部门应充分发挥各自优势，实行联合培育、共同促进、共享资源、统筹开发，进一步完善旅游产业发展的基础设施，拓展合作项目，扩大辐射范围，以此构建良性的合作机制，合力推动旅游与相关产业的融合发展。

典型引路，固本强基。围绕推进旅游产业融合工作，首先通过典型示范，龙头企业带动，积极引导各旅游新业态朝着规范化、标注化、旅游化方向培育发展，不断完善各类旅游新业态的基础设施，优化服务，提升品质，强化吸引力，打造一批旅游配套设施完善、示范效应明显、经济效应好的旅游新产品。其次，汲取经验教训，对各类产业融合的新业态进行案例解读，借以指导各地提升发展旅游新业态。此外，还应进一步提升旅游新业态经营者和从业人员的素质水平，积极开展相关培训工作。

因地制宜，融合发展。坚持因地制宜，充分利用当地的资源优势，深入挖掘本土文化内涵，不断推动旅游业与农业、工业、卫生、林业、体育、民政、文化、养生等产业的融合发展，拓宽旅游资源的内涵。

政策扶持，扩大营销。各地政府应出台相关优惠政策，对旅游重大项目实行优先保证土地指标，实行旅游企业与一般工业企业享受同等用气同电价格的政策。同时政府应设立旅游产业融合专项资金，积极鼓励旅游产业业态融合，联合各类社会团体和当地社区积极参与开展新型的营销策略。

三、国内城市旅游业的未来发展种类

目前，旅游业发展迅速，与各种业态的融合诞生了文化旅游、科技旅游、会展旅游、工业旅游、农业旅游、红色旅游、教育旅游、体育旅游、保健旅游、民俗旅游等旅游类型。这些旅游产品满足了不同群体个性化的需求，受到大家的青睐。可见，旅游产业将会和更多产业融合，开发更多受市场欢迎的旅游产品。杭州社会资源国际访问点（详见第三章）的发展充分说明了旅游业态与旅游融合发展的巨大潜力，其秉承的一个重要原则是将原生态的社会资源转化为旅游产品，即把最自然、最生活的一面展现给国内外游客。国际旅游访问点一切以"原生态"为原则，让国内外游客感受到最真实的"杭州味"，并作为旅游国际促销的一个重点和亮点，增强了杭州在国际市场上的竞争力和吸引力。目前，经过十余年的发展，杭州已成功开发了一批具有一定影响力的国际访问点，如万事利丝绸博物馆、杭州市天长小学、杭州市阳光工艺大舞台、古荡农贸市场、杭州市环境集团、运河谷仓博物馆等。传统的手工艺、博物馆所展现的历史文化、社区文化、教育文化、民生生活与旅游产业的充分融合，结出了丰硕的果实。丰富的业态与旅游的融合将会孕育更多的旅游产品，也是国内城市旅游业未来发展的趋势。

第三章　城市旅游业现状
调查与分析（上）

第一节　调查的起因

　　为了客观、全面地了解杭州市社会资源点的旅游资源现状及发展情况，我们受杭州市旅游主管部门委托，在2014—2015年对杭州的110余家社会资源国际访问点开展了调研，包括工业旅游、运动休闲、农事体验、特色文化馆、手工艺术品、中药养生、文化教育、社区文化、特色文化街区九大类。为全面了解各类型访问点目前的总体情况和具体情况，调研针对国内外游客所体验的特色项目、访问点的基础设施及服务质量等指标进行了问卷调查与实地访谈，问卷以中文、英文、韩文为主，在访问点与旅行社的配合下，总共收回问卷833份，其中韩文问卷35份，英文问卷198份，中文有效问卷600份。问卷收集了国内外游客对访问点的印象与具体反馈信息，通过系统数据分析，研究目前访问点的总体满意度情况及具体存在的不足，在借鉴国内外访问点成功开发经验的基础上，为杭州国际访问点的进一步建设和国际化发展提供参考意见。

　　本研究主要调查了国内外游客的基本情况、交通工具、消费费用、兴趣项目、满意度、反映的问题。游客基本情况包括年龄、受教育程度、职业、出游方式。国内游客以华东客源为主，年龄集中在15~44岁，受教育程度总体较高，一半以上人员来自政府、事业单位，绝大多数是与家人或好友同行，主要乘坐公交车、出租车和地铁，大多数游客消费在1万元以内，游客感兴趣的是运动休闲、特色文化街区、特色文化馆和手工艺馆，总体满意度较高，但反映比较突出的问题是路标不明确和餐饮环境欠佳。

国外游客方面，近一半人员来自韩国、澳大利亚、西班牙、美国，来自北欧、中东及东南亚地区的相对较少，年龄集中在 15~44 岁，绝大多数具有本科及以上学历，一半以上人员来自服务业、制造和运输业，基本都与家人或亲朋好友同行，主要乘坐公交车、地铁，大多数游客消费在 1 万美元以内，最感兴趣的是特色文化馆、手工艺品，总体满意度高，但反映比较突出的问题是公共交通便利较差、公共卫生环境不如人意以及无线网络覆盖不全。

第二节　调查的内容

一、国内游客的调查统计和分析

（一）国内游客的基本情况

游客来自国内 13 个省级行政区，以华东客源为主，华东客源中浙江占比最大，达 47.0%。同时香港和台湾游客占比 11.0%（见图 3-1）。

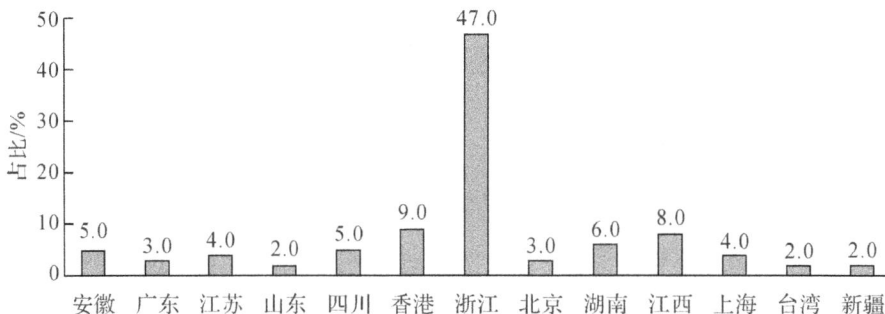

图 3-1　国内游客客源地占比情况

游客年龄主要集中在 15~44 岁，占比 80.0%，其中 25~34 岁游客最多，占比 28.0%（见图 3-2）。

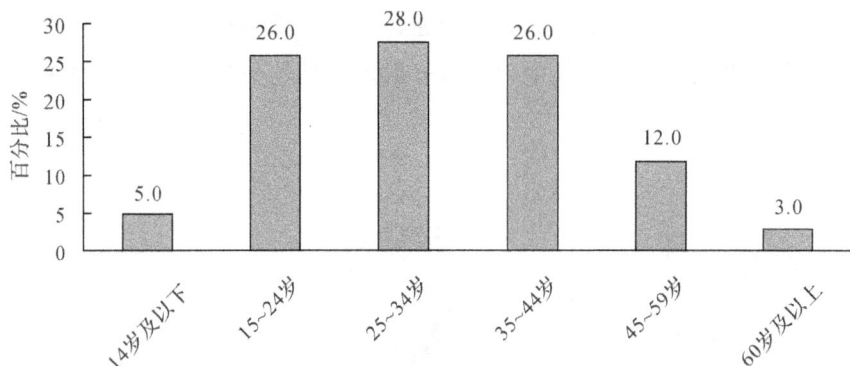

图 3-2　国内游客年龄占比情况

游客受教育程度主要集中在本科、大专和高中三个层次，占比达 79.0%，其中本科最多，达 35.0%（见图 3-3）。

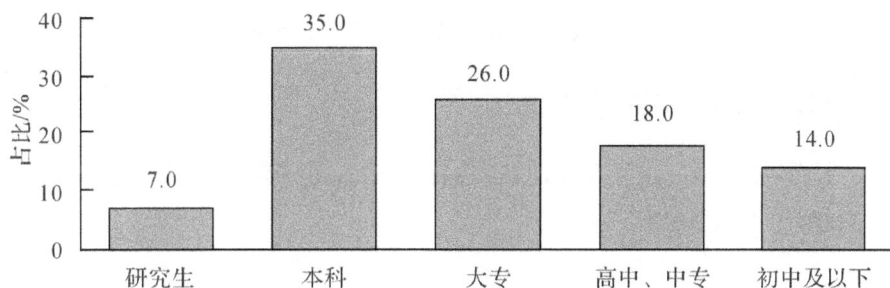

图 3-3　国内游客受教育程度占比情况

游客职业相对分散，但政府官员和职员、服务业人员和学生总占比 46.0%，其中学生占比最大，达 23.0%（见图 3-4）。

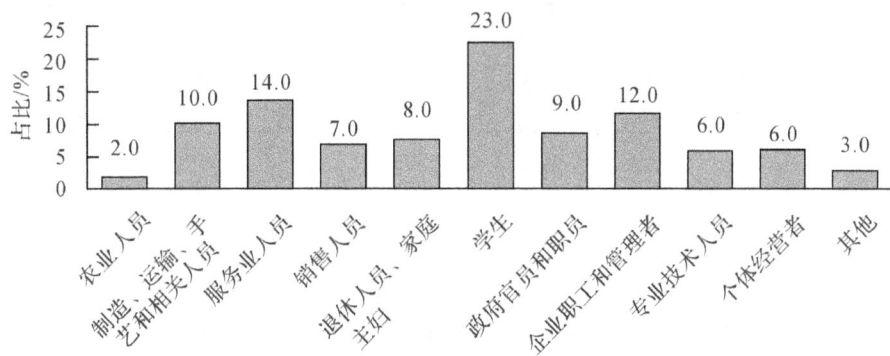

图 3-4　国内游客职业占比情况

游客与家人或亲戚朋友同行，或通过旅行社参团的形式到访旅游资源访问点的比例为78.0%，其中与家人一起旅游的比例最大，达29.0%（见图3-5）。

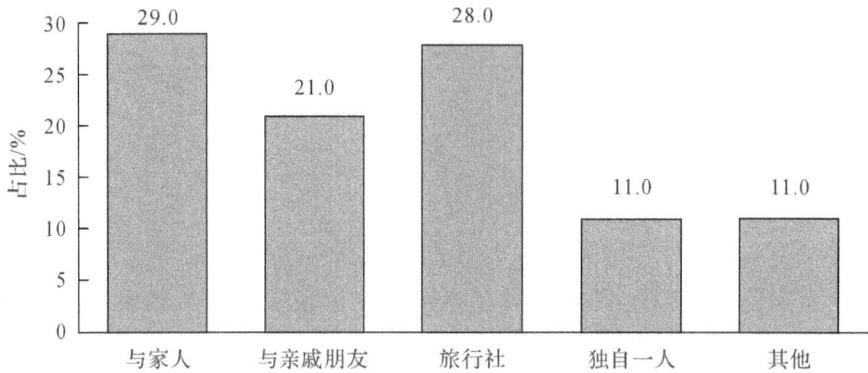

图 3-5　国内游客旅游组织方式占比情况

（二）国内游客的交通工具

主要为公交车、出租车和地铁，占比63.0%，其中乘坐公交车比例最大，达34.0%（见图3-6）。

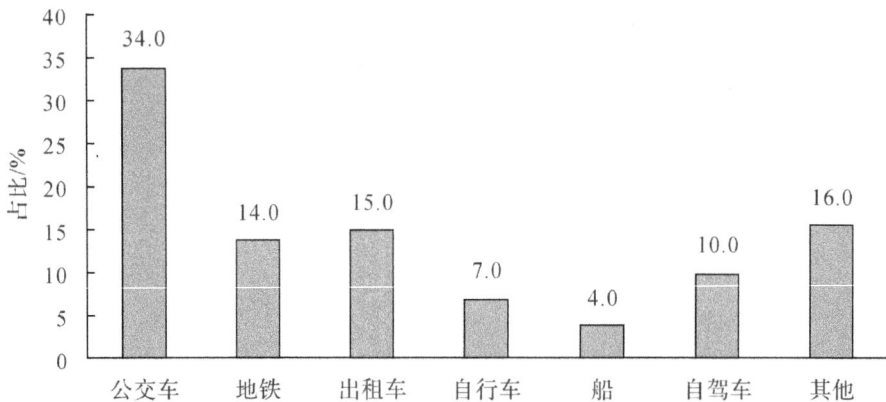

图 3-6　国内游客乘坐交通工具占比情况

游客主要通过亲戚或朋友介绍、旅行社推荐来获取有关访问点的信息，占总比53.0%，其中通过亲戚或朋友介绍的达31.0%（见图3-7）。

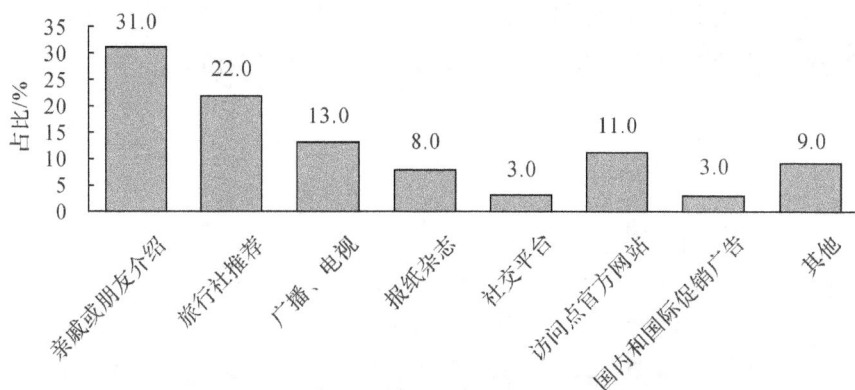

图 3-7　国内游客获取信息途径占比情况

（三）国内游客的费用

在杭州旅游期间花费主要分布在 10,000 元以下，占比 83.0%，其中 5,000 元以下的占比为 56.0%（见图 3-8）。

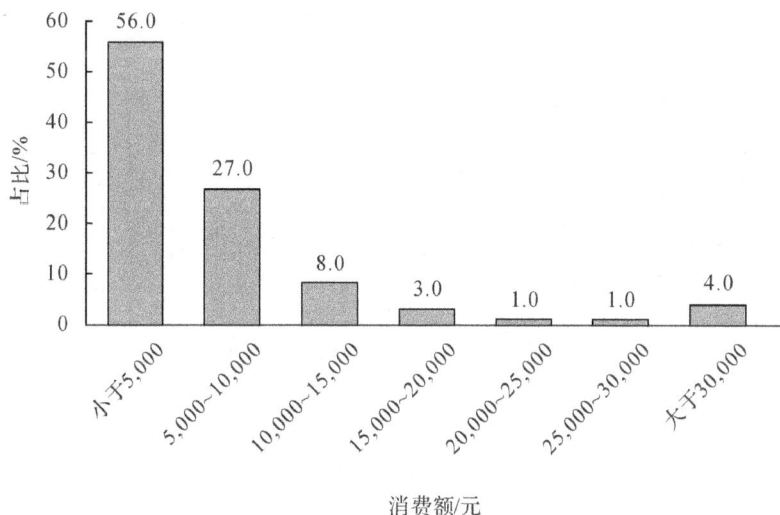

消费额/元

图 3-8　国内游客旅游费用占比情况

（四）国内游客的兴趣

游客最感兴趣的项目主要为运动休闲、特色文化街区、特色文化馆和手工艺术品，占比 71.7%，其中最受欢迎的是运动休闲，占比达 27.6%（见

图 3-9）。最感兴趣的原因主要为趣味性、文化内涵、知识性、互动性和参与性，占比 71.4%，其中趣味性占比 19.2%（见图 3-10）。

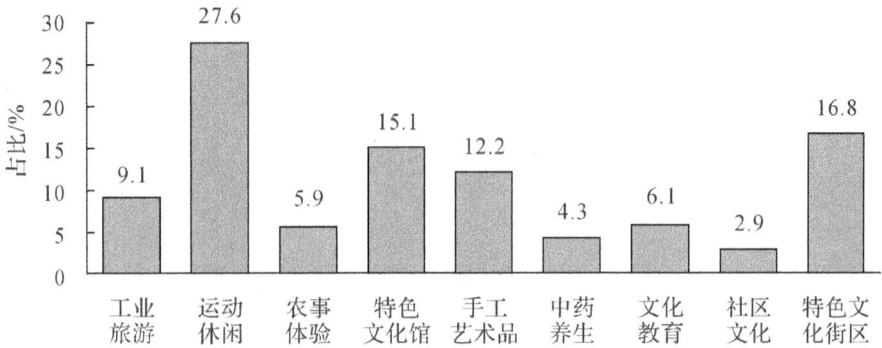

图 3-9　国内游客感兴趣项目占比情况

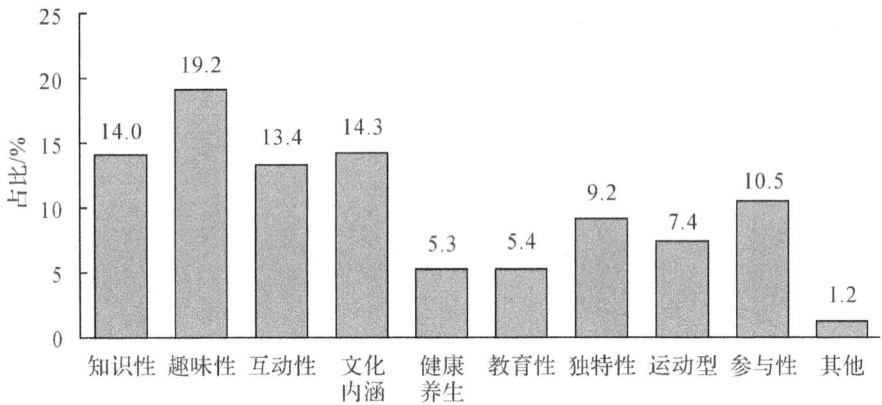

图 3-10　国内游客感兴趣原因占比情况

游客最不感兴趣的项目是工业旅游和农事体验，所占比例分别为 26.6% 和 25.4%（见图 3-11）。不感兴趣主要原因是娱乐性不强、参与性不高和缺乏互动性（见图 3-12）。

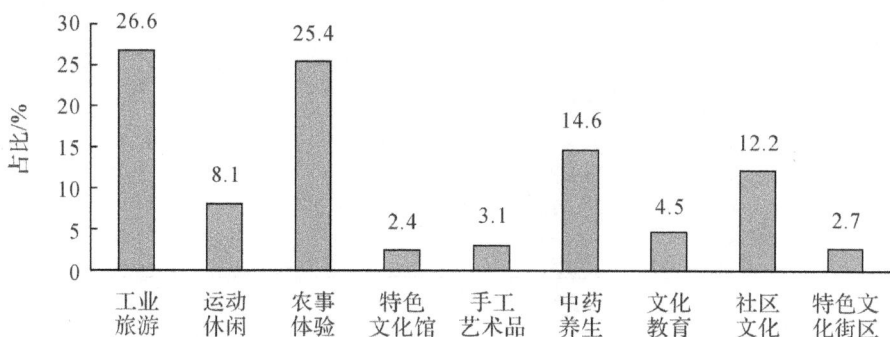

图 3-11 国内游客不感兴趣项目占比情况

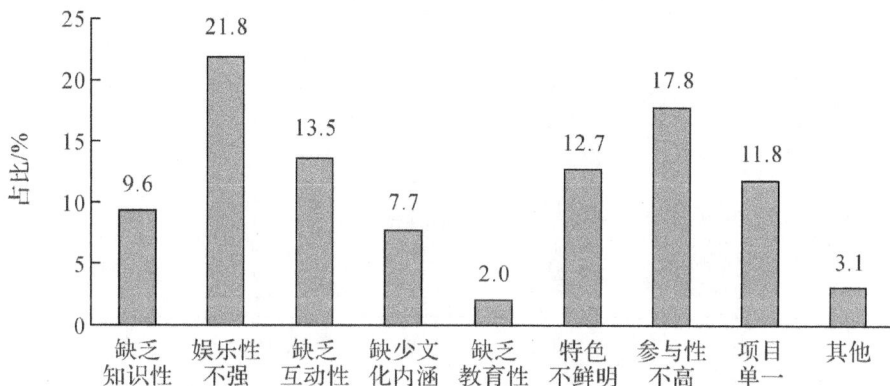

图 3-12 国内游客不感兴趣原因占比情况

（五）国内游客的满意度

游客总体满意度较高，"满意"和"很满意"总占比85.0%。（见图 3-13）但对活动项目和无线网络服务满意度较低，仅占比30.0%（见图 3-19）和25.0%（见图 3-20）。

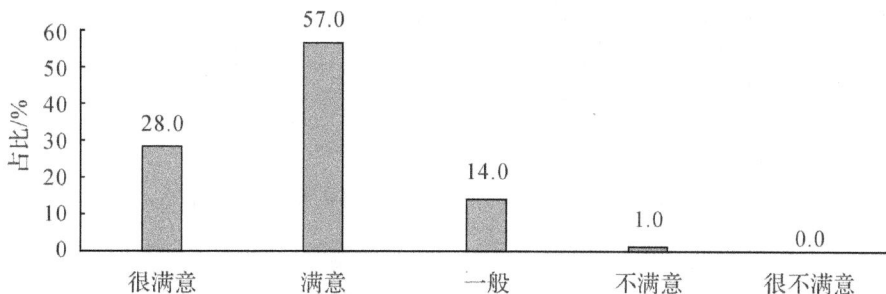

图 3-13 国内游客的总体满意度占比情况

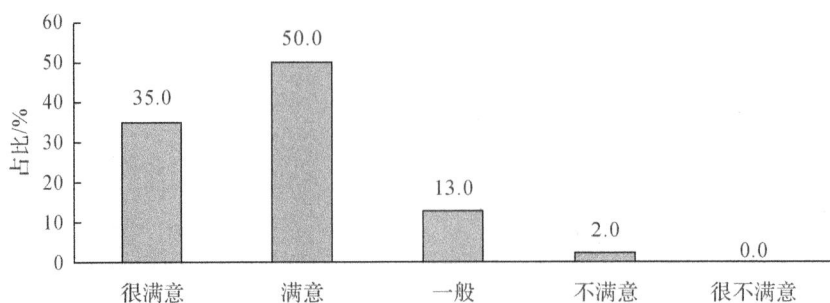

图 3-14　国内游客对硬件设施的满意度占比情况

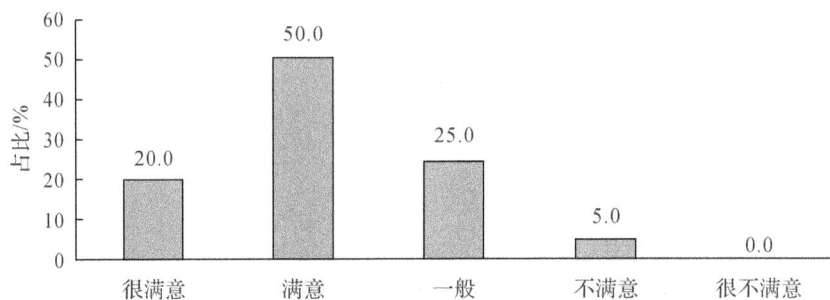

图 3-15　国内游客对导游服务的满意度占比情况

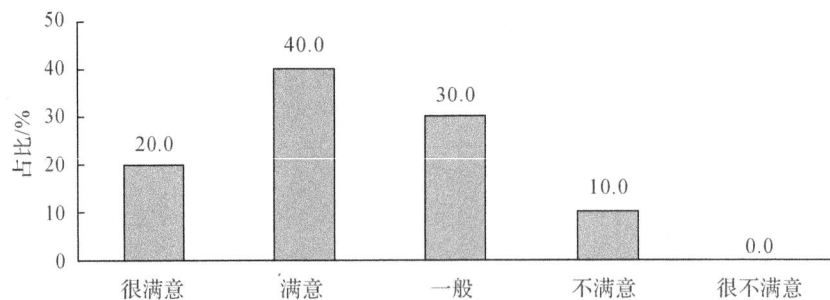

图 3-16　国内游客对导览标识的满意度占比情况

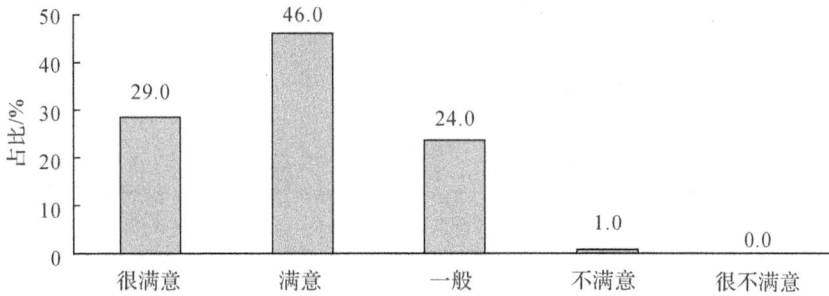

图 3-17 国内游客对餐饮环境的满意度占比情况

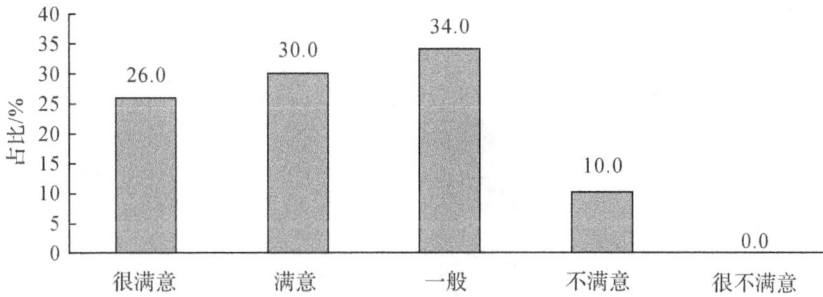

图 3-18 国内游客对餐饮特色的满意度占比情况

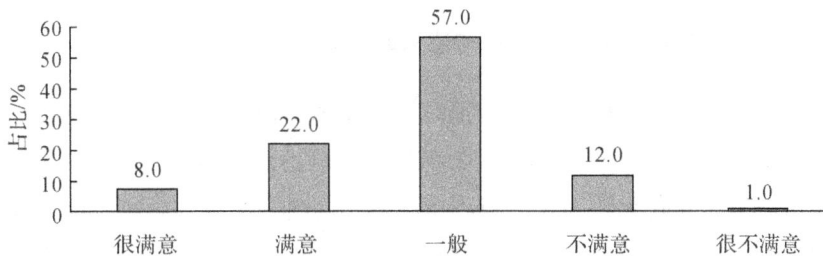

图 3-19 国内游客对活动项目的满意度占比情况

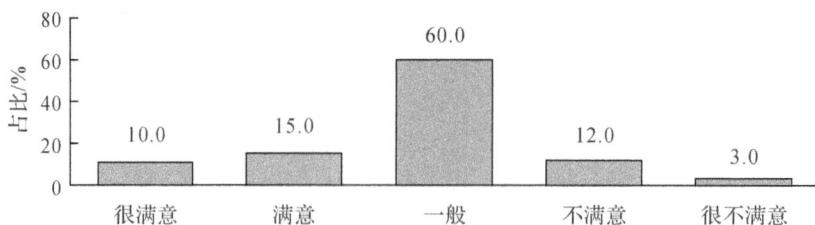

图 3-20　国内游客对无线网络服务的满意程度占比情况

（六）国内游客重游度

90% 的游客愿意再度游览杭州，这表明国内游客对杭州访问点的总体满意度较高（见图 3-21）。

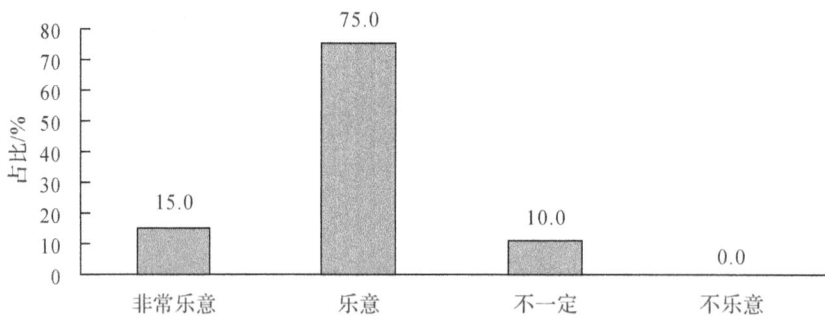

图 3-21　国内游客重游意愿占比情况

（七）国内游客受教育程度与感兴趣关系

五个教育层次的游客总体上都对运动休闲、特色文化馆、手工艺术品和特色文化街区比较感兴趣，四个项目合计总占比均超过 60.0%。而对工业旅游和社区文化整体表现为较不感兴趣。同时，在运动休闲方面，大专及以上学历的国内游客受教育程度越高，对运动休闲项目的感兴趣程度越低；反之，对于特色文化街区，大专及以上学历的国内游客总体比受教育程度较低的游客更为感兴趣（见表 3-1）。

表 3-1 国内游客受教育程度与感兴趣项目占比调查表

单位：%

游客受教育程度	游客感兴趣项目							
	工业旅游	运动休闲	农事体验	特色文化馆	手工艺术品	中药养生	社区文化	特色文化街区
研究生	0	9.0	2.0	18.0	54.0	5.0	8.0	4.0
本科	0	14.2	4.8	14.3	61.9	0	0	4.8
大专	10.0	30.0	0	30.0	10.0	10.0	0	10.0
高中、中专或技校	7.7	0	7.7	15.4	46.2	23.0	0	0
初中文化及以下	1.4	10.4	2.8	18.1	51.4	6.3	5.6	4.0

（八）国内游客职业与感兴趣项目关系

企业职工和管理者、专业技术人员和个体经营者对特色文化馆较为感兴趣；农业人员，制造、运输、手艺人和相关人员，服务业人员，销售人员，退休人员、家庭主妇，学生，政府官员和职员均表示对手工艺术品最感兴趣。农业人员，制造、运输、手艺人和相关人员，退休人员、家庭主妇，学生，政府官员和职员，企业职工和管理者，专业技术人员，个体经营者对农事体验不感兴趣，也有很大一部分游客包括制造、运输、手艺人和相关人员，服务业人员，销售人员，退休人员、家庭主妇，政府官员和职员，企业职工和管理者，专业技术人员，个体经营者表示对工业旅游不感兴趣（见表 3-2）。

表 3-2　国内游客职业与感兴趣项目占比调查表

单位：%

游客职业	游客感兴趣项目							
	工业旅游	运动休闲	农事体验	特色文化馆	手工艺术品	中药养生	社区文化	特色文化街区
农业人员	7.7	0	0	0	84.6	7.7	0	0
制造、运输、手艺人和相关人员	0	23.5	0	17.6	47.1	5.9	5.9	0
服务业人员	0	8.3	4.2	16.7	66.7	0	0	4.1
销售人员	0	23.0	15.4	7.7	38.5	7.7	7.7	0
退休人员、家庭主妇	0	7.6	0	7.7	38.5	30.8	15.4	0
学生	4.3	4.3	0	13.2	69.6	4.3	0	4.3
政府官员和职员	0	9.1	0	0	72.7	9.1	0	9.1
企业职工和管理者	0	0	0	50	50	0	0	0
专业技术人员	0	30	0	40	0	0	30	0
个体经营者	0	0	0	60.0	20.0	0	20.0	0
其他	0	0	11.1	44.4	11.1	0	0	33.4

（九）国内游客反映的问题

国内游客反映比较突出的问题是设施信号不强问题和参与性不高问题，还有路标不明确和地铁线太少，二者占比均为 12.0%（见图 3-22）。

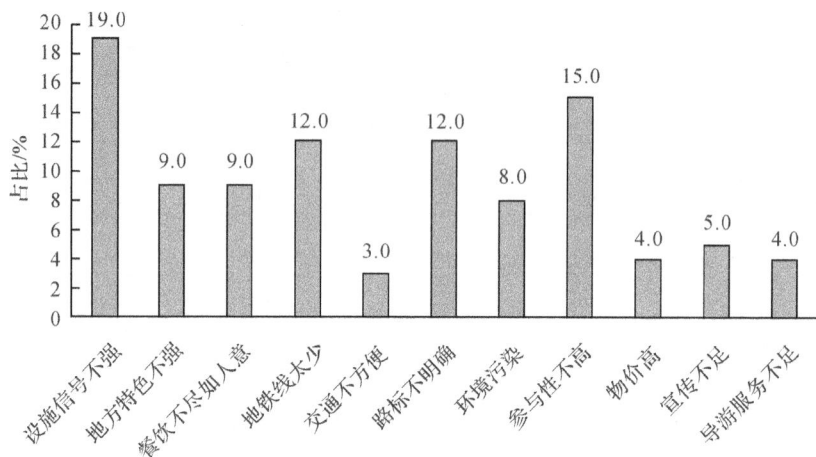

图 3-22　国内游客反映问题占比情况

二、国外游客的调查统计和分析

（一）国外游客的基本情况

国外游客以西班牙、韩国、澳大利亚、德国游客为主，总比为 52.0%，其中西班牙和韩国游客最多，分别占 15.0% 与 14.0%。其他游客来自欧洲、美国、中东及东南亚地区（见图 3-23）。

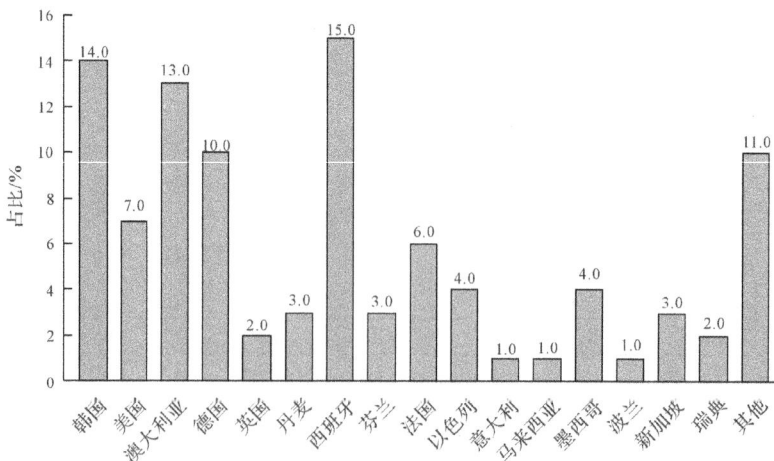

图 3-23　国外游客客源地占比情况

　　游客年龄主要集中在15~59岁，总比为91.0%，其中25~34岁游客最多，占比25.0%（见图3-24）。

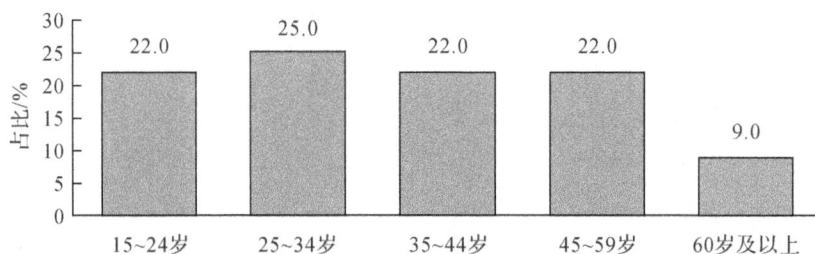

图 3-24　国外游客年龄占比情况

　　游客的受教育程度主要集中在研究生与本科两个层次，占比达80.0%，其中研究生层次人数最多，达57.0%（见图3-25）。

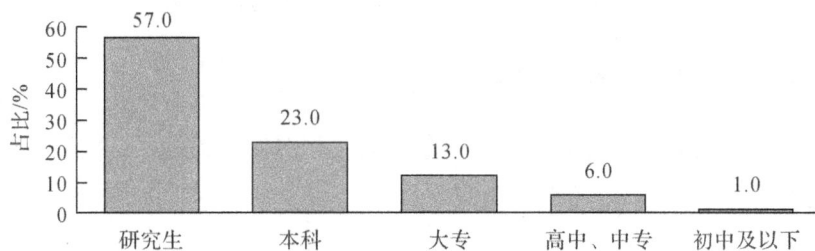

图 3-25　国外游客受教育程度占比情况

　　游客职业相对分散，学生，服务业人员，制造、运输、手艺人和相关人员三类人员占比55.0%，其中学生占比最大，达24.0%（见图3-26）。

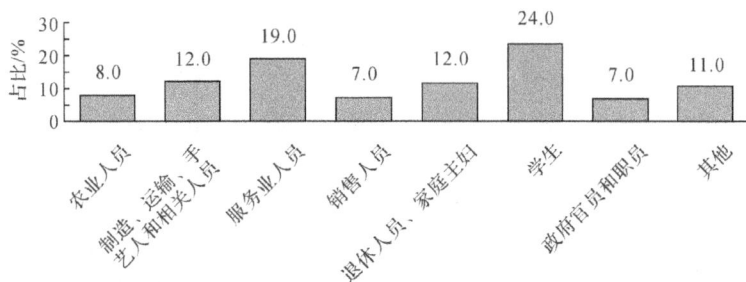

图 3-26　国外游客职业占比情况

游客与家人或亲戚朋友同行，或通过旅行社参团的形式到访社会资源访问点的比例达90.0%，其中与家人一起旅游的比例最大，达78.0%（见图3-27）。

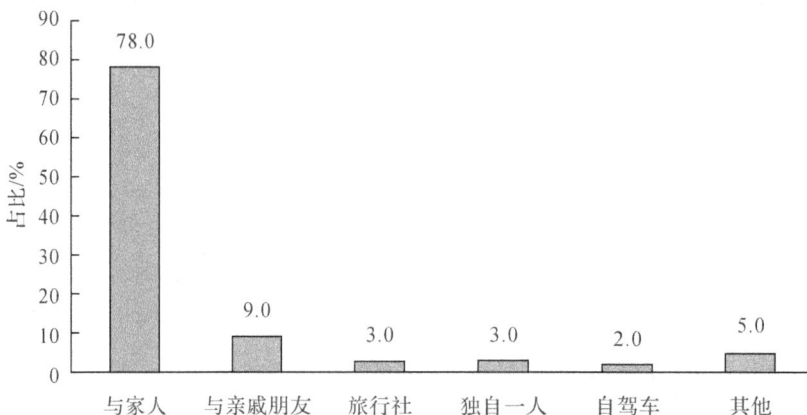

图3-27　国外游客旅游组织方式占比情况

（二）国外游客的交通工具

游客在杭主要交通工具为公交车和地铁，占比87.0%，其中乘坐公交车比重最大，达78.0%（见图3-28）。

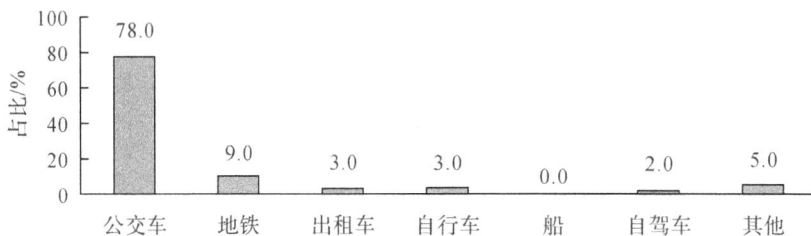

图3-28　国外游客乘坐交通工具占比情况

（三）国外游客获取信息方式

游客主要通过亲戚或朋友介绍、旅行社推荐来获取有关访问点的信息，占总比81.0%，其中通过旅行社推荐的占50.0%（见图3-29）。

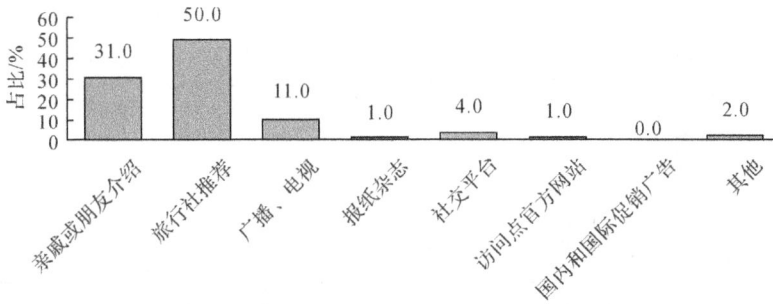

图 3-29　国外游客获取信息途径占比情况

（四）国外游客的费用

花费主要集中在 5,000 美元以下，占比 75.0%（见图 3-30）。

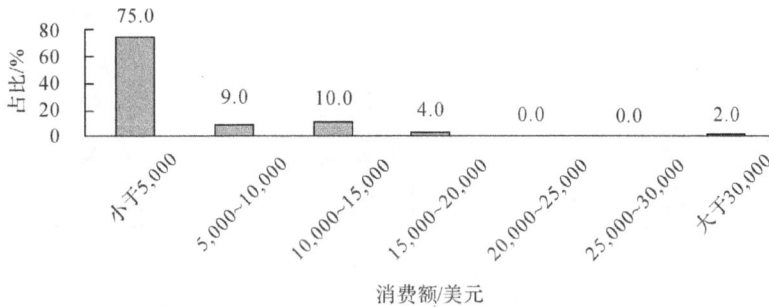

消费额/美元

图 3-30　国外游客旅游费用占比情况

（五）国外游客的兴趣

游客对特色文化馆、手工艺术品比较感兴趣，总占比 29.0%，其中特色文化馆访问量最高，占比 15.0%（见图 3-31）。工业旅游项目中，游客参与度最高的是产品展示和生产工艺展示，占比 78.7%。其中，产品展示参与率最高，达 61.4%（见图 3-32）。运动休闲项目中，游客的兴趣主要集中在滑翔伞和高尔夫球，占比分别为 32.0% 和 24.0%（见图 3-33）。

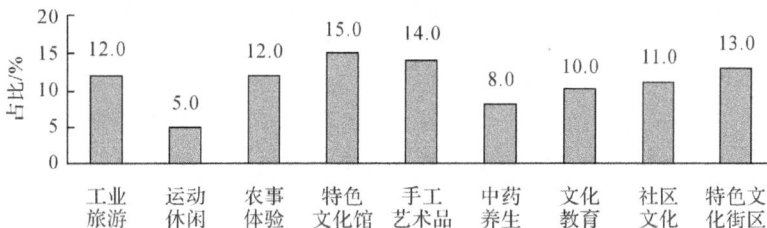

图 3-31　国外游客参与项目占比情况

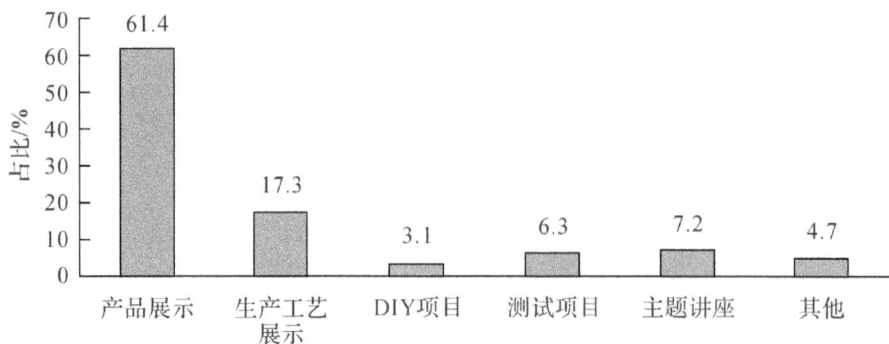

图 3-32　国外游客工业旅游参与项目占比情况

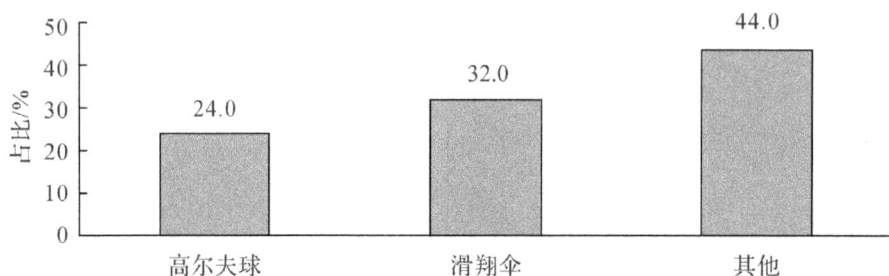

图 3-33　国外游客运动休闲参与项目占比情况

农事体验项目中，游客参与度最高的是水果蔬菜种植和采茶炒茶，占比 59.4%，其中水果蔬菜种植参与率最高，达 35.3%（见图 3-34）。

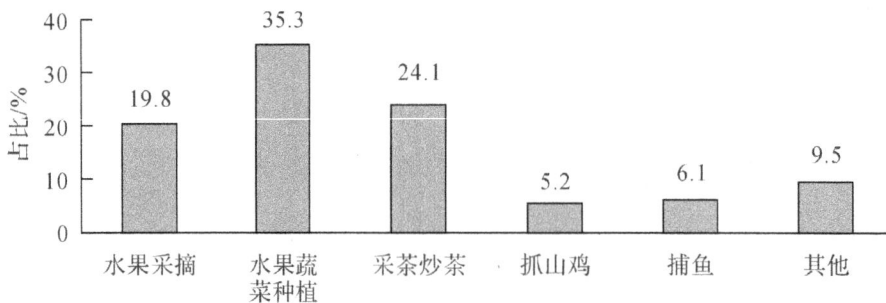

图 3-34　国外游客参与农事体验项目占比情况

在特色文化馆中，游客参与度最高的是茶馆、官窑馆和博物馆，占比79.5%，其中茶馆参与率最高，达 30.0%（见图 3-35）。

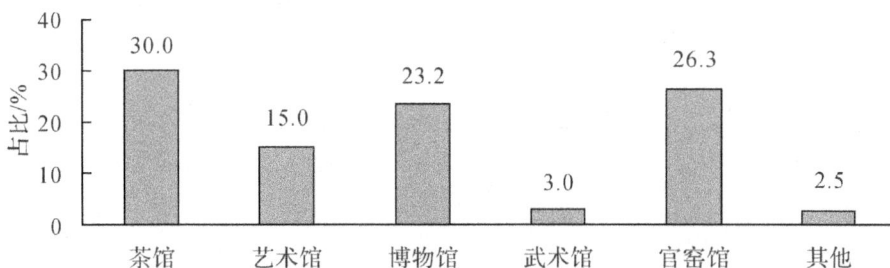

图 3-35　国外游客特色文化馆参与项目占比情况

针对手工艺术品，游客参与度最高的是手工艺术品制作，占比 67.3%（见图 3-36）。

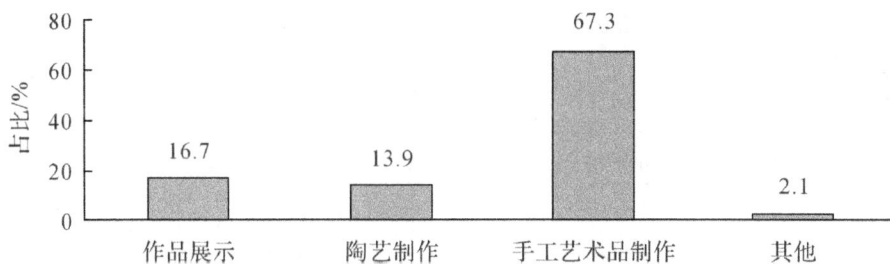

图 3-36　国外游客手工艺术品参与项目占比情况

中药养生中，游客参与度最高的是中药知识学习及中药治疗体验，占比 64.9%，中药知识学习参与率最高，达 33.6%（见图 3-37）。

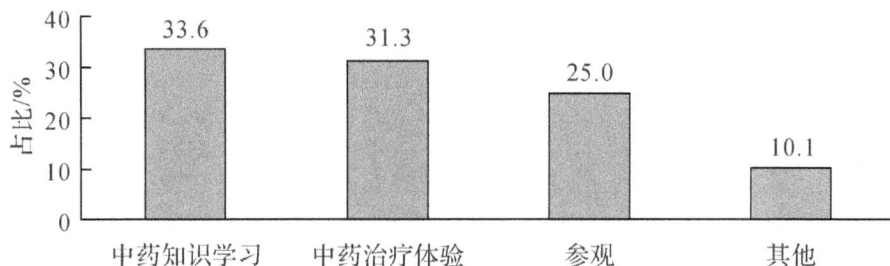

图 3-37　国外游客养生参与项目占比情况

文化教育中，游客参与度最高的是校区参观、学生作品展示与节目表演、课堂观摩，占比 72.1%，其中校区参观参与率最高，达 31.9%（见图 3-38）。

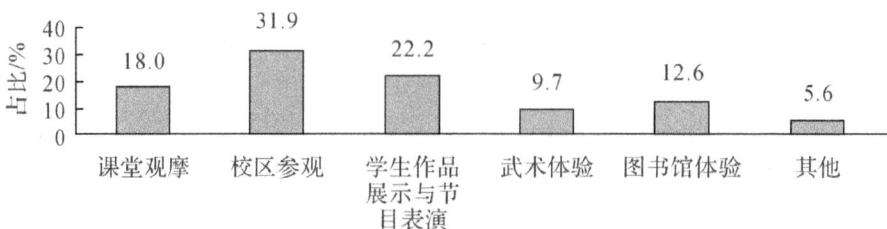

图 3-38　国外游客文化教育参与项目占比情况

社区文化中，游客参与度最高的是儿童特色服务和民间艺术品展示，占比 67.7%，其中，儿童特色服务参与率最高，达 39.0%（见图 3-39）。

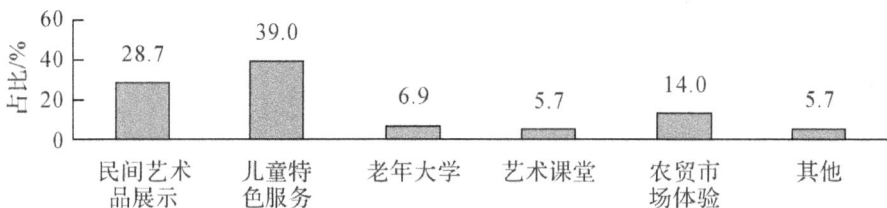

图 3-39　国外游客社区文化参与项目占比情况

特色文化街区中，游客参与度最高的是老店文化和中药文化，总占比 63.5%，其中，老店文化参与率最高，达 32.9%（见图 3-40）。

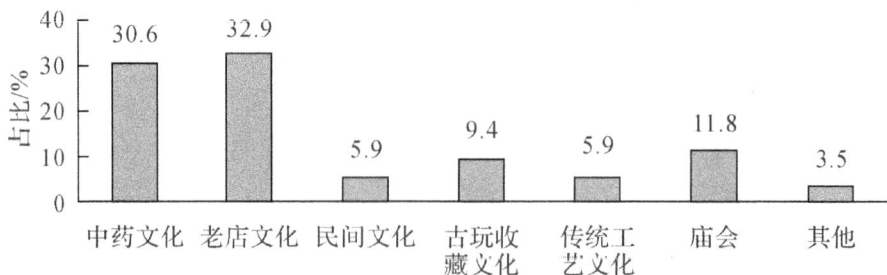

图 3-40　国外游客特色文化街区参与项目占比情况

　　游客最感兴趣的是手工艺术品和特色文化馆，占比66.4%（见图3-41），其中，手工艺术品占比47.9%，主要原因是项目的独特性、趣味性强、参与性高。游客相对不感兴趣的项目是文化教育、工业旅游和农事体验，总占比5.6%，其中，文化教育仅占0.5%，主要原因是娱乐性不强，参与性不高，特色不鲜明。

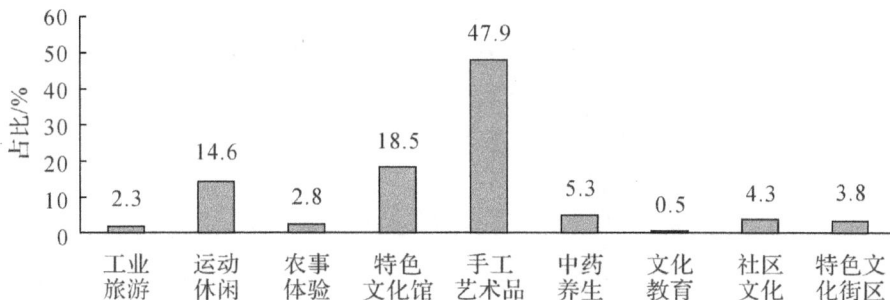

图3-41　国外游客最感兴趣项目占比情况

（六）国外游客的满意度

　　国外游客总体满意度达93%（见图3-42）。游客对硬件设施的满意度达92%（见图3-43）。游客对公共设施的满意度达91%（见图3-44）。游客对导游服务的满意度达94%（见图3-45）。游客对工作人员形象的满意度达91%（见图3-46）。游客对咨询服务的满意度达91%（见图3-47）。游客对礼仪的满意度达92%（见图3-48）。游客对道路图和道路标志的满意度达88%（见图3-49）。游客对景点介绍的满意度为79%（见图3-50）。游客对交通访问点的满意度为83%（见图3-51）。游客对盥洗设施的满意度为74%（见图3-52）。游客对卫生的满意度达86%（见图3-53）。游客对公共秩序的满意度达86%（见图3-54）。游客对卫生条件的满意度为89%（见图3-55）。游客对美味食物的满意度达92%（见图3-56）。游客对特色项目的满意度达96%（见图3-57）。游客对无线网络服务的满意度为71%（见图3-58）。游客对宣传力度的满意度达92%（见图3-59）。

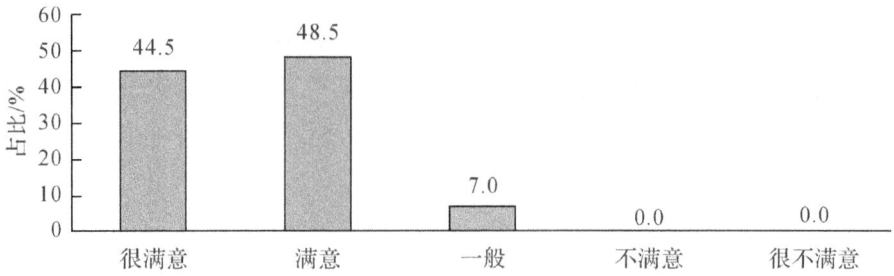

图 3-42　国外游客的总体满意度占比情况

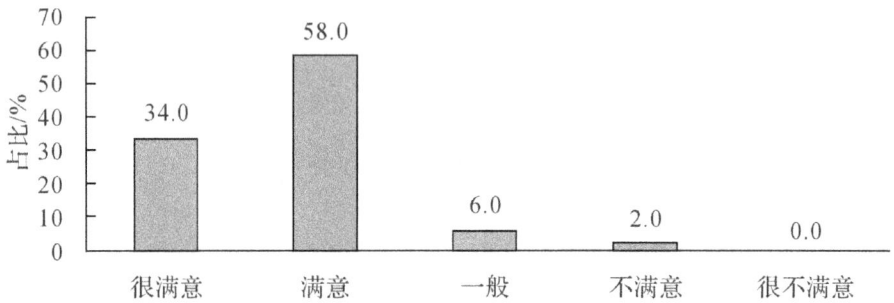

图 3-43　国外游客对硬件设施的满意度占比情况

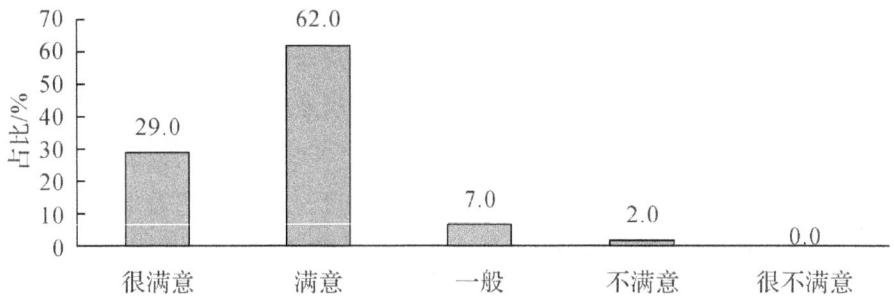

图 3-44　国外游客对公共设施的满意度占比情况

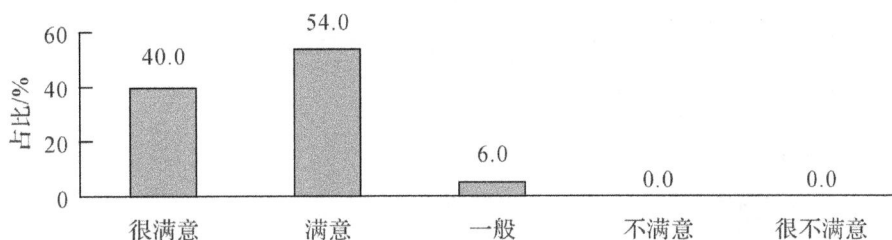

图 3-45　国外游客对导游服务的满意度占比情况

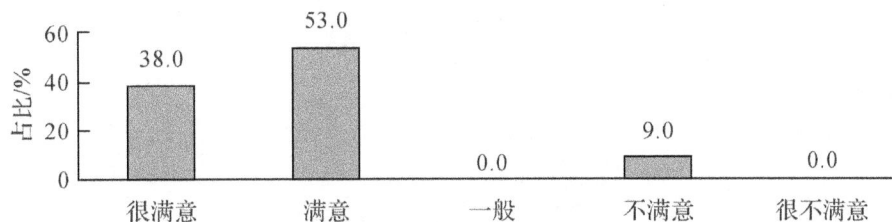

图 3-46 国外游客对工作人员形象的满意度占比情况

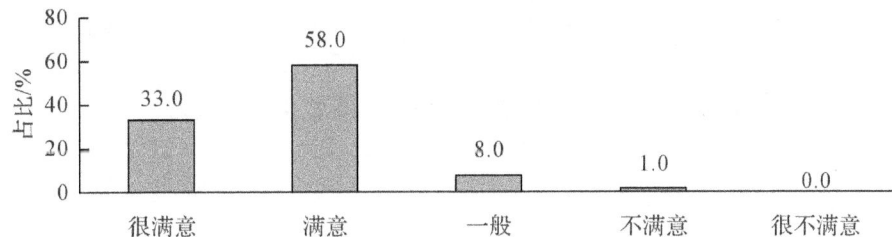

图 3-47 国外游客对咨询服务的满意度占比情况

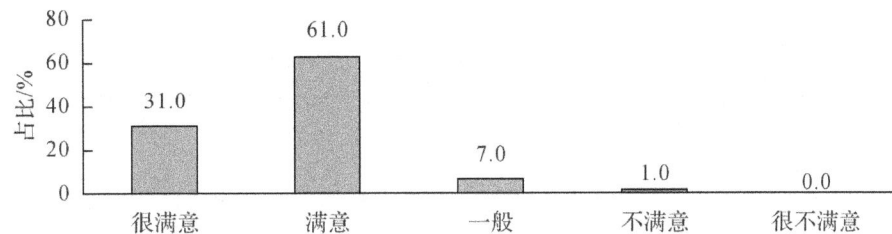

图 3-48 国外游客对礼仪的满意度占比情况

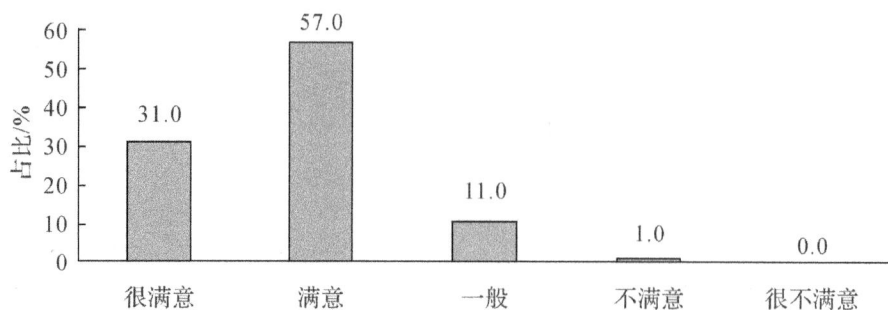

图 3-49　国外游客对道路图和道路标志的满意度占比情况

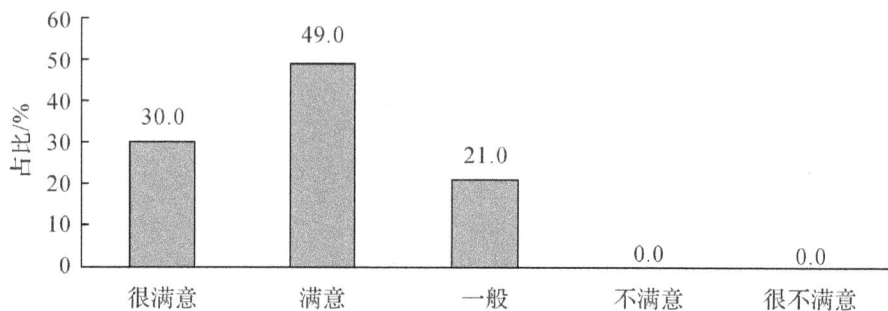

图 3-50　国外游客对景点介绍的满意度占比情况

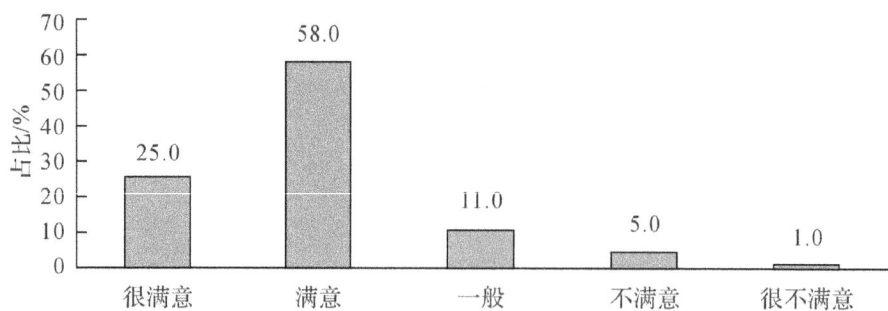

图 3-51　国外游客对交通访问点的满意度占比情况

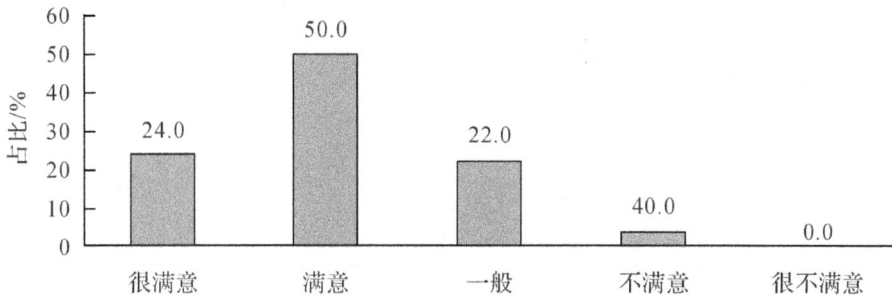

图 3-52　国外游客对盥洗设施的满意度占比情况

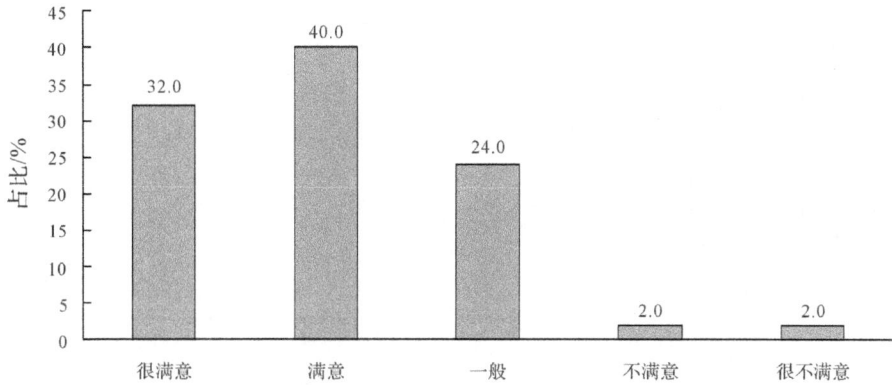

图 3-53　国外游客对卫生的满意度占比情况

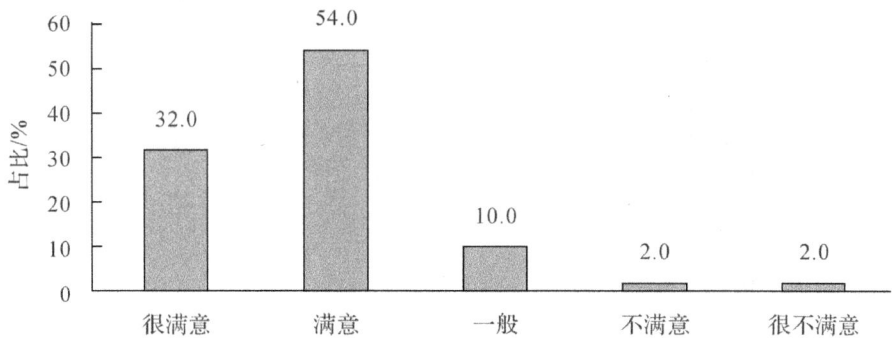

图 3-54　国外游客对公共秩序的满意度占比情况

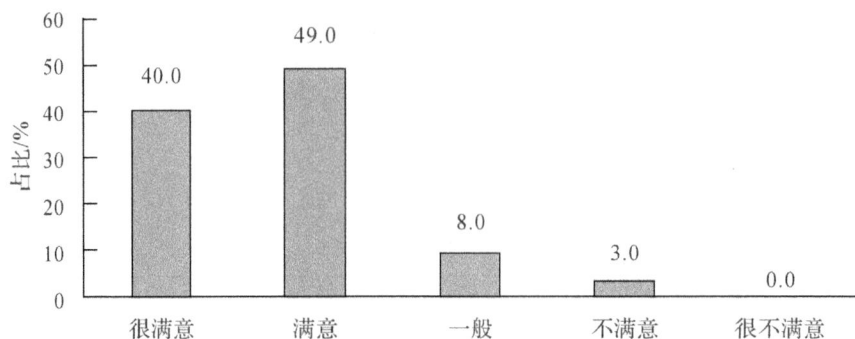

图 3-55　国外游客对卫生条件的满意度占比情况

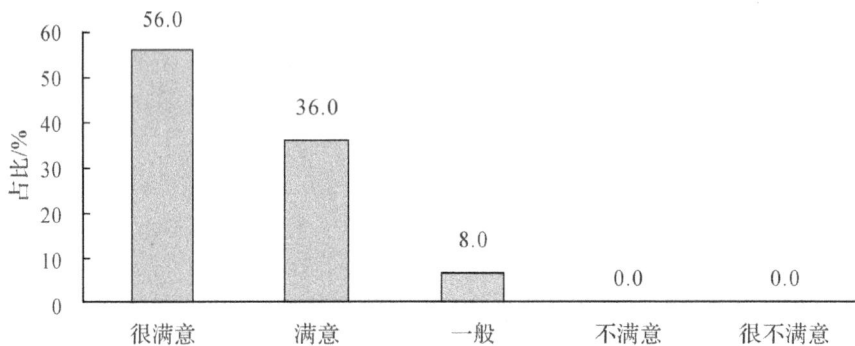

图 3-56　国外游客对美味食物的满意度占比情况

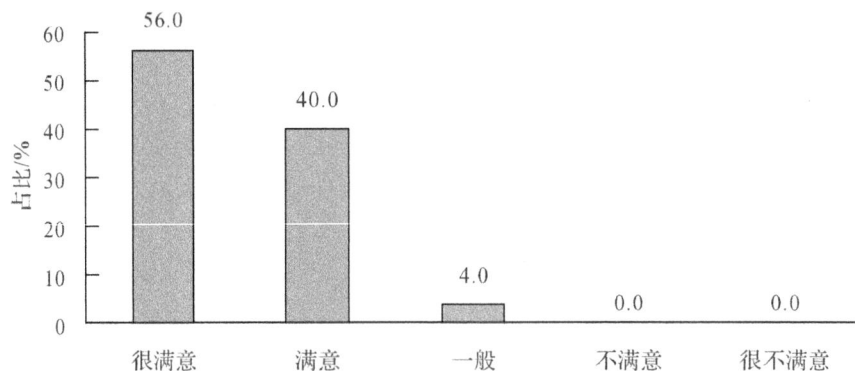

图 3-57　国外游客对特色项目的满意度占比情况

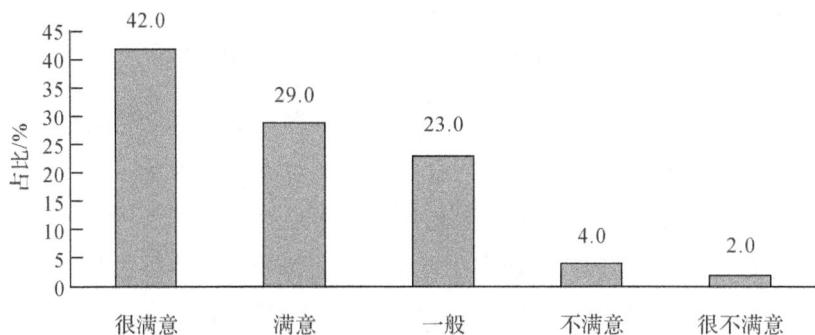

图 3-58　国外游客对无线网络服务的满意度占比情况

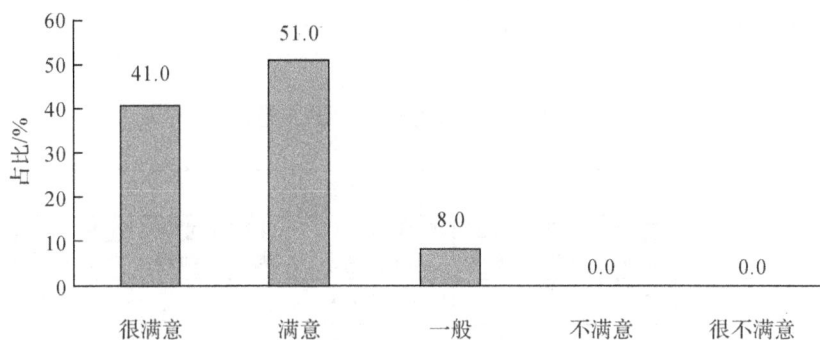

图 3-59　国外游客对宣传力度的满意度占比情况

（七）国外游客重游度

90.0% 的外国游客愿意再度游览杭州，这反映出游客对杭州访问点的总体满意度较高（见图 3-60）。

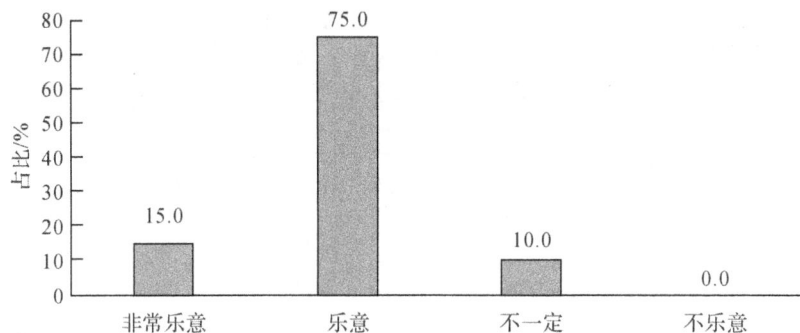

图 3-60　外国游客重游意愿占比情况

（八）国外游客受教育程度、职业与感兴趣项目的关系

50.0% 本科学历，56.5% 研究生学历的游客对手工艺术品项目感兴趣（见表3-3）。从职业角度，除了服务业人员对手工艺术品项目兴趣占比为 7.1% 以及制造、运输人员、手艺人对此项目兴趣占比 15.1% 以外，其他职业对手工艺术品项目兴趣占比普遍较高，其中，企业职工和管理者占比例最高，占其职业群体的 71.0%。个体经营者，服务业人员，制造、运输、手艺人和相关人员对特色文化馆最感兴趣，其中，服务业人员比例最高，达 57.3%，销售人员和学生对运动休闲活动最感兴趣，其中，销售人员比例最高，达 39.3%（见表3-4）。

表 3-3　外国游客受教育程度与感兴趣项目占比调查表

单位：%

游客学历	旅游项目								
	工业旅游	运动休闲	农事体验	特色文化馆	手工艺术品	中药养生	文化教育	社区文化	特色文化街区
研究生	1.5	9.2	1.5	15.3	56.5	6.1	0	6.9	3.0
本科	0	28.3	5.0	8.3	50.0	0	3.3	0	5.1
大专	2.9	32.4	5.9	14.7	11.8	11.8	0	5.9	14.6
高中、中专	7.1	0	7.1	21.4	42.9	21.5	0	0	0
初中及以下	0	0	0	100.0	0	0	0	0	0

表 3-4　外国游客职业与感兴趣项目占比调查表

单位：%

游客职业	旅游项目								
	工业旅游	运动休闲	农事体验	特色文化馆	手工艺术品	中药养生	文化教育	社区文化	特色文化街区
农业人员	11.1	5.6	0	5.6	66.7	5.6	0	0	5.4
制造、运输、手艺人和相关人员	5.3	3.0	10.0	55.5	15.1	0	0	11.1	0
服务业人员	0	7.1	7.1	57.3	7.1	0	0	0	21.4
销售人员	1.4	39.3	0.0	14.3	28.6	3.6	3.6	4.6	4.6
退休人员、家庭主妇	0	16.3	4.7	11.6	44.2	4.7	9.2	2.3	7.0
学生	5.9	29.3	11.8	11.8	29.4	5.9	0	5.9	0

游客职业	旅游项目								
	工业旅游	运动休闲	农事体验	特色文化馆	手工艺术品	中药养生	文化教育	社区文化	特色文化街区
政府官员和职员	0	5.6	0	5.6	44.4	22.2	11.1	11.1	0
企业职工和管理者	2.2	4.4	0	11.1	71.1	4.4	4.6	0	2.2
专业技术人员	0	18.8	6.3	12.3	50.0	6.3	0	0	6.3
个体经营者	5.0	5.0	10.0	40.0	30.0	0	0	10.0	0

第三节　结　语

　　本章节主要针对国内外游客的基本情况、交通工具、消费、兴趣、满意度、反映问题开展了系统调查。国内游客方面，游客主要来自华东地区，总体受教育程度较高，通过亲朋好友和旅行社获取访问点的有关信息，50% 以上的游客在政府、事业单位与服务行业工作。超过 60% 的游客使用公共交通工具，游客最感兴趣的项目是运动休闲、特色文化街区、特色文化馆和手工艺术品，总体满意度较高，达 85% 以上，反映比较突出的问题是路标不明确和餐饮环境不理想。国外游客方面，超过 50% 的游客来自西班牙、韩国、澳大利亚、德国以及东南亚地区。学生，服务业人员，制造、运输、手艺人和相关人员占比超过 50%，大多数游客通过亲戚朋友或旅行社获得相关信息，基本依靠公交车和地铁等公共交通工具，总体对特色文化馆、手工艺术品比较感兴趣。国外旅客对硬件设施、公共设施、导游服务、工作人员形象、咨询服务、礼仪服务总体满意度高，反映比较多的问题是交通、公共卫生间，还有无线网络覆盖问题。

第四章 城市旅游业现状
调查与分析（中）

第一节 工业旅游的现状及前景

一、基本情况和问题

调查显示，中外游客对杭州目前开展的工业旅游项目感兴趣度偏低。其中 26.6% 的中国游客和 23% 的外国游客对杭州工业旅游项目不感兴趣，因其娱乐性不强、参与度不高和缺乏互动。当前，杭州有十多家企业在尝试工业旅游项目的开发，经营范围也比较广泛。其中，具有代表性的分别是祐康透明工厂和娃哈哈集团有限公司下沙工业园。1992 年祐康公司正式成立，经过二十多年的快速发展，成为国内冷食行业的典范，其投资 5 亿元启用的"透明工厂"，成为中国首个食品行业的"透明工厂"。根据笔者于 2016 年 1 月的实地调研，透明工厂整幢大楼共 2 层，生产车间位于一层，速冻车间位于二层，与外界隔离，参观游客可以通过生产车间中间的参观通道，体验冷饮生产全过程。全国各地的娃哈哈集团分公司都已进行工业旅游项目。娃哈哈总部位于杭州下沙经济开发区，是"杭州社会资源国际旅游访问点""全国工业旅游示范点"。公司园区总占地面积近 800 亩，有下沙公园和乐维公园，已开展企业宣传、形象展示、生产展示、饮品体验等项目，此外，还有感官测试、"MBA 大讲堂"等主题特色项目。目前可根据游客需求个性，提供定制商务旅游、亲子旅游、学生夏令营、国际旅游等活动的服务。

二、现状分析

一是缺乏工业旅游认识。起步较早的工业企业已经从旅游发展中受益，在人们对食品安全普遍缺乏信心的环境下，祐康设立了透明工厂，为企业树立了良好的社会形象。然而有些企业依然对发展工业旅游持反对意见，认为企业是生产产品的场所，到企业游览的客人会严重影响正常生产秩序，开展工业旅游是不务正业，因而对前来参观旅游的游客抱着敷衍和排斥的态度。多数企业负责旅游接待的工作人员数量较少，且多为兼职，没有经过系统的旅游服务专业培训。大多企业参观访问需要提前预约。

二是缺乏"大旅游"观。工业旅游的发展不仅事关旅游认识，更应该注重旅游产品的有机结合开发。当前，杭州旅游业在旅游产品的开发还未完全树立"大旅游"和"市场形象资源"概念，认为工业旅游开发就是对企业、生产线和参观线路的开发，且普遍存在资金短缺问题。因此，只注重硬件设施和观光产品，忽略了活动设计、文化包装和市场营销，使产品开发停留在"修葺厂房、擦洗机器和开放生产线"的简单层面上。课题组在实地考察娃哈哈、祐康和王星记三个访问点期间，并未发现游客中心、景区导游路线图、独立的旅游厕所，游客只能使用办公楼内的员工厕所，访问点卫生状况欠佳。

三是旅游产品特色和多样化不足。很多企业为了将旅游对生产的影响降到最低，将旅游通道作为旅游活动区域，游览活动互动性不佳，游客需求没有得到满足，没有体现"游"味。由于旅游产品内容欠缺，参观时间短，旅游产品开发积极性不高，开发力度不够，特色旅游商品和旅游纪念品也很少，很多企业都把自己的产品当作旅游商品销售，工业旅游产品体系有待进一步完善。旅游资源知名度较大，但相关的旅游项目特色不鲜明。一般仅限于对现有资源的陈列与宣传，缺乏对游客有持久吸引力的旅游产品。如知名企业娃哈哈虽属于较早探索工业旅游的企业，但由于缺乏系统运作和整体品牌打造，没有形成真正富有竞争力的旅游品牌，工业旅游资源没有得到充分利用。

四是服务质量不高和管理不足。由于大多数工业旅游企业都集中在第二产业，即使他们有行业的专业水平，在旅游发展方面也摸索了一些经验，但总体而言，在旅游专业化服务方面，他们还存在着不足。此外，阻碍工业旅游发展的主要因素是人员综合素质不高，专业知识和文化素质不能与时俱进，无法胜任相关岗位工作。企业旅游服务专业化程度不高，功能不完善，负责接待服务的是原企业的员工，旅游从业人员中有相当一部分未受过专业培训，因而还不具备专业旅游管理和服务能力，导致工业旅游的服务质量总体不高。

五是促销工作的宣传和营销模式不够多元。杭州工业企业的营销活动相对不多，营销方式多为媒体广告促销和利用节庆的固定促销模式，还没有系统建立与当地客源地建立联系的联合营销模式和在重要客源地选择旅游经营商代理促销业务的销售代理模式。

三、发展和对策

工业旅游是工业企业将无形资产转化为有形资产的一种手段，它的效用就在于能让社会公众在参观游览中增长见识、了解企业、认同产品，从而达到城市、企业、产品"三赢"的目的。

一是加强政策指导，制定行业标准。由于工业旅游是新生事物，涉及行业和领域比较广泛，需要各级政府部门从战略角度，给予强有力的政策支持，积极出台相关优惠政策。政府要引导建立质量标准体系与环境质量体系认证。从战略角度，将工业旅游开发作为加速旅游未来发展的新增长点。通过制定发展战略规划，将工业旅游作为重要旅游产品进行开发，制定工业旅游开发战略步骤和中长期发展目标。

二是增强横向联合，树立"大旅游"观。企业应加强跨部门、跨行业的资源整合与利用，通过市场、信息与人才等各方面的合作，鼓励形成地区联合体。积极引导培育工业行业协会等中介机构，以协会与旅行社为纽带，加强在线路组织与市场拓展等方面的合作，并将旅游节庆活动、旅游线路改造与工业旅游产品开发有机结合起来。

三是提高产品质量，开发特色产品。从杭州当前旅游产品来看，存在很多问题，包括产品多数相对粗糙，样式单一，旅游配套设施不健全，服务不到位，管理不规范等。这在很大程度上是由于工业企业主导的开发模式造成的"工"与"游"脱节的结果，使工业旅游产品失去了旅游产品的综合性特点。开展工业旅游应在充分了解旅游消费者需求的基础上，根据工业企业自身特点如资源独特性、品牌知名度、产品吸引力等找准旅游定位。

四是深化细分市场，形成集聚效用。工业旅游发展应当把自然景观和工业特色穿插起来，形成"集聚效应"，创造出旅游亮点，吸引更多的游客。在一个地区内，存在不同类型的有旅游价值的工业企业，其中只有最突出的才具备吸引力，因此需要在产品组合上也形成"集聚效应"，把几个互有差异、各具特色的工业旅游点和自然景观组合起来做成"工业之旅"专项产品，纳入城市旅游线路，使得区内成片，跨区成线。

五是强化企业管理，做好旅游服务。相对于其他旅游活动，工业旅游的秩序性要求更高，如果企业缺乏良好的组织能力，就无法保证企业的正常生产和游客的安全。开展工业旅游的企业需进一步提高旅游服务的专业化水平和质量。首先，企业应建立和完善游客接待服务中心，提供人性化、亲情化、细微化服务；其次，配备专职导游队伍，做好导游培训工作，精心准备解说词和宣传品，提供多语种讲解服务，且在厂区建立路标和景点介绍，方便游客游览。

六是制定营销方案，促进灵活营销。工业旅游所创造的价值与企业主流产品所创造的价值相差甚远，因而企业一般对工业旅游营销缺乏战略性规划，无法发挥工业旅游的潜在优势。企业应分析目标客源市场，根据不同对象的需求，制定相应的工业旅游营销方案，开展灵活的营销方式，精心包装策划，充分利用主流媒体及自媒体加大宣传促销，扩大在海内外影响，使工业旅游成为企业利润的增长点。

七是重视工业旅游，开展品牌战略。工业旅游是企业品牌战略的一种创新和延伸。工业旅游建立在企业品牌效应基础上，是工业生产活动发展到一定程度的产物。而工业旅游的发展亦强化企业品牌。开展工业旅游是企业自信心的一种表现，只有产品质量过关的企业才敢于向外界展示其生产过程。因此，工业旅游是企业塑造品牌、树立形象的重要途径，今后将成为一些企业品牌战略的重要组成部分。

四、相关案例分析

（一）经典案例介绍

英国是最早发展工业旅游的国家之一，也是工业旅游发展最为成熟的国家之一，其景点开发与管理经验更具有规律性和指导借鉴意义。

第一，卡德布里世界。这个大型工业旅游景点，由主营糖果和饮料的跨国大公司卡德布里公司独资，于1990年开放。

第二，苏格兰威士忌文化遗产中心。这是集工业旅游景点与主题博物馆于一身的旅游景点，由一家主营威士忌酒业的私人公司投资建造，于1988年向游客开放。

第三，艾恩布里奇峡博物馆。这是基于工业革命诞生地及相应的文化遗产建设而成的一个大型露天博物馆式旅游景点，由一家注册慈善机构设立的基金会经营，其一期工程于1973年向游客开放。

第四，斯尼伯斯顿发现者公园。这是一个以介绍莱斯特郡工业史为主题的公园，由英国政府、郡政务委员会及业主共同出资建造而成，于1992年对游客开放。

第五，南约克郡的埃尔赛卡。这是一个工业史和工业遗址景点，由巴恩斯利市政会开发兴建，由欧洲联盟、中央和地方政府、英格兰遗产局共同投资建设。

从五个工业旅游景点上看，景点涉及类型范围还是具有代表性和全面性的，从占地面积上看，小的2.5英亩（约合0.01平方千米），大的达130英亩（约合0.52平方千米）；从经营主体上看，有政府部门、社会团体，也有私人企业；从开放经营时间上看，有经营1~2年的，3~5年的，也有经营近20年的；从投资额上看，少的250万英镑（约合人民币2178万元），多的可达2600万英镑（约合人民币2.27亿元）；还有未对游人开放，已有规划设想并正在建设的。对它们的总结归纳能更好地揭示英国工业旅游景点开发与管理的经验和特点。(李跃军，吴相利，2003)

（二）经典案例分析及讨论

1. 英国工业旅游景点开发与管理策略

旅游景点开发与管理策略有众多方面，可以说是一个庞大的系统，它涉及对景点开发的可行性研究，景点产品的包装设计，景点开发资金的筹措，市场营销的开展，人力资源、财务、经营、质量的全方位管理等众多方面，工业旅游景点的开发管理也一样，涉及诸多方面。本文根据资料情况及资料可比性、可综合性情况选取了开发目标、产品、开放时间、价格政策、市场、营业构成、营销措施等七个方面因素进行综合比较研究，以揭示英国工业旅游景点项目开发管理的主要方针策略。

2. 开发目标

可以看出五个工业旅游景点在开发目标上存在着如下几个共同特点：

一是旅游业态的开放度。工业旅游开发具有极强的包容性，能够融合其他各类产业。综合以上五个景点来看，工业旅游开发涉及餐饮业、历史文化遗迹等各方面。当前社会对旅游业的需求日益增长，旅游业也愈发呈现出开放式发展，出现"旅游＋教育""旅游＋科技"等各类全新的旅游形式。这说明旅游业在发展过程中充分注意到了社会、经济、文化多方面效益统一的价值取向。

二是开发目标差异化。不同的企业开展工业旅游的目标存在差异。从以上五个工业旅游景点来看，有的注重树立公司形象、营销公司产品，有的侧重教育和遗产保护，有的则是政府和当地居民为了带动地区经济而开展的。产生差异的主要原因基于景点开发者意愿和景区资源条件，诸如卡德布里公司和威士忌酒厂之类的私人企业，把树立企业形象、带动产品营销、扩大市场放在首位，而政府、社区团体、慈善机构经营的景点则注重发展教育、遗产保护和推动地方经济。

3. 产品开发

综合五个景点产品状况来看英国工业旅游景点产品开发呈现出如下几个方面特征：

一是主题鲜明。卡德布里的主题是巧克力，苏格兰威士忌文化遗产中心主题是威士忌酒，艾思布里奇峡则主打工业革命及发展，斯尼伯斯顿发现者公园主题是莱斯特郡工业史，南约克郡的埃尔赛卡则以工业史和工业遗址为主题。五个工业景点各有自己的主题和特色，并以此为核心增强吸引力和竞争力，这是工业旅游开发的重点。

二是以人为本。卡德布里为残疾人提供了轮椅道和导向狗服务，设有为婴儿换尿布的设施，为儿童举办生日庆贺会活动及人们晚间集会活动提供场所；苏格兰威士忌文化遗产中心更细致到为残疾游客提供电梯及专用卫生间，为不同国家游客提供多种语言导游服务等，这些做法坚守了以人为本的服务原则，对于树立企业品牌形象有重大意义，符合企业发展工业旅游的目的，当然也为景点带来了客源和收入。

三是多元化体验项目。在工业景点游客可以直接到生产车间参观生产，有些甚至可以直接参与生产，对于工业历史遗址遗迹人们可以直接深入到历史的生产场景中去。游客与景点景物真正地实现了"零距离"接触，这也正是工业旅游项目与一般性质博物馆的区别所在，工业景点旅游产品具有使游客真正身临其境的特点。

四是自主式导览系统。企业开发工业旅游的主要动机在于宣传企业文化。工业景点设置自主式导览系统，能通过配套设置相应的展览馆、博物馆、陈列展览进行系统的科学教育和知识传播。历史、现代、未来融于一体，形成了一个完整的系列宣传教育单位。

4. 市场结构

市场结构上，五个景点有相似的地方，也存在着一些差异，具体表现为：

一是重视对老顾客市场资源的开发。工业景点发展应普遍对"老顾客"市场给以重视。从以上几个景点来看，艾思布里奇峡、斯尼伯斯顿、埃尔赛卡老顾客分别约占游客总数的66%、20%和60%，这些"回头客"多来自景点周边地区。

二是淡旺季特征极强。卡德布里夏季高峰期游客占全年的25%，苏格兰威士忌文化遗产中心、艾思布里奇峡、斯尼伯斯顿、埃尔赛卡旺季游客占全年游客比重分别为44%、56%、44%和80%，这表明工业旅游景点受整个旅游市场形势及地区旅游整体上的淡旺季影响较大。和英国全国旅游形势一样，这些景点在夏季表现出旅游旺季客流集中的特点。

三是年龄结构差异明显。游客的主体年龄结构上五个景点有明显的差别。卡德布里和苏格兰威士忌文化遗产中心以接待中青年游客为主，艾思布里奇峡以接待老年游客为主，斯尼伯斯顿以儿童、学生和老年人为主，埃尔赛卡则年龄范围较大。产生分歧的原因在于各个景点的主题差异，因而吸引了不同年龄层次的人群。

四是工业旅游景点的客户群体主要来自当地附近地区及本国市场。工业旅游景点因企业开发目标影响，主要客户群定位为当地附近地区及本国市场。在五个景点中有四个属于此种情况，只有苏格兰威士忌文化遗产中心例外，其国外游客多，而当地游客少，产生这种现象可能出于如下原因：一是该地区创新整合产业链，促进业态融合，威士忌作为畅销全球的英国知名酒类，具备吸引国际游客的能力，因而是国际旅游路线中的重要环节；二是威士忌产品的单一性注定其对当地散客、家庭旅客、儿童学生团体以及老年游客吸引力有限，因此流失了大部分本地市场客户群；三是旅游群体的消费需求主要基于收入水平，而个人收入在一定程度上和观念及受教育程度有关，因此不同社会阶层的游客会选择不同的景点，如卡德布里由于以巧克力为主题，较为亲民，能吸引很多低收入阶层前来旅游，而威士忌文化遗产中心等景点游客则以中、高收入为主；四是游客的组织形式也有区别，如卡德布里以散客、家庭游客为主，威士忌文化遗产中心则以接待国际团体游客为主。当地游客对旅游景点熟知，行程方便灵活，故无须组团建队旅游，而外国游客则相反，组团建队旅游更为便利，这是形成分异的主要原因。

五个景点的营销措施，有如下几个方面特征：

一是都有专项资金。各年度、季度、月度都有计划地拔出专门款项用于市场开发、市场营销和产业融合。

二是有明确市场定位，开发优势资源。各个景点都依据其景点特色等特征进行目标市场定位，包括主要客户群、市场范围等。卡德布里适合家庭群体，营销目标是鼓励淡季游和增加老顾客，传达的主题信息是"唯一巧克力经历"；威士忌文化遗产中心营销目标是以亚洲和北美的市场为主扩大知名度和增加游客量，传达的主题信息是为游客提供一次与苏格兰的主要产品有关的娱乐活动。每个景点的宣传目的和景区主题都有所区别，但都有明确的基于其主题的宣传定位，能充分开发其所拥有的优势资源。

三是有多元化的旅游营销策略，每个景点可供选择的营销措施都有至少五种，包括多媒体营销，旅游事件营销（旅游营销活动），文化周，小吃体验，推广活动，等等。具体营销措施的确定主要依据其实际宣传效果和对应客户群的市场反馈。

五、启示

针对中国工业旅游景点开发与管理的现状特点，英国工业旅游景点开发与管理的经验方法可以给我们如下启示：

（一）社会资源的高效整合

一是国内景区景点资源开发模式单一。目前我国的工业旅游处于起步阶段，基本为企业独资开发经营，政府和当地社会团体尚未参与工业旅游景点的经营开发。这类单一主体的开发模式存在很多弊端，企业单独经营视野相对狭小，开发目标单一，往往过多考虑经济效益而忽略社会教育和遗产文化保护意义。

二是与其他产业融合度不够。尽管当前旅游业发展鼓励业态融合，但旅游业与其他产业的融合度仍然较低。

三是政府和社会团体的关注度不高。政府应当加大投资力度，鼓励企业发展工业旅游，联合当地相关社会团体加强完善对地方各类工业旅游资源普查评价体系，更多地从社会效益、文化保护、休闲场所建设等角度重建开发目的。

四是资源的综合功能和效益尚未体现。由于目前我国的工业旅游景点多数为企业独资开发经营，目标相对单一，多为追求企业经济效益，工业旅游景点尚未体现其综合功能和效益。因此，建议各级政府和社会团体积极参与工业景点开发，集思广益，从多方多角度考虑景点开发，实现景点资源综合功能和效益。

（二）本土资源的高效开发

一是拓展产业链。协调各产业与旅游业之间的关联，分工合作，互补互动，充分做好业态融合。目前国内做得较好的有雅达乌镇产业园，该园区集医疗、养老、休闲于一体，拥有新的复合型发展模式和高质量的建设品质，实现养老产业与旅游业的有机融合。

二是多元化的营销方案。景点应该推行多样化的营销方案，包括旅游事件营销，多媒体营销，文化周，比赛活动，推广活动，等等。杭州市旅委曾于 2013 年策划启动"寻找当代马可·波罗——杭州博士"活动，该项目开展了一系列线上线下推广活动，这是利用新媒体进行事件营销的典型案例，为杭州在海外旅游市场赢得了广泛的关注度。

三是因地制宜，共性和个性的融合。各个工业旅游景点之间存在较大差异，具体包括企业类型、景点资源、产品特点、市场定位等。因此在针对一个具体景点开发时应当因地制宜，根据其具体情况制定相应的开发与管理方案，既关注共性问题，更要注意各个景点开发中的个性问题，切忌照搬全抄，提倡突出特色、发挥优势，注重差异性。

（三）工业旅游的战略化发展

工业旅游发展前景不应当是单纯地关注营业主题，景点发展需要企业具备旅游硬件配套，包括讲解设备或人员、体验活动、基础服务设施等，广受欢迎的景点产生社会效应，从而创造品牌价值，增强企业影响力。截至 2018 年 7 月，青岛已经举办了 28 届青岛啤酒节。2018 年的青岛啤酒节由青岛市旅游发展委员会、青岛西海岸新区旅游发展委员会等联合举办，进一步树立青岛啤酒品牌形象的同时，也推进了青岛西海岸新区旅游业的全面推广。从长远发展来看，工业旅游景点开发中也应当注意社会公益效益，承担服务社会的责任，在具体活动开展中注意科普教育，文化遗产保护等，为社会提供更多的就业岗位，也为社区提供休闲活动场所。开展多样化的社会公益活动应成为工业旅游景点发展的战略目标。

第二节　农业旅游的现状及前景

农业旅游是融合了农业与旅游业，充分运用农村特色资源吸引游客的一种旅游形式，是以农、林、牧、副、渔等广泛的农业资源为基础开发旅游产品，并为游客提供特色服务的旅游业的统称。

一、基本情况和问题

农事体验大多与大自然亲密接触，活动形式丰富，给生活在城市的人们提供了一个良好的回归农耕生活的机会，是近年比较受欢迎的休闲方式之一。杭州目前有 10 家企业开展农事体验项目，主要包括观赏花卉、认识中药材、采摘水果、种植蔬菜、采茶、炒茶、抓山鸡、捕鱼、垂钓、水陆运动等活动。其中，具有代表性的是梅家坞茶文化村。梅家坞茶文化村有 600 多年历史。梅家坞茶文化村拥有百余家茶楼，组织开展大型茶楼节，同时每年举行炒茶大赛、烹饪大赛、酱货年糕制作、文艺晚会、趣味运动会等活动。

二、现状分析

杭州的农事体验项目丰富、历史悠久，但仍然无法完全满足日益增多的个性化需求，基础设施、旅游产品等都有待进一步优化，具体情况如下：

一是卫生服务设施无法满足需求。由于部分访问点是热点景区，客流量大，课题组访谈中发现比较突出的问题是卫生服务设施数量偏少，无法很好地满足高峰时段客人的需求，造成旅客等待时间过长，甚至被迫缩短了行程安排，降低了旅客体验满意度。

二是参与性强的活动未纳入常规线路。农事体验点结合实际情况推出了季节性强、参与度高的活动，同时不断开发四季适宜的项目。游客，特别是国外游客在访问点参观过程中，由于整体行程时间限制，很少能参加统一安排的参与性强的活动项目，很多项目无法及时体验，这不利于农事访问点的建设，更不利于农事访问点的持续健康发展。

三是农事体验活动特色不鲜明。农业生产的季节性和周期性导致农业旅游产生淡旺季需求矛盾，如观光果园在夏秋挂果期间人气很旺，但到了冬季，农事旅游的人数便会减少，造成了旅游资源和旅游设施的闲置。总体而言，杭州的农事体验活动季节性较强，项目趋于同质，除采茶、炒茶相关活动外，其他项目品牌的知名度不高。

四是访问点旅游产品有待优化。每个访问点作为旅游线路中的一站，仅能呈现有限的活动，无法将精彩的互动活动全部融入旅游线路中。访问者只能在极其有限的时间内体验少量活动，还有很多互动性高、趣味性强的项目有待体验。

三、发展和对策

为了进一步完善基础服务设施，开发更多满足客人个性化需求的特色农事体验项目，建议重点从以下几个方面入手，不断深化农事体验项目的内涵建设。

一是完善基础服务设施，优化社会服务体系。加强访问点服务设施的建设，完善各项旅游基础设施功能；保证卫生设施的增建、导览标识标准化、公共秩序的维护，交通基础设施的建设。配套、完善、快速的交通网络系统是发展农事旅游的基本条件。欧洲的乡村镇镇通国道，村村通公路，即使是很偏远的乡村，都有平坦的柏油马路相连，各种行车标志设立都与国道一样清晰整齐，路牌路标长期无改动，并建立了乡村GPS指引行车系统。同时，社会服务配套齐全的国外农事体验点几乎都与邻近大城市旅行社有业务协作，访问点的游客流量动态与全国主要旅游业务管理机构联网。有的访问点甚至还直接与国际上的一些著名旅行协作联网，如法国Chambres ettabaled hotes农庄是当地的马术爱好者协会会员单位，也是当地的一个马术爱好者俱乐部，农事访问点与这些社会民间社团机构合作，可以争取到更多客源，提高访问点满意度与知名度。

二是开发参与度高的特色体验活动。首先，农事体验项目要因地制宜，充分展示地方特色及差异性，丰富和完善农事旅游产品。将农事活动与体育、休闲活动结合，开发特色鲜明、参与度高的活动项目，具体项目可参见表4-1。农事旅游重视农事体验的地方特色和营销主题培育，着重开发多类型、多层次的特色产品组合，举办各类农业旅游节庆活动，突出农村生活风貌和丰富乡土文化内涵，开展农事体验活动整合营销，提高农事体验活动的吸引力。其次，注重农事体验活动的参与性，通过设计丰富多样的农事体验活动，延长游客活动参与时间，来有效提高总体消费水平。

表4-1　国外乡村旅游活动项目表

类型	具体项目
户外活动	徒步、骑马、大篷车、摩托车、拖车、长距离自行车、滑雪等
水上活动	垂钓、游泳、泛舟、冲浪、快艇等
空中运动	轻型飞机、滑翔、热气球等
体育运动	洞穴探险、攀岩、网球、高尔夫、高山滑雪、狩猎等
文化活动	考古、访历史文化遗迹、乡村音乐会、地方美食、民间艺术室、园艺培训、厨艺培训、舞蹈培训等
健身活动	健身训练、温泉医疗等
休闲活动	观鸟、观察野生动物、写生、摄影、赏景、教堂祷告、酒吧休闲等
务农活动	播种、收割、放牧、挤奶、捕捞、采摘、酿酒等
主题性农业活动	葡萄节、苹果节、草莓节、田野节、农夫生活之旅等
童玩活动	自制玩具、宠物饲养、放风筝等
商务活动	小型会议、团队激励训练等
特别活动	乡村体育竞技、农产品展等

三是深化农事访问点与旅游企业合作。目前农事访问点与旅游企业合作关系不够紧密，没有形成有效的合作机制，导致农事访问点项目未作为主要活动被纳入旅游产品中，而是作为附属品。同时，旅客没有机会深度体验农事访问点，无法对访问点形成客观、全面的认识，不利于访问点的建设和发展。应创新机制，使访问点与旅游企业，特别是旅行社之间建立紧密的战略性合作关

系。一方面访问点要开发更多参与性高、趣味性强的旅游产品，另一方面，旅游企业要逐步打造访问点专项旅游产品，促进访问点硬软件的建设，提升总体服务水平与质量。

四是加强政府主导及政策支持。在以市场为主配置资源的基础上，充分发挥政府的主导作用，建立健全有效的管理体系。同时政府也应该对农业旅游区建设给予积极的财政支持。近几十年，欧盟各国都为农业制定了特别的优惠贷款政策，其中包括农业现代化特别贷款，这种贴息贷款旨在鼓励生产资料的现代化和多功能农业发展。法国政府在大力推动农业技术进步的同时实行农业补贴政策。这些政策的支持有效地推动了农业旅游的发展。因此我国相关政府职能部门应制定更多的招商引资优惠政策，积极引导、吸引民间资本投入到农事旅游基础及配套设施建设中。

五是注重农事旅游产品的宣传与开发。国外农事旅游企业注重调动上下游企业的主动性，拓展农业旅游产业链，农业旅游景点企业、旅行社、酒店、农业旅游科研单位等相关单位结成战略联盟，互利合作，积极开发旅游产品组合。

农事旅游也应综合运用各种传播媒体，开展战略性营销策划，开展农事旅游的整合营销传播。

农业旅游行业协会在农业旅游产品开发方面发挥了重要作用。农业旅游行业协会作为连接政府与农户的组织，加强农业旅游主管部门与经营者之间的横向交流，为农业旅游发展提供技术推广与项目交流等服务支撑，对农业旅游产业化发展起着重要作用。美国国家旅游基金协会执行州旅游合作计划，推广国际旅游项目，有效提高了联邦旅游和休闲场所的知名度；墨西哥庄园计划协会改造老庄园成为中小旅馆，对种植果园等农业旅游经营单位进行销售补贴。

农业旅游协会是推动农村经济发展和促进社会进步的重要力量，它在促进地域经济发展方面发挥着积极的作用。

但是，由于我国的农业旅游协会是非官方、非政府组织机构，存在着发展较晚、管理松散、会员专业技能不强、服务能力有限等问题。因此，农业旅游协会需不断加强自身的组织建设，而相应的政府部门和社会组织应为其配置更多的资源，给予更多的管理权限，激发农业旅游行业协会的活力，促进当地农事旅游集群效应。

四、相关案例分析

（一）美国

1. 农作物艺术

据统计，美国体验农业旅游的人数早在 2000 年就已达到 6200 万，约占总人口的 30%（Barry, 2004）。农业旅游已经成为人们生活中必不可少的元素，对农业旅游的需求不断增加，人们乐于参与农业旅游的各项活动。美国农事体验活动很丰富，其中比较受青睐的是乡村自然生态旅游、教育体验型农业活动、乡村文化遗产体验等。乡村生态游和体验教育的农事体验最有特色。

纽约达切斯郡（Dutchess）当地农场主邀请作物艺术家将玉米地装扮成艺术作品，这引起了全国媒体的广泛关注。在媒体的宣传效应带动下，一个月内，农场吸引了包括 1000 多学生在内的数万名游客。其中还包括一些城里的成年人，他们为了农业教育课程，加强城市与农村的联系，也涌入了当地旅游度假。很多农场主还组织专门针对学校的观光团，目的在于考虑长远利益及实现当地农业旅游集群的可持续发展（Hilchey, 1993）。

2. 节日或特别活动服务

农事旅游可以积极联动政府和旅游协会主办开展节日庆祝活动或其他特别活动。景点可以根据游客庆祝节日或活动的具体情况制定特别服务，提供食物、酒水和住宿。目前，美国很多私人农场能够独立满足日均 700~1000 名游客的访问需求。对于一些一年一度的大规模节日庆祝活动，当地的私人农场就会在政府和旅游协会等组织的大力支持下联动起来，与大农场通过集群效应共同提供旅游服务。这些大规模的庆祝活动，能够为私人农场增加更多的市场份额。

3. 自助采摘的主题

自助采摘农场兴起于 20 世纪 70 年代，至今仍十分流行。节假日时，家长可以带孩子到农场亲子游，自助采摘水果，尝试农事活动，也可以参加农场举办的其他各类亲子活动。这类旅游活动广受欢迎。一方面，游客可以以低于市场的价格购买新鲜果蔬，孩子也能接受农事教育，并在共同劳作中促进亲子感情；另一方面，农场主也可以减轻劳作压力，降低劳动力成本支出，并提高农场知名度，逐步树立品牌形象。

（二）意大利

意大利是世界上旅游业最发达的国家之一，该国的农业旅游发展较早，始于 20 世纪 70 年代，发展于 80 年代，到 90 年代已成燎原之势。早在1865 年，意大利就成立了"农业与旅游全国协会"，专门介绍城市居民到农村去体味农业野趣，与农民同吃住同劳作。目前，意大利的农业旅游已与现代化的农业和优美的自然环境、多姿多彩的民风民俗、新型生态环境及其他社会文化现象融合在一起，成为一个综合性项目（瞿兆赛，曹林奎，2006）。意大利中西部托斯卡纳区于 2009 年 12 月 22 日通过的一部区域法中提到，农业旅游包括以下项目：在农场中为游客提供舒适的住宿环境；为露营者提供惬意的开放空间；运用本农场或该区域中其他农场生产出的农产品为游客炮制膳食及提供饮品；为游客举办教育、游憩、文化宣传及当地传统活动等（Paolo, 2010）。

意大利是首个将农业旅游纳入法律的欧盟国家，它的第一部关于农业旅游的国家法律于 1985 年生效。根据法律规定，欲从事农业旅游服务的农场主需进行资质认证并获得许可。农场所有者或经营者必须具有两年农场经营的经验（该经验是获得政府项目资助的必要条件），参加由地方当局组织的 100 小时培训（内容主要包括法律、农场管理、财务管理、保健和卫生、运输及农产品加工以及待人接物等）并需通过口试。获得许可的农场所有者或经营者能够从以下三种服务方式中选择其一：小吃、正餐或膳宿，且法律对不同层次的服务还明确规定了服务标准。（Rinaldo,2004）。意大利政府在政策上支持农业旅游业，旨在通过农业旅游开发，协助农业振兴，增加农民收入，为农村社区增加新的就业机会，实现特色区域农产品价值增值以及促进农业旅游形式多样化发展。最有特色的是有机农业旅游。

随着一些食品安全丑闻的曝光，消费者对健康食品的需求越来越强烈。有机农业在严格的质量标准和化学物质限量使用的基础上，再加上产销链条短（农产品生产出来后可以直接销售给消费者），从而能够为消费者提供放心的健康食品。有机农业与农业观光旅游联系密切，在农户与游客双方共同利益的驱动下，诸多旅游农场通过严格的资质认证取得有机农场许可，游客在有机农场中旅游观光，见证有机产品生产的全过程。

近年来，有机农业旅游在意大利备受游客青睐，特别是在中部地区及中西部的托斯卡纳区，有机农业旅游农场大约占到 1/4。

（三）波兰

波兰以可持续理念发展农业旅游，并以此形成产业链，促进各大产业协同发展。农业旅游以提供自然舒适的环境和低价优质的服务著称，越来越多的短期度假游客倾向于将旅游目的地由知名旅游胜地转移到宁静偏远的乡村。位于 Lubartow 小镇上的 "Ziemia Lubartowska" 休闲观光农业协会是当地农业旅游集群的代表。"Ziemia Lubartowska" 休闲观光农业协会最初只是从事荞麦种植，荞麦谷粒提供给游客做保健食品，而脱粒壳可用于制造健康生态床垫。Lubartow 地区拥有众多民间传说，文化遗迹，清新纯净的湖泊、森林和草地，对游客具有极强的吸引力，该农业协会也逐步发展为当地旅游集群的核心。该集群也与周围地区的农场、博物馆、区域农业咨询中心存在紧密联系，实现了产业链整合，业态融合发展。

五、启示

一是农业旅游资源的融合。农业旅游集群需要具备两个条件：一是丰富可挖掘的资源，即要有能够吸引游客的东西，例如当地有独特的风景或历史文化，加以充分开发挖掘。二是资源具有可体验性。景区资源能够让游客亲身体验，动手操作，参与活动，以此来调动游客的消费需求，加强旅游体验。以上两个条件的融合能够有效促进农业旅游集群的形成。

二是搭建政府政策平台。根据农业旅游自身的特点，在以市场为主配置资源的基础上，搭建政府政策平台，充分发挥政府的主导作用，建立健全有效的管理体系。同时，借鉴美国联邦政府对农民税收优惠和农业直接补贴的政策及意大利政府通过法令和规定管理和鼓励农业旅游的经验，我国政府应当制定基于当地实情的招商引资政策，打破地区限制和行业垄断，开放农业旅游市场，充分开发挖掘地区农业旅游资源。

三是重视环保。建立生态农业旅游体系。意大利人喜爱绿色农业旅游，与该国政府重视环保，发展有机农业密切相关。我国应当借鉴意大利发展有机农业旅游的经验，将有机农业与农业旅游进行有机结合，大力发展生态农业旅游集群，增加农业旅游效益，实现人与自然和谐相处，为游客提供新型的旅游观光、休闲度假、活动体验等农业旅游参与形式。

四是挖掘本土旅游资源。我国地广物博，不同地区旅游资源及文化差异很大。因此，各地发展农业旅游应注重强调其差异性，充分挖掘本土旅游资源，突出本地区的农业自然景观和农业产品特色。例如，浙江桐庐利用独特的自然资源，借助国内知名综艺节目《向往的生活》打开了其乡村旅游在全国的知名度，谱写了"美丽中国——诗画浙江"的新篇章。

第三节　结　语

本章首先分析了工业旅游现状，主要问题是缺乏行业融合的思路，相关旅游产品单一，无法满足人们多样化的旅行需求，管理和服务水平都有待提高。鉴于此，本章针对性地提出了对策，如制定行业标准，树立大局旅游观，开发特色产品，加大市场投入力度，提升管理服务水平，促进行业健康可持续发展。同时，本章也分析了国外工业旅游发展情况，工业旅游景点开发与管理策略、产品开发、市场开发等方面的经验值得国内同行业学习。此外，本章还探讨了农业旅游的发展现状和发展趋势问题。目前主要存在硬件服务设施滞后于产业发展，体验活动缺乏互动性、趣味性，特色不鲜明等问题。在借鉴美国农作物艺术、节日或特别活动服务、自助采摘活动，欧洲农业旅游成功开发经验基础上，笔者提出了推动国内农业旅游发展的思路，包括完善基础服务设施，优化社会服务体系，开发参与度高的特色体验活动，深化当地社会团体与旅游企业合作，加强政府主导及政策支持，推进农事旅游产品开发与营销。

第五章　城市旅游业现状调查与分析（下）

第一节　文化（教育）旅游的现状及前景

一、文化教育旅游

（一）基本情况和问题

根据抽样调查，6.10% 的中国游客对杭州文化教育有浓厚兴趣，国外游客对杭州文化教育的兴趣度稍高，达 10%。近年，越来越多杭州学校的运动场馆、课堂教学与课外活动对社会开放。杭州市政府先后将 25 家大中小学教育机构列入杭州社会资源国际访问点，涉及幼儿园、小学、中学（包括职业学校）、大学及继续教育系列的老年大学。这些访问点不仅是对中外游客展示杭州教育的窗口，也为杭州市民参与和监督杭州教育提供了一个便捷渠道。

（二）现状分析

目前已经成为社会资源国际访问点的学校各个层次都有，能满足不同年龄群体的游客，但接待国内外游客的人数不多，主要原因是学校的核心功能是教书育人，对访问点的对外交流重视程度不高，旅游体验等项目人员配置不到位，缺乏专人管理，且宣传力度不够。具体情况如下：

一是开放时间不固定，需提前预约。出于安全考虑以及没有专职接待人员等原因，多数文化教育机构没有固定开放时间，需要提前预约，很大程度上影响了到访游客数量及散客的参观。

二是开放内容单一，旅客体验度低。根据对国外游客的问卷调查，游客参访文化教育机构时，体验最多的项目是校区参观，其次是学生作品展示与节目表演，第三是课堂观摩。除此三项外，其他项目总和仅占27.78%。开放内容显得单一而缺乏吸引力。

三是信息传播渠道窄，社会影响小。学校的开放时间和项目发布渠道比较狭窄，一般在本单位官方网站上发布，对于大多数愿意参访而没有及时浏览文化教育机构网站的游客来说，很容易错过其发布的信息。

（三）发展和对策

针对文化教育目前存在的主要问题，笔者建议采取措施进一步丰富互动交流的特色项目，不断优化学校的管理制度和对外交流规定，实现从被动、消极访问向主动、对外宣传的战略性转变，具体建议如下：

一是构建双语公共信息的发布平台。构建杭州社会资源国际访问点双语发布平台，各文化教育机构的相关开放时间与项目信息可以集中发布，通过集约化管理扩大文化教育访问点的社会影响力。

二是加强各文化教育机构的协调。文化教育机构，尤其是中小学对过多的游客到访比较排斥。因此，通过协调各相似文化教育机构，合理错开开放时间，既可以满足关心支持杭州文化教育的游客（包括市民）的参访需求，也可以适度展示文化教育成果，并接受社会监督，促进杭州文化教育质量的提升。

三是丰富文化教育资源的对外开放项目。根据抽样调查，外国游客对杭州文化教育资源有着较浓厚的兴趣。但相对单一的对外展示并不能满足其需求，无法达到对外交流的目的。因此，各个文化教育机构应结合自身条件，挖掘本单位资源，开发有本校特色的互动交流项目，如传统武术、传统艺术等，这样既可提高本校学生综合素质，也可实现与旅客的互动交流。

（四）相关案例分析

文化教育不仅局限于传统的课堂学习，应将其视为一个多元、包容、开放的过程，鼓励国内外客人体验有个性、有特色的文化交流活动，实现文化互通的高效传播，而以下美国大学的经验和做法能给我们一些启示。

美国大学的教育水平普遍较高，表现也可圈可点。以得克萨斯大学奥斯汀分校为例，该校是美国规模最大的大学之一，在读学生人数高达五万人，教学实力雄厚，以计算机专业、电子工程专业最为突出。其丰富多彩的校园开放日活动也相当引人入胜。学校的每个系、每个专业的教师都带领学生志愿者们在校园内摆出展台，向参观者展示自己专业的研究内容和成果，进行科学知识的普及与宣传，也可以使高中学生了解得克萨斯大学的专业设置、研究方向和研究内容，便于家长了解学校的发展现状，便于学生们选择自己未来的专业。其中有自行车发电展台，展示机械能转换成电能原理；低温超导实验，演示磁铁在低温下可以使导电性能发生变化；现场制作冰激凌，用液氮制冷降温，免费提供给参观者；遥控小型直升机，可以起飞、飞行、转弯、降落，并做出各种复杂动作；计算机测试扔球速度，可以通过电脑现场测试扔球的速度和距离。新生接待日当天，广场上有一辆旧式马车，车上有一百年前的得克萨斯牛仔家庭生产、生活的全部用具，像各种运水的水具、农具、酒桶，马匹拉的播种器具、收割机，牛仔们当年穿的衣服，披挂的牛皮披肩、围裙、护腿和套牛头、牛角的绳索，并且有志愿者当场演示，教参观者抛绳索、套牛头。（毕胜福，2006）

（五）案例启示

国外校园旅游历史悠久，很多学校很重视校园旅游资源的开发，促进校园资源效益最大化。由于政府给高校的财政支持减少，英国一些高校利用假期空档，用闲置的资源（食堂、公寓等）为旅游者提供相对廉价的食宿，并为旅游者开放图书馆、试验室等，从而获得收入以弥补财力上的不足。国外高校校园常以大学城的形式出现，美国的大学城最多。大学城旅游设施与服务较为完备，是游客较为偏好的旅游景区。国外学者研究的重点是如何通过校园资源配置整合，通过旅游服务来获得收益。由此可见，校园旅游活动不仅能带来可观的经济效益，还能给学校带来良好的社会效益。虽然国内高校已开始逐步借鉴国外校园旅游经验，但仍然存在不足。

二、社区文化旅游

（一）基本情况和问题

杭州目前有 17 个社区文化体验点，集名人故居、历史纪念馆、历史街区于一体，是陶瓷文化、雕刻艺术、艺术作品、手工艺品等创作与展示的窗口。各社区还创办居民老年大学，开设各种文艺课程。同时，杭州结合社区特色和地域文化，将社区的历史、人文、建筑紧密融合在一起，积极打造、开发品质旅游体验线路。通过举办各类丰富多彩的特色活动、设计制作特色旅游纪念品等方式将社区的人文历史韵味充分彰显出来，有力推动了社区访问点的建设和发展。其中，最具有代表性的是清波街道柳翠井巷社区，该社区先后接待来自韩国、日本、马来西亚等国的游客，被评为杭州市优秀社会资源国际旅游访问点、杭州市精品社区旅游示范基地。社区充分挖掘地域文化特色，营造了特色文化强、活动内容丰富的社区文化氛围。

（二）现状分析

杭州的社区历史悠久，文化底蕴深厚，社会资源国际旅游访问点的建设具有得天独厚的优势。但由于城市发展较快，城市社区的规划相对滞后，导致特色体验产品开发落后，无法满足人们的个性化需求；缺乏专业团队管理，不利于社区历史文化的传承和发展。

一是社区文化点发展不平衡。从社区文化访问点的主题活动与总体社会评价而言，部分访问点对活动高度重视，文化特色项目丰富，吸引了大批国内外旅客；部分访问点主题项目趋同，旅游产品差异化程度不高，服务质量和水平差别较大。

二是社区文化旅游产品开发缺乏合理规划。部分社区文化访问点未对社区旅游资源做系统调研，缺乏对社区旅游资源科学、合理的规划。因此，这些访问点未因地制宜地开发旅游产品，而是模仿其他区域实现短期经营目标，没有采取积极措施促进社区文化访问点的可持续发展。

三是经营管理模式单一。社区文化访问点的经营管理主体是社区，社区访问点的长远发展很大程度取决于社区参与旅游资源开发的积极性，是否出台配套的相关措施。由于社区有各自的核心工作内容，人员及资源配置是否足够支撑社区文化访问点的发展，也是社区需要关注的问题。如果有其他更适合社区发展的途径，社区将不会把工作重心放在文化旅游资源开发上。综合杭州目前社区文化访问点发展情况，只有少数几家社区将社区文化旅游资源的规划与发展作为其常规重点工作，将居民作为社区文化发展的核心力量，出台政策鼓励居民献计献策，营造了多元、本土气息浓厚的社区文化氛围。

四是营销方式单一。在社区文化访问点中，与旅行社建立了长期战略性合作关系的访问点很少，多数访问点主要依靠传统的营销模式，在营销方面投入的时间和精力有限，个别访问点虽然在国内具有一定的知名度，但在国外还不是很有名。

（三）发展和对策

社区具有打造特色社会资源国际旅游访问点的优势，它所拥有的资源是独一无二的，为了更好传承社区历史文化，促进社区的可持续发展，在配备专业人才队伍的同时，需要重点做好长远规划，整合现有社区资源，开发特色鲜明的体验项目，为社区历史文化源源不断地注入活力，具体需要做好以下四个方面的工作：

一是加强社区文化资源整合。社区旅游资源主要包括社区建筑与设施、社区居民生活习俗、社区文化活动、娱乐竞技活动。深度挖掘社区特色文化项目，通过社区文化资源整合打造特色文化社区。

二是引领社区旅游的规划与发展。社区旅游规划与开发应统筹旅游资源开发和社区建设，在旅游景区建设中将旅游开发融入当地社区建设中，使当地居民成为旅游开发的参与者和受益者，最终促进景区和社区文化的可持续发展。

三是加强专业的从业人员队伍建设。加强专业人才队伍建设，为社区文化访问点输送高素质的从业人员，不断提升综合服务水平和质量。主要途径：一是引进高等旅游院校优秀毕业生；二是与旅游大专或旅游职业中专学校合作，建立旅游培训基地，提高从业人员素质和服务技能；三是建立岗前培训与考核机制。采取脱产学习、定向委培、在职培训等手段更新旅游管理和旅游规划人员的民主观念，提高居民参与的技能和水平。立足长远，通过人才的积累逐步形成一支知识结构合理、梯队搭配完善的人才队伍。

四是积极探索多种社区文化发展模式及经典案例。学习国外先进的社区文化管理模式，尝试在国外先进管理经验的基础上，形成本土化的发展模式。

（四）相关案例分析

国外主要管理模式的案例如下：

1. 非政府组织主导型——英国的南彭布罗克郡（South Pembrokeshire）

英国南彭布罗克郡的"非政府组织+居民+合作伙伴+社区管委会"模式属于非政府组织主导型模式，即农村社区联合行动委员会（South Pembrokeshire Action for Rural Communities, SPARC)。该模式具有以下三个方面的特征：

一是非政府组织主导开发。SPARC 作为一个非政府组织，在政府与社区之间起到了很好的推动作用，它致力于资源开发、资源配置、资源优化、资源融合，保证资金和所需的专业技术，促进政府和社区合作的可持续性，确保双边效益最大化。

二是有共同的社区旅游发展目标。SPARC 通过征询社区各方面的意见，将南彭布罗克的旅游发展目标设定为"非侵入式的，基于当地的自然资源、景色、遗产和文化的生态旅游社区"。出台各项激励政策来调动社区居民参与景区开发建设的积极性，一方面充分展示了当地独特的历史文化特色，另一方面也使当地历史文化得以延续。

三是合理的利益分享机制。SPARC 机构充分利用了一切可支配资源，鼓励当地居民参与景区开发建设。居民根据自身收入投入当地旅游建设，并按比例获得收益，提高了生活质量和生活水平，有助于社区的稳定，生态环境的保护和社区旅游的可持续发展。

2. 社区主导型——南非的洛克泰尔湾（Rocktail Bay）

洛克泰尔湾模式有以下三个特征：

一是非政府组织协调。克瓦祖鲁–纳塔尔自然保护机构（KZNNCS），其前身是非营利性公司 Isivuno，在洛克泰尔湾模式中作为一个非政府组织，参与协调政府与社区旅游公司的关系，代表政府和社区对洛克泰尔湾所在地马普托沿海森林保护区自然资源的利用进行监控。

二是可持续性的收益体系。洛克泰尔湾的社区居民部分所有权体系具有很强的可持续性，因为即使没有野外旅行社，洛克泰尔湾的受益体系还可以转给其他的私营者。尽管所有权公司的红利是定期分给居民的，但是还有经营公司分配的红利留存在信托基金会，基金会投资的项目一旦赢利，居民还能获取更多的收益。经营公司的红利取决于利润，这同入住情况和客房收费价格有关，因此如果经营公司不赢利，会直接影响居民的收益。

三是社区居民直接监控基金会的行为。洛克泰尔湾的任何居民都有机会决定基金会提议的项目是否应该得到资助，在分红利方面，信托基金会也直接受到居民的监控。

3. 公司主导型——泰国的北碧府（Kanchanaburi）

泰国的旅游合作社模式属于公司主导型。但与一般的赢利性公司不同的是，泰国生态旅游合作社公司虽然能获得一部分营业收益，但它同时担负着景区的环境治理和保护的责任，所得收益大部分用于基础设施和环境保护。1995 年 6 月生态旅游合作社公司 (KECC) 成立并获得政府注册，该公司由农业和合作社部与皇家林业厅联合资助，是泰国第一个生态旅游合作社，和当地社区在基层也建立了社区参与旅游发展的基础并获得了信任。这在由上而下发布政策和由下至上活动之间促进了当地社区的生态、经济与社会的发展，并在三者之间创造了一个有益的会结点。目前 KECC 模式已被泰国农业和合作社部确定为泰国生态旅游的典型和示范工程。这类合作社模式能有效地发展生态旅游业，实现可持续发展，也能为当地本土居民提供更多工作岗位，以维持当地传统文化和习俗。合作社模式的探索为寻找非政府组织、当地社区以及政府机关三者协同合作的最佳方式提供了有效参考。北碧府的社区参与模式有以下三个特征：

一是由旅游合作社公司统一管理。旅游合作社公司作为政府和地方社区之间的第三方机构，代表社区利益，为社区居民参与旅游经营提供了有效途径。旅游合作社组织贷款支持当地小的旅游企业，帮助企业培训员工，将所需要的技能和知识传输给当地社区，使当地居民具有从发展旅游业中获取经济利益的技能，旅游合作社联合各种组织机构，与他们进行合作，并对环境的保护进行监管。

二是有明确的社区旅游发展目标。旅游合作社将社区旅游的发展目标明确为开发具有国际高水准的生态旅游社区。合作社的目标客户群是有着高消费能力的国内外游客，能为当地社区居民获取较大的旅游收益，鼓励居民积极保护当地的自然生态资源，确保生态旅游社区的可持续发展。

三是明确的利益分配体系。北碧府社区旅游业的大部分收益都分配给当地社区居民，因此社区是最大的受益者。KECC 和旅游代理商只从收益收取一定比例作为佣金。此外，社区居民还能获取大部分 KECC 的矿区使用费用和营业收入，有投资合作社的还能得到股息，在 KECC 手工艺品和纪念品部工作的还能得到销售收入的 70%~80% 作为奖金。社区居民从发展旅游业中得到了实实在在的经济利益，也就能主动地参与到社区旅游的开发和旅游资源及社区环境的保护中。

（五）案例启示

鉴于国外成功的社区经营管理经验，结合国内实际情况，我国可以尝试"政府 + 社区组织 + 旅游企业 + 民间组织 + 法制规范"模式。杭州的阳光工艺大舞台就是一个很好的案例。杭州市阳光工艺大舞台从 2005 年首届"景泰蓝工艺画制作培训班"起步，于 2008 正式注册成立。2009 年，第一个杭州市阳光工艺大舞台创业园社区工作室设立，标志着阳光工艺大舞台开始向社区拓展延伸。这是一个让困难群众唱主角的平台，凝聚了各方力量来探索改善弱势群体民生的新式发展道路：市委市政府拨下了专项资金给予扶持，市总工会从人力、财力、物力三方面给予强力支持，社会上有兰萍工作室和周萍老师精心传授景泰蓝工艺画技巧，中国工艺美术大师郭琳山、嵇锡贵和陈水琴老师和原中国美院网络中心主任赵星老师自愿担任舞台顾问。这个舞台的收益分配体系也向困难群体倾斜，如持证的困难家庭可获收益的 80%，下岗失业人员、外来务工人员、一般残疾人员可获 60%，其他人员则可获 40%。该舞台不定期开展的社区主题日活动，才艺巡回展，不仅促进了弱势群体的交流常态化，为人们带来被认可的满足感，还鼓励了更多的困难群体参与活动，保障社区文化旅游发展的可持续性。

第二节　特色文化街区及特色文化馆旅游的现状及前景

一、特色文化街区旅游

（一）基本情况和问题

中外游客都对杭州的特色街区表现出浓厚的兴趣，16.8%的中国游客对特色文化街区有浓厚兴趣；外国旅客参与度最高的是老店文化和中药文化，其中，老店文化参与率最高，达32.9%。主要原因是项目的独特性、趣味性强、参与性强。

杭州目前有十多个特色商业街区，包括清河坊历史文化街区、南山路艺术休闲特色街区、武林路时尚女装街和中国丝绸城等特色街区。这些特色街区有传统中医馆、传统艺术品店、古董店、传统小吃店等，展示着这座城市独特的韵味。还有历史文化体验街，展现民风民俗；时尚购物特色街，风格独具。杭州的特色文化街区有着较高的游客到访率，但也存在一些问题，亟待解决。

（二）现状分析

杭州的特色文化街区的业态丰富，基本能满足不同年龄群体的需求，因此，一直受到中外游客的青睐。传统品牌老店及老字号中药店更受欢迎。这些特色文化街区是这座城市的核心元素，他们的稳定与发展至关重要。目前，已基本形成了科学规划、层次鲜明、绿色生态的格局，具体情况如下：

一是特色街区发展新阶段。杭州文化特色街区大致经历了四个发展阶段，依次是完善交通设施、维持商业吸引力、以人为本体现人文关怀以及目前所处的兴建城市社会活动场所阶段。

二是特色街区错落有致。杭州特色街区着重城市交通、城市生态环境、公共基础设施的建设，依托城市自身资源，包括有形的自然景观以及无形的文化民俗，协调发展各类型的特色街区，不断促进城市产业结构、城市空间结构的优化。

三是特色街区绿色生态化发展态势。特色街区整体布局倾向于建立绿色生态化的城市环境，这有利于缓解城市交通拥堵、空气水源污染等城市常见问题，树立可持续发展的城市形象，以疏通和彰显城市文脉、水脉、绿脉、路脉、气脉为契机，以构建城市空间结构线、功能组织线、发展导向线、景观风景线为载体，精心打造特色街区的轴向、带状和圈层空间结构。

四是社区高端化发展趋势。杭州特色街区的发展也趋向高端化。首先，高端化的发展定位有助于打开国际市场，宣传城市形象。其次，随着街区形态的街区化发展和街区主导功能不断由购物型向文化型的转变，保持街区层次的适度高端化更有利于发挥特色街区的综合效益。

五是文化创意相对不足。杭州特色街区的功能选择应趋于多样化，集购物、休闲、娱乐、餐饮、观光于一体，整体呈复合式发展。然而，目前国内街区功能多以刺激购物为主，在弘扬文化、宣传城市形象上发挥作用有限。杭州特色街区功能多样化的开展显然需要有更多的文化创意。

（三）发展和对策

杭州的特色文化街区拥有良好的基础，为了更好满足人们日益增加的个性化需求，让更多的国内外游客能多次到访，需要不断提升特色街区的国际化服务水平，依托文化创意产业为街区发展注入全新活力，与时俱进，打造"以文建街、以史造街、以情养街"的新局面。

首先，要继续提升特色街区业态服务质量。进一步提升商品服务质量，只有高质量的商品和服务才能得到顾客的认可。

其次，应着力发展特色街区文化创意产业。从国内外特色街区发展的实践来看，特色街区正由"购物场所"向"生活场所""创意场所"转变，在满足人们购物、休闲、餐饮、观光等需求时也满足了人们的文化需求，维护城市的经济文化效益。杭州创意设计中心位于杭州市江干区艮山西路 102 号，地理位置优越，由面积约 5 万平方米的旧工业遗址改造而成，有着浓重的时代印记和重工业特色。园区以"创意设计"为产业核心，重点培育门类有以创新创意为核心的综合设计产业、以高新科技为载体的文化科技融合产业以及以会展策划为核心的会展产业链企业。整体发展目标与街区文脉具有一定的传承性和互动性，形成颇具杭州特色的产业聚集地。

最后，以文建街、以史造街、以情养街。所谓特色街区营销的场所化，一般是指以特色街区的历史、地域、民族文化和自然资源为依托，通过空间环境风格的整体设计、推行规范化管理和开展一系列"造景、造情、造节"等文化活动，以充分发挥街区的人文特色，极大幅度地提升街区的内在价值，包括情感价值、人文价值、品牌价值等。国外特色街区的成功案例证明了只有依托于社区或城市的历史、文化、民俗、民风等人文特色，才能创造成功的品牌形象，形成真正具备核心竞争力的产业集聚。

（四）相关案例及启示

国外有很多繁华的特色文化街区，受到国内外游客的青睐。这些街区的共性是历史悠久、主题鲜明、建筑有特色、活动多样。以下重点介绍美国洛杉矶的 CityWalk 和迈阿密的 CocoWalk 两个特色街区案例。

1. 洛杉矶的 CityWalk（城市步道）

环球影城 CityWalk 是美国洛杉矶著名的休闲娱乐购物中心，商业街人头攒动，生意红火。该中心于 1993 年对外开放，共有四十多家店铺，包括品牌专卖店、餐饮店和娱乐场所，总面积达 2.5 万平方米。早期以奥斯卡颁奖典礼和电影主题活动出名，后逐步成为以电影为主题的欢庆广场，是洛杉矶市最具节日氛围和文化特色的文化街区之一，吸引了大批游客到访。该街区的招牌以绚丽的色彩、奇异的形状吸引游客，给人们带来强烈的视觉刺激，营造出浓厚的商业氛围。该街区拥有时尚美味的餐馆、高档 IMAX 电影院、精品购物店、刺激的游乐设施等等，均是动感时尚的代表。在这里，游客可以免费欣赏丰富多彩的现场表演和酒吧演奏，这也吸引了人流在此聚集，延长了人们在商业街驻足时间。

2. 迈阿密的 CocoWalk（椰子林）

CocoWalk 开业于 1990 年，是美国第一家生活时尚中心，总面积达 2 万平方米。其周边为迈阿密的富裕居民居住区。CocoWalk 的主题是地中海风情，规模较小的开放式建筑形式营造轻松消费氛围，而紧靠购物中心的停车场也最大限度地增加了顾客的交通便利性。游客可以享受在古色古香的村庄、茂密的椰林丛里购物的体验。CocoWalk 偏重娱乐和餐饮，其比例大于购物，进驻品牌主要为国内知名品牌或区域性品牌。街区布局是回环式设计，主力店在端头，吸引人流向内流动；通过连廊连接二楼，通过局部小绿化增加情趣，吸引人流。该街区拥有各式各样持续不断的文艺活动，为游客带来轻松愉悦的氛围。地中海风情建筑、放松的消费环境、丰富文艺活动均受到游客的高度赞扬，赢得了很多老顾客，令顾客流连忘返。

3. 案例启示

成功的特色文化街区普遍有着独特绚丽的建筑形态，整体设计为开放式，面积庞大，入驻店铺安排合理，既有美味餐馆、精品购物店，也有大型影院及玩乐场所，能充分满足周围居民和游客的需求，因而吸引了大量人流，营造了浓厚的商业氛围。这类特色文化街区也拥有时尚的业态设置，紧扣主题的同时，符合商业街动感时尚的定位。街区内有丰富的娱乐活动，包括高档电影院、游乐设施、文艺活动等等，营造了欢乐放松的氛围，满足不同层次顾客的要求，吸引人流在此聚集，延长了人们在商业街驻足时间。

（五）启示

综合本项目的中文与外文调查问卷统计数据分析与现场访谈，杭州社会资源国际访问点总体存在以下不足：

一是访问点总体对自身特色项目重视程度不够，缺乏长远规划。

二是部分访问点硬件服务设施不到位，无法满足旅客的实际需求，如无线网络服务网点偏少，导览标识有待进一步系统规划，公共卫生设施无法满足高峰时段的需求。

三是访问点总体服务水平和质量偏低，专业人员总体素质和能力有待提高。

四是部分项目娱乐性不强、参与度不高、特色不鲜明。

五是营销方式相对单一，宣传力度不够。

六是管理模式相对单一。

七是访问点资源配置不均衡，发展不平衡。

八是访问点与旅行社合作关系不够紧密，未建立战略性合作伙伴关系。

九是公共秩序和交通服务有待进一步完善。

为了更好促进访问点可持续健康发展，我们认为应重点做好以下工作：

一是不断提高国际访问点工作人员的旅游开发意识，建立专家评估队伍，协助访问点分析旅游开发中的优势、劣势、机遇、挑战等因素，通过系统、科学的调研确立访问点的旅游战略规划。

二是加强访问点旅游基础设施建设，通过收集旅客的反馈信息，不断完善各项服务设施。

三是强化访问点从业人员的考核力度，针对访问点的常规岗位建立系统、严格的考评体系，提高从业人员的门槛准入水平，同时将人员配置纳入访问点的重要考核指标，不断提高基础性岗位从业人员的综合素质和服务水平。

四是不断学习国外先进的旅游开发项目经验，深化与高校或旅游研究机构合作，开展专项旅游项目研究，通过开发更多趣味性、娱乐性、参与性强的项目，延长游客在访问点的停留时间，提高在杭消费水平。

五是引导访问点开展各种形式的促销活动，树立国际品牌访问点，不断提高访问点在国内外的知名度；积极探索访问点多种发展模式，如非政府组织主导型、访问点主导型、公司主导型或混合模式，促进访问点管理的优化，推动访问点健康、快速地发展。

六是制定相关政策引导访问点不断优化资源配置，培育访问点的自身造血功能，形成特色项目促进发展，发展推动更多特色项目开发的良性循环体系；引导访问点与旅行社建立战略性合作关系，不断将旅客感兴趣的内容融入旅游产品中，形成真正双赢的合作关系，同时鼓励访问点积极探索更灵活的合作机制，扩大访问点特色旅游项目的覆盖范围。

七是与相关部门协调，建立交通和公共秩序应急保障机制，不断提高访问点的交通服务能力和水平。

二、特色文化馆旅游

（一）基本情况和问题

问卷调查显示，15.1% 的中国游客对杭州的特色文化馆非常感兴趣，感兴趣的主要原因依次为：趣味性、文化内涵、知识性和参与性。来杭州的外国游客对特色文化馆的到访比例为15%。旅客参与度最高的是茶馆、官窑馆和博物馆，占比近80%，其中茶馆参与率最高，达30%。 杭州国际旅游资源访问点中有 20 家特色文化场馆，主要涉及传统艺术品、传统工艺品、酒文化、现代音乐与艺术、教育体验场所。其中比较有代表性的分别是西泠印社和朱炳仁铜雕艺术博物馆。西泠印社创立于 1904 年，是我国现存历史最悠久的文人社团，也是海内外成立最早的金石篆刻专业学术团体。该社团每年都会在孤山社址进行公祭印学先贤、举办社员作品和藏品展览、进行学术研讨和交流等活动，在文物研究与出版、对外文化交流等领域均有重要建树。2006 年，"金石篆刻（西泠印社）"成为首批国家级非物质文化遗产代表作。2009 年，由西泠印社领衔申报的"中国篆刻艺术"成功入选联合国教科文组织"人类非物质文化遗产代表作"。朱炳仁铜雕艺术博物馆坐落在杭州历史古街——河坊街上。中国工艺美术大师朱炳仁及子朱军岷集五代人的艺术精华，以铜为精华将中国传统造型艺术中的绘画、雕塑、建筑、书法交融和合。铜雕博物馆内展示着朱炳仁大师的艺术作品，包括铜书画、铜壁画、熔铜艺术、铜建筑艺术、佛教文化等。

（二）现状分析

早在 1999 年，浙江省委、省政府就提出了建设"文化大省"的战略构想。经过十几年的寒暑磨砺，文化要素在浙江经济增长中的贡献度日益提高。由于民间资本的壮大以及政策扶持，特色文化场馆在杭州遍地开花，数量不断增加。近年来，一些文博场所先后被评为国家级或省级爱国主义教育基地，还有的成为学校的素质教育基地。以西泠印社为代表的杭州特色文化场馆对于弘扬民族文化，繁荣杭州文化旅游市场起到了巨大的作用。但除西泠印社等少数几家特色文化场馆之外，多数特色文化场馆或多或少存在一些不足。

一是各文化场馆间发展不平衡。特色文化场馆之间的生存状况存在很大差异。有些被人津津乐道，有些则根本不为人所知。西泠印社坐落于浙江省杭州市西湖景区，有"湖山最胜"之誉。再加上其在国际印学界的知名度及良好的运营管理，前来参观的游客络绎不绝。但一些地理位置偏僻、资金募集渠道狭窄、经营管理不佳的小型文化场馆却门庭冷落，开放时间也不固定。

二是部分文化场馆变成个人收藏与聚会场所。一些私人特色文化场馆的社会责任感不强，成了个人收藏与聚会场所。

三是特色文化馆变成产品展销室。一些建在景区内的文化场馆，仅仅满足于旅游商品的销售；一些企业建立的博物馆，则逐步成为本企业的产品陈列室。

四是展品不足，缺乏创新。杭州的一些小型特色文化馆，如青上阁石雕艺术馆和刀茅巷小学口琴博物馆，由于展览空间狭小，展品种类与数量有限，且常年不更新，缺乏创意，导致游客体验度不佳，很少会有重游的意愿。

五是互动不够，没有寓教于乐。根据调查，中外游客都对特色文化馆所显示出浓厚的兴趣，其中趣味性、文化内涵、知识性和参与性是游客感兴趣的主要原因。但大部分特色文化馆重陈列而忽视与游客的互动，旅客没有机会参与其中，从而获取知识和乐趣。

六是经营意识落后，未能融入大旅游。一些特色文化馆所附属于企业或其他机构，没有经营压力；博物馆自身普遍宣传不够，经营管理人才匮乏，不能将自己定位为大旅游产业中的环节之一。

（三）发展和对策

大多特色文化场所并不是营利主体，但能提升景区、街区或城市的档次和品位，促进旅游开发建设，提高旅游经济效益。它是和旅游景点、景区捆绑一体化发展的。因此，笔者建议从大旅游的视角提升特色文化馆的运营。

一是扶持政策应更详细，补贴更到位。政府的扶持政策应该更贴心、更详尽，例如在特色文化馆所的建设、公益活动方面给予资金支持，同时给予一定的门票补贴。政府可以以优惠租赁的方式提供空置房和旧物业，为特色文化场馆"补血"。

二是建立理事会制度，增强自身造血能力。对于民办特色文化场馆建得起、转不动、缺乏活力的现状，建议相关政府部门采取采购公共文化服务形式，给予民办特色文化场馆更多支持。国外有慈善基金、社会捐助、社会赞助等多元化融资渠道，来扶持小型文化场馆的成长，杭州也可以朝这个方向发展。同时小型特色文化场馆自身也要进行产业化发展，例如制作相应的衍生产品，增加收益。

三是增强特色文化馆对城市的辐射力。目前，小型文化馆对大众的影响力还比较薄弱。除了一些文化馆因中小学生第二课堂的要求必须参观之外，其他文化馆游客很少。因此，小型特色文化场馆需增强与包括市民在内的游客互动，增强对城市的辐射力。同时，利用日新月异的现代技术，使艺术品能够更好地展览和传播。作为现代化特色文化馆，其运营必须要和年轻人的接受习惯相通。例如，目前越来越多的国外美术馆和博物馆尝试用在线动画展示和网络互动的方式，让观众在千里之外通过电脑屏幕或手机客户端了解展览情况。

四是引入专业人才，多元化经营。小型特色文化场馆在规模、藏量与展品更新上都很难与公立博物馆相提并论，但其优势在于可以从专题特色上下功夫。比如朱炳仁铜雕艺术博物馆，便独树一帜，值得借鉴。同时，收藏展览只是小型文化场馆最基本的功能，门票只是集资的初级层面，这项收益对整个场馆的经营来说只能算是杯水车薪。小型文化场馆应该多角度、全方位发展，面向社会集资。比如与发展大旅游结合起来，融入旅游精品线路之中；民营博物馆通过中介机构让馆内的藏品有机会参加国内外巡回展出、馆际交流等机会。

（四）相关案例分析

1. 波兰的博物馆

波兰有各种博物馆五百多个，数量众多。各种博物馆的展出以及学术、科普活动非常多，吸引了众多游客前往。波兰的博物馆兼具科研和教育两项任务。波兰人民共和国时期，除原有的国家级、中央级和大地区博物馆外，还新建了不少博物馆，除了大型博物馆外，还有许多特色博物馆。波兰的博物馆与世界各国的博物馆和国际博物馆委员会保持着密切的联系和广泛的合作关系。波兰博物馆常与外国博物馆合作举办各种外国展览或到外国去举办波兰展览。国家博物馆还和法国卢浮宫以及捷、德等许多国家的博物馆建有互借展品的协作关系，使本国人民不出国门就可以欣赏到外国的文物艺术珍品。（程继忠，1990）

2. 美国的大都会艺术博物馆

大都会艺术博物馆（Metropolitan Museum of Art）是世界著名博物馆。与著名的美国自然历史博物馆和纽约海登天文馆遥遥相对。它是与英国伦敦的大英博物馆、法国巴黎的卢浮宫、俄罗斯圣彼得堡的艾尔米塔什博物馆齐名的世界四大博物馆之一。大都会博物馆分为首饰、手表、书籍和媒体、挂画、家居装饰、文具、服装、手提袋和配件、儿童产品九大类。产品档次划分明显，既有高档品也有中低档品。产品紧密结合日常生活背景，体现了显著的创新意识，譬如印有凡·高作品的平板电脑保护壳、印有古埃及象形文字的书镇等。为凸显独创性，博物馆在线商店中对每件产品的设计缘由都有描述，并有"艺术史"一栏对其隐含的文化内涵进行补充介绍。大都会博物馆开发的儿童音像制品、书籍科普类、玩具游戏类等产品内容十分广泛，针对性很强。博物馆开发有专门帮助儿童进入博物馆世界的入门书籍《博物馆入门》（*Museum A B C*）。而目前国内博物馆在儿童产品开发方面稍有欠缺，例如专门为儿童设计的出版物非常少。甚至很多图书的专业性实在过强、普适性较差，不合适儿童阅读。（叶舒然，2016）

3. 法国的卢浮宫博物馆

卢浮宫是一个具有文艺复兴时期风格的王宫。从 16 世纪起，弗朗索瓦一世开始大规模地收藏各种艺术品，之后他的继承者们延续了这个传统，充实了卢浮宫的收藏。如今博物馆收藏的艺术品已达 40 万件，其中包括雕塑、绘画、美术工艺、古代东方、古代埃及和古希腊古罗马等门类。其镇馆三宝是世人皆知的：《米洛的维纳斯》《蒙娜丽莎》和《胜利女神像》。1793 年 8 月 10 日卢浮宫艺术馆成为博物馆，正式对外开放。卢浮宫博物馆没有直接设计和开发产品，而是由其负责文化产品的部门统计游客需求及销售情况，提供类似场地出租的服务，由博物馆协会来进行经营管理，按照比例向博协收取费用。如果有其他商家愿意在其他地方销售这些商品，博物馆方可以与之签订协议，对其授权挂牌。在租赁场地方面，卢浮宫通过创新的举措和对参观路线的巧妙安排来增加观众对其所租赁场地的关注度，最终提升其所租赁场地的性价比。另外，卢浮宫博物馆与其外部出口处的众多知名品牌商店相互借用各自的品牌效应和人气，共同实现了人流量与销售量的提升和知名度的提升。（谢敬凤，艾进，刘亚男，2015）

（五）国外博物馆旅游开发启示

一是博物馆与文化旅游产业的融合。西方博物馆的发展理念是与城市文化、社区文化、业态发展相结合，作为城市旅游发展的一大特色。西方城市文化宣传、城市形象的树立通常与博物馆联系在一起，博物馆的建设也纳入了城市、社区的文化发展蓝图。博物馆可以说是很多西方城市旅游发展的核心吸引点，因此，充分发挥博物馆的作用，加强对外交流合作，实现展品互通，定期举办文化活动，可以为城市带来巨大的经济效益、社会效益和文化效益。国内因为文化及地域差异，博物馆和文化旅游产业尚处于初步探索阶段，借鉴国外开发经验将有助于走出自己的发展之路。

二是注重博物馆文化创意产品的开发。创意产品的设计出发点应注重本土旅游资源，发展适合当地特色的旅游文化，如江浙地区关注小景观的开发。博物馆文化创意产品也应重视专业分工和合作，充分发挥博物馆的专业性，通过产品营销，传播文化知识，树立文化形象。

三是打造馆藏特色产品。博物馆产品的开发应围绕宣传主题文化展开，产品设计与生活紧密结合，制作精良，价格设置合理，同时做好专业分工和合作，借鉴卢浮宫博物馆，引进专业公司做好宣传包装工作。杭州虽然有很多特色博物馆，包括中国丝绸博物馆、中国杭帮菜博物馆、中国刀剪剑博物馆、南宋官窑博物馆等，但这些博物馆都没有做出有亮点的特色旅游产品。首先，其产品普遍缺乏主题和文化创意，无法承载博物馆所推广的历史文化信息，甚至为了降低造价，在质量方面也存在一定问题，包括制作粗糙，无法满足消费者的需要等。其次，产品的推广环节也有问题，没有重视分工合作，没有引进专业公司来创作和推广商品，缺少包装和产品打造环节，无法形成有效的市场营销模式。另外很多产品的设计脱离生活实际，缺少实用性，无法激起消费者的购买欲望。

第三节　运动休闲旅游的现状及前景

一、基本情况和问题

根据本次调查结果，运动休闲活动是国内游客最感兴趣的项目之一，占比达27.6%。最感兴趣的原因主要为趣味性、文化内涵、知识性、互动性和参与性强，占比71.4%。因此，政府部门和企业共同培育了更多有影响力的运动休闲项目。杭州地区专业运动休闲访问点是富阳永安山的中国滑翔伞训练基地。2008 年永安山被国家体育总局正式命名为中国滑翔伞训练基地。同年，在"中国（国际）休闲发展论坛"上，富阳以其独特的运动休闲理念，成为首个获得"中国运动休闲之城"美誉的城市。

二、现状分析

为了进一步发挥"富阳——中国运动休闲之城"的引领示范作用，富阳在以下四个发展模式方面取得了较大突破，值得进一步推广。

（一）资源整合，产业规划模式

围绕"运动休闲之城"核心竞争力展开旅游资源的统一规划，《富阳市发展战略规划（2007—2030 年）》《富阳市国民经济和社会发展第十二个五年规划》中反复强调围绕"运动休闲之城"开展相关规划与布局，突出运动休闲在城市发展中的显著地位。在招商引资和产业规划布局上合理安排，主要思路是差异化布局，即在旅游资源集中区引进运动休闲项目；在运动休闲集聚区，发掘和开发旅游资源；在原有的运动休闲项目和旅游景区有选择性安排新项目。（邵明虎，2014）

（二）价值链渗透新产品模式

企业主体为了生存和营利的需要，根据市场趋势和需求在产品开发环节产生互动，改善原有产业的产品边界发生融合的现象，其基本形态分为两种：一是旅游景点的运动休闲化，拓宽了旅游产业的发展空间。二是运动休闲区的景点化，拉长了运动休闲产业链。在富阳以东的富春江版块，是华东地区最大的高尔夫聚集区，根据规划要求，该区域引入了名人雕像，投入资金进行景点打造，现在不仅成为高尔夫爱好者休闲的场所，还面向广大游客开放，成为富阳的特色旅游景点。

（三）产业链延伸的运动休闲产业基地景点模式

通过产业链延伸的方式，扩展其旅游功能，实现与旅游产业的互动，进而产生其外延性产品——运动基地旅游。富阳目前有六个国家级运动（装备）基地，尽管每个基地功能定位不同，但都具有独特的吸引人之处。以飞鹰游艇生产基地为例，它是我国最大的船艇制造企业，生产赛艇、皮艇、划艇、帆船以及摩托艇等门类众多的水上产品，每年有大量来自全世界参观学习的嘉宾，当地企业因此大受启发，建立了供游客参观的船艇博物馆，开放了部分船艇制作加工车间，成立了游客船艇体验水上中心，使当地成为华东地区深受旅客喜爱的特色旅游体验景点，提升了当地运动休闲产业的附加功能。(邵明虎，2014)

（四）产业联动的营销模式

传统的旅游产业营销模式融入时尚的运动休闲元素更具有扩张力。在富阳公路沿线，运动休闲之城的标识系统得到充分的应用推广，据悉，富阳每年投入到公路运动休闲标识推广的费用在 400 万元至 500 万元之间。建立了富阳运动休闲旅游网络营销平台，强化了运动休闲旅游动感地带的营销宣传。

三、发展和对策

富阳城市发展定位清晰，探寻了一条适合自身的运动休闲发展道路，产业链延伸方面取得了重大突破。但还可以更加充分利用自身环境优势，制定长远的休闲政策，不断优化经营管理模式，促进"运动休闲之城"快速、健康地可持续发展。

一是发挥自然环境优势。充分发挥区域自然、地理环境优势，扩大运动休闲要素的范围，使运动休闲元素宽泛化，积极在各个领域扩大运动休闲元素，将健康、欢快、祥和的运动元素融入自然环境中，不断扩大运动休闲的影响力。

二是制定运动休闲政策。政府各部门通力合作，努力推动运动休闲与旅游、文化节庆、新科技的联姻，给运动注入新的活力，通过制定运动休闲产业政策和运动休闲之城发展战略规划，引导运动休闲产业的发展。

三是经营模式多样化。引导社会组织团体参与运动休闲项目发展。积极推进专业性社团、协会的成立，鼓励市场化运作、自负盈亏，加大与国际接轨的力度，在信息和项目上协同发展。

四、相关案例分析

为了加快树立"中国运动休闲之城"的品牌形象，应加大宣传力度，不断扩大国内外影响力。可以借鉴世界知名运动休闲城市的发展经验，通过举办世界级的赛事，赢得更多的发展机遇。借鉴国外运动休闲城市的成功经验，通过高校教育资源，不断提升国民运动休闲意识，培育良好的运动休闲活动，打造世界级的运动休闲城市。

（一）"国际帆船之都"——德国基尔

德国北部的基尔市，拥有 25 万左右人口，是目前世界上唯一举办过两届奥运会帆船比赛的城市。从 1882 年开始，基尔市每年会举办"基尔周"，这是世界上规模最大的帆船盛会，吸引全世界多个国家和地区的几百万游客。延续了上百年的"基尔周"盛会使基尔市充满了活力和吸引力，也为该城市的发展提供了强大的后劲。经过调整，基尔市目前的目标是成为辐射波罗的海沿岸的帆船器械制作地和维修保养基地。

（二）"世界探险之都"——新西兰昆士敦

位于新西兰东南部的昆士敦（Queenstown）约有人口 2 万人，每年接待游客达 200 万人次（瞿昶，2017），是世界著名的探险运动城市、户外运动天堂。昆士敦位于瓦卡蒂普湖北岸，四周环绕着阿尔卑斯山，依山傍水，地理环境优越，因被英国伊丽莎白女王赞美为"我梦中的样子"而得名，是享誉全球的电影《指环王》和《霍比特人》的拍摄地。当地充分利用高山峡谷、急速湍流、皑皑白雪等自然条件优势，开发了高空蹦极、跳伞、滑雪、漂流、喷射快艇、山地自行车等户外极限运动，吸引了世界各地的户外运动爱好者。此外，当地还按不同的季节举办各种体育赛事以及庆典活动，旅行社也会根据不同的节事活动策划不同的主题活动团，甚至还可以根据个体情况进行高端定制。昆士敦成功开辟出了一条"旅游＋运动"的发展道路，成为世界运动休闲城市的标杆。

五、启示

首先，应明确城市定位。科学分析城市的环境和条件优势，明确城市定位，将其纳入城市发展战略规划，保障资金、人力资源的投入，朝着城市发展方向不断迈进。

其次，应注重运动休闲品牌内涵建设。不断深化城市品牌形象建设，争取城市外围各种资源支持，申办全国性乃至世界级的体育赛事，如承办亚运会或奥运会比赛项目。青岛是一个典型的成功案例，通过举办2008年奥运会帆船比赛，青岛树立了良好的品牌形象。之后，青岛又成功举办了沃尔沃环球帆船赛青岛站活动、克利伯环球帆船赛青岛站活动、国际极限帆船赛系列和城市俱乐部帆船公开赛等国际帆船比赛，同时还申办了2013年和2014年世界杯帆船赛亚洲站比赛，已经成为亚洲地区引入国际帆船赛事最多、赛事类别最为齐全的国际赛事集聚地。青岛正努力成为中国乃至世界知名的海上运动教育、科研、竞赛、训练、休闲中心。

最后，应营造全民参与的运动休闲文化。全力营造良好的城市运动休闲文化，通过完善运动休闲基础设施、落实带薪休假制度等举措让全民众参与各项休闲运动项目，做到全民参与，提高民众运动休闲幸福指数，为城市的发展添砖加瓦。

第四节　结　语

本章介绍了由社区文化教育、社区文化、特色文化馆组成的文化旅游，分析了特色文化街区，运动休闲的现状及发展中存在的问题，在借鉴国外相关经验基础上，试图提出有针对性的发展对策。美国大学开放日的案例是教育资源效益最大化的典范，我国可以构建双语公共信息平台，强化教育资源合作，扩大教育资源对外开放程度。英国、南非、泰国的社区文化做法值得借鉴，加强社区文化资源整合，注重社区旅游规划与发展，加强从业人员队伍建设，积极探索社区多种文化发展模式。波兰的博物馆、美国的大都会艺术博物馆、法国的卢浮宫博物馆是特色文化馆的典范，我国应出台更多扶持政策，建立理事会制度，增强特色文化馆的辐射力，多元化经营。特色文化街区方面，本章分析了美国洛杉矶的 CityWalk 街区和迈阿密的 CocoWalk 街区的成功经验，这两个街区主题鲜明、各有特点，是特色文化街区典范。我国的特色文化街区需不断提升服务质量，发展文化创意产业，做到以文建街、以史造街、以情养街。运动休闲方面，以"国际帆船之都"——德国基尔，"世界探险之都"——新西兰昆士敦为例，分析了成功举办国际赛事，打造知名运动休闲品牌的案例。根据地区实际发展情况，我国可尝试发挥自然环境优势，制定运动休闲政策，走经营模式多样化的发展路径。

第六章　城市旅游业国际化发展调查与分析

　　城市旅游业国际化是指发展具有国际性影响力、吸引力、聚集力和知名度的旅游目的地城市。按照国际公认的标准或惯例提供旅游产品和服务。其基本内涵可以归纳为以下几个方面：一是城市风景旅游形象鲜明，旅游资源品位高，达到世界级标准。二是城市产业结构高度化，第三产业居城市国民经济主导地位，商业、服务业发达，尤其表现在旅游业成 为国民经济的支柱产业。三是城市环境优雅，基础设施现代化，拥有足够规模并具有国际水准与吸引力的旅游景点和项目设施，拥有通达世界各地的现代化信息传递网络和连接世界各主要地区的国际化交通网络体系，城市实现现代化并与国际接轨，逐步实现国际化。（周玲强，2003:12-16）四是旅游服务设施完善，围绕食住行游购娱六大要素的功能布局合理，能满足不同国家 旅游者不同爱好、习俗和消费层次的需求。 五是城市商业、服务业、旅游服务业从业人员训练有素，服务质量一流。六是国际国内游客众多，年接待国际旅游者达到相当规模。其中国际游客数量和国际游客中的散客数量均占较高比例。（李明德，1999:45-49）

　　目前国际上没有关于国际旅游城市的一致定义，国内学者关于国际旅游城市的研究始于 20 世纪 90 年代末，从国际城市引出概念，但大多未做明确界定。周玲强（1999）认为国际旅游城市是经济社会发达，旅游资源丰富，资源品位高级，具有超国界吸引力，城市综合环境优美，旅游设施完善配套，旅游产业发达并成为城市主要支柱产业，国际国内游客数量众多，在国际上具有较高知名度的国际性城市。作者通过细致地规定国际旅游城市所需要具备的条件，确定了国际旅游城市的范畴。另外，在国际旅游城市具备的条件方面，崔凤军（2002）指出包括城市国际化、旅游热点化及国际标准化三项，李志刚等（2003）认为发达的旅游业、深厚的文化底蕴和优美的环境三项非常突出，罗明义（2004）认为应具备国际知名度高、经济开放度大、城市功能强、旅游业发达、城市管理水平高五项。

学者们从不同的角度对国际旅游城市应具备的条件做了研究，观点不一，提法各异，所提出的条件处于不同的层面，对国际旅游城市所产生的作用各不相同，这使得在运用这些条件进行评价时会产生一定的交叉和重复，从而影响评价结果的准确性。例如，在周玲强 (1999) 的定义中，资源是国际旅游城市形成的深层次因素，而国际国内游客众多是国际旅游城市的表现；李志刚等 (2003) 所提出的深厚的文化底蕴和发达的旅游业之间也有交叉。国际城市根据其主要功能的多少可以分为综合型国际城市和专业型国际城市，前者的国际性功能全面，在国际政治、经济、科技、文化等多个领域都具有控制功能和中心地位；后者只在某一方面或某几方面功能突出，在国际相关领域具有控制功能和中心地位，国际旅游城市是旅游产业和城市国际化共同发展的产物，是国际化城市的一个重要类型，主要为专业型国际城市，也有少部分属于综合型国际城市。

本调查以杭州为例，调查杭州的城市功能、管理水平、服务的国际化水平，通过查询网络资源、查阅外文文献资料、外文问卷、访谈等多种形式，收集在杭州学习工作的外籍人士对生活各方面的印象，特别是杭州在国际化休闲城市建设中，外籍人士反映的主要问题，旨在为杭州综合型国际城市建设提供参考意见。根据本项目的调查数据统计分析，在杭的外籍人士普遍认为杭州可以充分利用自然环境优势营造宜居环境，具有创建宜居城市得天独厚的优势；其次，应尽快建立立体交通网，优化交通环境，完善多语信息服务平台，提供更人性化的交通服务。同时，需不断提高人才素质，提升国际服务水平；此外，需加大力度深化杭州特色文化开发及传播。

第一节　基本情况调查方法和内容

一、调查方法

根据本项目调研的特点，课题组采用了：问卷调查法，共发放外文问卷 450 份，回收有效问卷 347 份；网络与文献检索法，收集有关杭州的网络评论文章 100 余篇，外文文献 100 余篇，为客观问题的分析提供了重要的数据保障；访谈法，总共分为 16 组，采访外籍人士 30 余人，涉及 7 种外语，包括英语、日语、法语、德语、韩语、西班牙语、俄语。

（一）问卷调查情况

本次问卷调查共针对外籍人士发放调查问卷 450 份，其中回收有效问卷 347 份。课题组根据问卷调查结果，从性别、年龄、所受教育程度、职业等方面进行了归纳分析。

性别：被调查的外籍人士性别比例为：男 53.9%；女 46.1%（见图 6-1）。

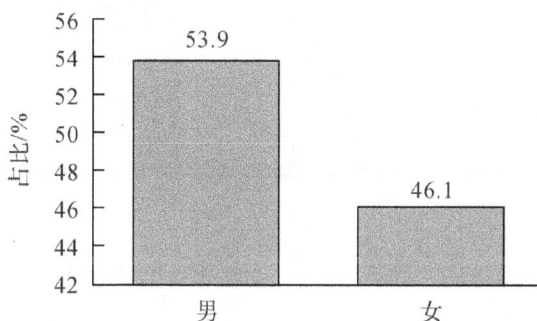

图 6-1　参与调查的外籍人士性别占比情况

年龄：参与调查的外籍人士以年轻人为主，35 周岁及以下占比 79.2%；35 周岁以上占比 20.8%（见图 6-2）。

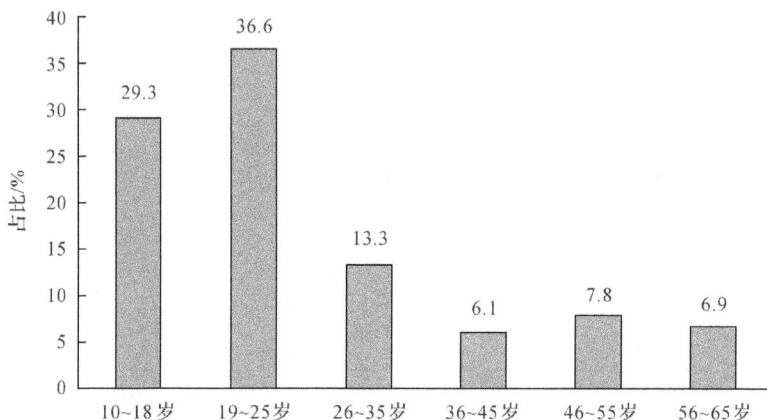

图 6-2　被调查的外籍人士年龄占比情况

受教育程度：被调查的外籍人士学历程度普遍较高，受过高等教育人数占比92.2%，其中研究生学历及以上13.6%、本科学历38.1%、大专学历40.5%；高中文化程度占比7.8%（见图6-3）。

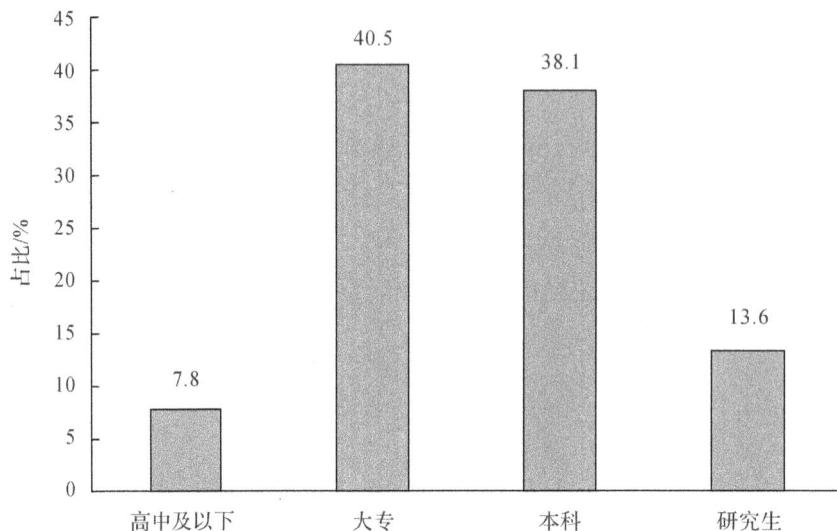

图6-3　参与调查的外籍人士受教育程度占比情况

职业领域：被调查的外籍人士主要从业于教育、企业等系统，占比分别为教育系统40.0%；传媒系统4.9%；企业22.6%；政府部门4.5%；自由职业7.2%；其他20.8%（见图6-4）。

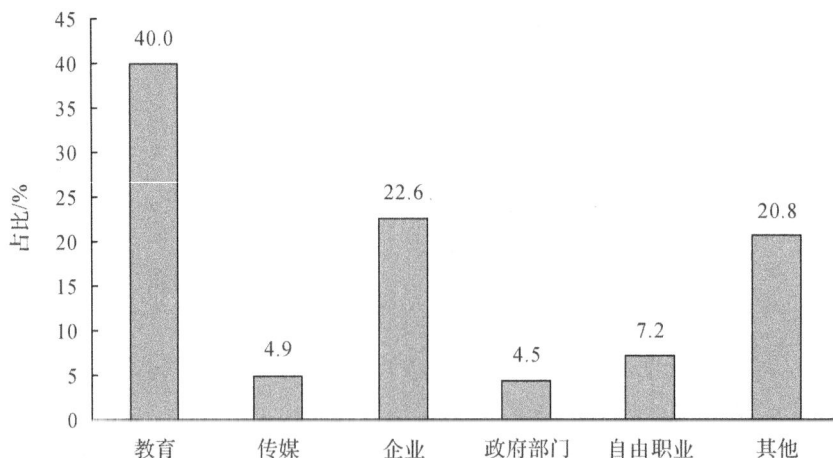

图6-4　参与调查的外籍人士职业领域占比情况

区域：被调查的外籍人士主要来自欧洲、北美，占比分别为欧洲40.7%、北美39.9%；其次为亚洲14.8%；非洲、大洋洲、南美洲仅占4.6%（见图6-5）。

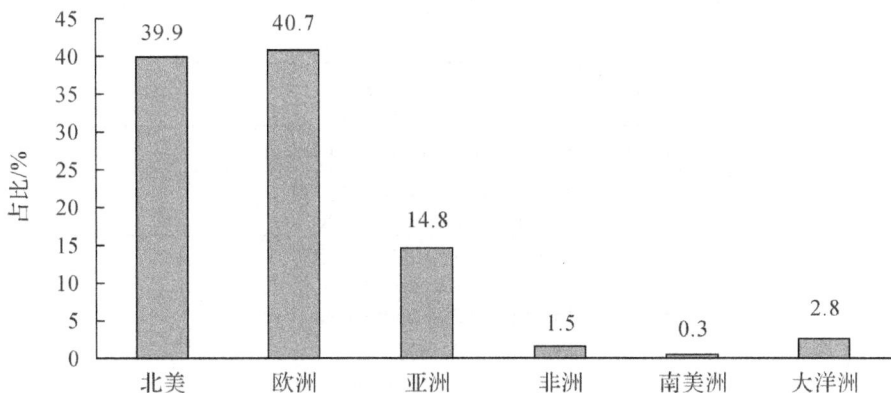

图6-5　参与调查的外籍人士来源地占比情况

（二）网络与文献检索情况

资料查询大部分来源于网络，主要包括一些权威网站，涉及英国、美国、德国、法国、日本、俄罗斯、西班牙、韩国、中国等9个国家，7种语言，涵盖范围广，资料数据可靠。专门旅游介绍型网站占39%，主要是介绍各类旅游景点的网站。40%的网站是文章、博客类，这些个人文章能够更直接地反映国外游客对杭州的直观印象，道出了国外游客对杭州的实际需求。11%的网站是新闻报刊类，主要是一些关于杭州城市形象的报道，这些报道较为大众化地传达了外国媒体对杭州的印象。其他还有一些政府和生活服务类网站，也都从不同的角度展现了海外人士心目中杭州的基本情况（见表6-1）。

表 6-1　网络资源统计表

网站类别	语种	主要网站
旅游类网站	英语	1. http://www.tripadvisor.com/ 2. http://www.chinahighlights.com/ 3. http://www.lonelyplanet.com/
	德语	4. http://www.chinaseite.de/ 5. http://www.chugokugo.de/
	俄语	6. http://www.chinapro.ru/ 7. http://reports.travel.ru/
	法语	8. http://zhongguohenda.online.fr/
	韩语	9. http://www.shanghaitrip.net/ 10. http://cafe3.ktdom.com
	日语	11. http://www.tripadvisor.jp/ 12. http://www.ab-road.net 13. http://tabisuke.arukikata.co.jp/ 14. http://4travel.jp/ 15. http://www.xitong.net
	西班牙语	16. http://www.ciao.es 17. http://www.revistaviajar.es 18. http://www.absolut-china 19. http://sobrechina.com 20. http://www.nuevodia.com. 21. http://www.importarproductosdechina.com
博客类网站	英语	1. http://blog.iwannagothere.com/ 2. http://www.expat-blog.com/ 3. http://www.travelblog.org/ 4. http://blog.sina.com.cn/ 5. http://blog.travelpod.com/ 6. http://yaya123.blog.com/
新闻类网站	德语	7. http://kulturweit-blog.de/ 8. http://enzo.tws.co.at/blog/
	俄语	9. http://www.geografia.ru/ 10. http://www.infotrip.info/ 11. http://primoravtotour.ru/ 12. http://www.cmktour.ru/ 13. http://www.vkontakte.ru
	法语	14. http://voyage.destinationchine.com/ 15. http://comechine.centerblog.net/
	韩语	16. http://blog.naver.com/ 17. http://stoneva.blog.me/

网站类别	语种	主要网站
新闻类网站	英语	1. http://www.nytsyn.com 2. http://edition.cnn.com/ 3. http://www.thestar.com/ 4. http://www.smh.com.au/ 5. http://www.nzherald.co.nz/ 6. http://www.odt.co.nz/
	俄语	7. http://www.vokrugsveta.ru/ 8. http://www.kailash.ru/
	韩语	9. http://www.traveltimes.co.kr
政府网站	英语	1. http://www.leeds.gov.uk/
	法语	2. http://whc.unesco.org/
生活服务类网站	德语	1. http://www.chinarundreisen.com/ 2. http://suite101.de/

（三）访谈情况

访谈对象分别来自亚洲、欧洲、北美等大洲的多个国家和地区。本次调查共获得 22 份访谈资料。

二、调查内容

本次调查对象包括在杭高校工作的外籍教师、在浙江大学交流学习的留学生、在涉外酒店实习工作的外国学生等。调查内容涉及外国朋友在杭州生活的方方面面，真实再现了外籍人士在杭州工作生活的基本情况，他们也为杭州的国际化发展提出了很多建议，提出了进一步的发展方向和思路。

第二节　主要问题分析和讨论

一、杭州城市吸引力

来杭州前，关于这个城市最具吸引力方面的看法：45.3% 的人选择了自然风光；20.8% 的人选择了文化历史，10.2% 的人选择了历史街区。若把后者也纳入文化历史范围，则在对外国人最具吸引力方面，自然风光与文化历史对外籍人士的吸引力最大（见图 6-6）。

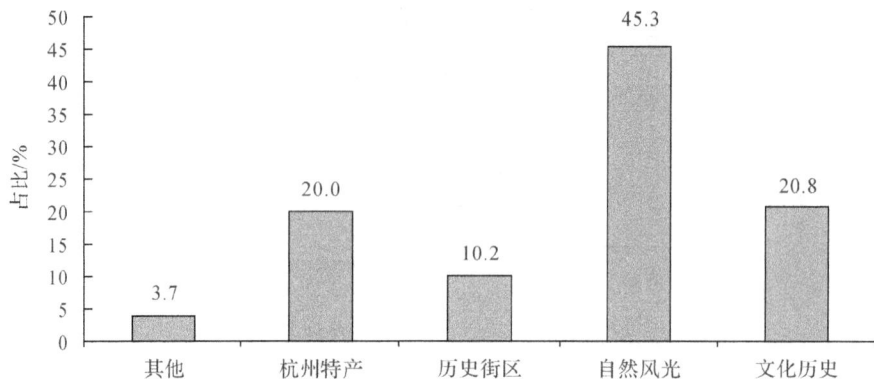

图 6-6　关于外籍人士对杭州城市吸引力指数的调查

二、杭州城市环境

生态环境：通过访谈和文献资料统计，大部分外籍人士认为杭州是一个干净整洁的城市，绿化率高，生态环境总体良好。

公共卫生：在访谈和国外网站搜索中，我们发现不少外国朋友反映了杭州的公共厕所容易堵塞且打扫不及时，一些市井小巷的卫生状况不尽如人意等情况。

空气质量：不少外国朋友，特别是来自欧美和日本的外国朋友，认为杭州的空气质量不好，空气污染严重。在问卷调查中，杭州有待提高的方面，空气质量问题仅次于交通问题。在有效回收的 347 份问卷中，有 102 人认为杭州的空气质量有待改善，49 人认为杭州的环境需要得到进一步的整治（见图 6-7）。

事实上，杭州的空气质量主要受到地形地貌、人为污染物排放两个方面的影响。第一，杭州三面环山，不利于空气污染物的散发。第二，杭州的机动车保有量增长迅猛，仍以煤炭为主，这也导致了污染物排放量居高不下。虽然相对于中国大部分城市，杭州的城市环境已是个中翘楚，整体的生态环境也得到了外国朋友的肯定和赞扬，但是相对于北美、欧洲、日本等国家和地区的城市环境而言，特别是公共卫生状况和大气空气质量，杭州仍然稍逊一筹，还有进一步改善的空间。

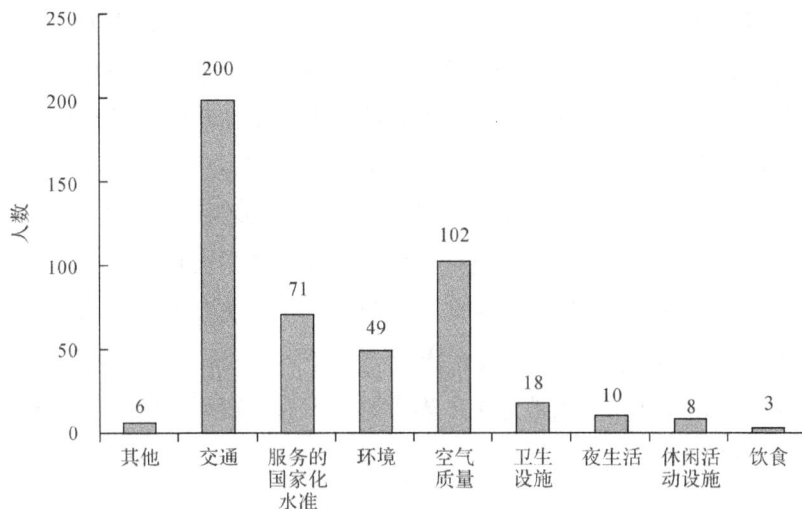

图 6-7　外籍人士认为杭州有待改善的问题调查统计

三、杭州城市交通

城市公共交通的运营状况、服务质量直接反映了城市管理水平的高低。根据问卷调查，除了步行这一出行方式，在诸多公共交通工具和交通方式中，外籍人士比较倾向于公交车、公共自行车和出租车，29.1% 的人选择了公交车，21.1% 的人选择了公共自行车，18.6% 的人选择了出租车（见图 6-8）。

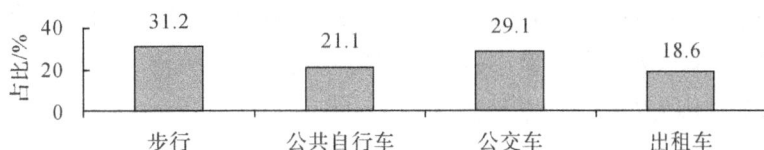

图 6-8　外籍人士在杭州市内最喜欢的出行方式调查

尽管出行方式有多种选择，但是杭州的交通问题仍然是个问题。无论是问卷调查、访谈还是国外网站、文献资料中，"拥挤"是外国朋友对杭州城市公共交通的基本印象和评价。在调查问卷中，受访者将交通问题列为最需改善提高的问题。虽然城市之间的距离缩短了，但是城市内部的距离却反而变远了。一方面，杭州公交车速度普遍较慢、换乘不方便、满载率超负荷等问题，极大地降低了公交车的便捷性和舒适度。虽然一些地段设置了公交专用道，开通了快速公交路线，完善了站点的导乘系统，但是由于杭州本身人口密度大、道路车流量大，这些措施仍无法有效改善拥挤的状况。另一方面，市民的不文明乘车行为，诸如不排队、在公交车上大声喧哗和偷窃等，严重影响着杭州市民的整体形象。出租车叫车服务系统没有提供外文服务，语言不通等问题导致外国友人实际上无法享受这一便利措施。个别出租车司机的不良素质影响了整个出租车团队的形象。此外，租用自行车必须到指定的地点去办理交通卡，这对短暂停留的外籍人士而言很不方便。

四、杭州特色餐饮

第一，外国风味餐厅数量少，种类单一。总的来说，具有杭帮菜特色的餐厅受到了外国朋友的青睐，但是在外国风味餐厅上，就有所欠佳。或许中西结合也正是杭州走向世界、走向国际化的任务之一。

第二，素食餐厅难以满足需求。基于对营养的重视，西方人多生吃蔬菜，不仅西红柿、黄瓜、生菜生吃，就是洋葱、西兰花也都生吃。一个外国学生曾在自己的博客里写道，素食主义者很难在中国找到合适的菜肴，大部分菜都是肉类，导致很多素食者只好去西式餐厅用餐。

第三，食品安全无法保障。在网络资料中，有三分之一的资料提到中国菜里有很多添加剂。近年来，中国食品安全事件频发，从三鹿的三聚氰胺，到毒大米、瘦肉精、毒胶囊、皮鞋酸奶等，令民众人心惶惶。据韩联社调查，89.7%的韩国人对中国食品感到不安。

第四，餐饮信息宣传不到位。根据资料显示，95%的外国人来杭州就餐选择的地点都是朋友介绍或是网上推荐的。他们抱怨自己上街随便找的餐馆都不是很好，久而久之，他们也就主要在那些外国人比较多的餐馆就餐。总而言之，杭州在餐饮美食上本地化有余，国际化不足，信息不够全面流通。

五、杭州外语服务水平

很多国外游客认为，杭州英语的使用率不高。旅游景区、商贸街区、机场和公交车站、交通要道、涉外宾馆等公共场所双语标示率较低，多语种标示更少。导游、酒店服务员、出租车司机等服务行业从业者的外语水平也普遍较低。在杭州旅游、生活的外籍人士因语言问题，在交流上存在一定的障碍，某种程度上影响了他们的幸福感及愉悦度。所以在国外游客较多的西湖周边的景区以及周边的公共交通车站，更应该添上英文站名，方便境外人士了解乘车时间和线路。

第三节　发展和建议

一、改善空气质量，营造宜居环境

自然环境不仅与民众日常生活相关，更影响着杭州经济的可持续发展，有效的保护措施是杭州旅游发展战略必不可少的，而杭州的可持续政策是实现旅游增值、增强竞争力的重要保障。

杭州应提倡并尽快普及绿色环保汽车，减少燃油机动车辆对空气的污染。同时优化公交线路，增加公交车辆，缓解交通压力。

作为全球十大休闲旅游城市之一的赫尔辛基在此方面做得比较成功。他们的居民十分热爱自然，保护自然的责任感也很强。结合杭州的实际情况，具体建议如下：第一，出台鼓励政策，引导居民切实做好垃圾分类工作，每个社区安排专门管理人员，及时上报垃圾分类动态。同时，以社区为单位，通过丰富多彩的活动宣传垃圾分类对环保工作的重要性。第二，尽管杭州近年来新建了大批公用卫生间，但有些细节还未达到国际卫生间的标准，如有的卫生间采用蹲坑设计，缺少残疾人专用设施设备。因此，应对公共卫生间进行科学设计。

二、交通信息提供多语服务

交通节点是国际游客的集散地，国际游客经由节点进入或离开城市，并形成对城市的第一印象，因此节点中各部分的解说指示系统必须加快实现双语化，具体建议如下：

一是交通节点的指示牌必须按照国际公共图形符号标准设计并实现多语化。

二是交通节点应设置多语版的"杭州旅游导游图"平面图，该图应明确标出当前所在位置，以清晰的图示展示杭州旅游的总体布局和景点、道路、交通、服务设施的分布。

三是增设多语解说的电脑旅游咨询系统，国际游客可以通过该系统查询杭州的旅游信息。开通24小时多语服务咨询电话，及时帮助游客解决交通、居住、游览路线等问题。同时，需要按照国际规范化要求完善路径标识系统。路径是国际客人前往酒店与有关景点、娱乐场所途中所经过的道路。路径的解说系统中应以引导性的解说牌为主，上面显示位置、目的地、方向和距离。

四是加强交通路径服务人员的英语语言能力培训，提升交通信息服务国际化水平，对公共汽车司机、出租车司机和交警等强化行业英语培训，必须实现每个工作人员都能进行基本的英语对话。

五是火车站增设国际客人专窗，提供火车班次信息咨询服务，班次信息中英文的实时更新，旅游信息咨询，完善网上订退票系统，便于国际游客网上订票和退票，减少现场购票人数，从而改善现场火车购票时拥堵的情况。

六是完善公共自行车租用服务，租赁方法多样化，允许直接使用现金，便于国际游客租赁自行车，增设多语种人工咨询服务电话。

三、提高国际化服务水平

建立以社区为平台的跨文化交际培训体系，组建培训项目专业团队，说明民众与国际客人交流中需注意的事项，对工作直接与外国游客接触的所有员工进行英语口语及跨文化交际能力的基础培训，提高总体国际服务水平；

高星级酒店服务人员总体英语交流能力有限，小语种服务人员缺乏。

政府与旅游企业共同合作，建立酒店行业外语服务能力考核标准，提高从业人员的待遇，吸引外语能力良好的人才长期从事酒店服务行业，不断提高国际化服务质量；

全球休闲范例城市开普敦具有完善的旅游信息渠道和旅游信息服务，信息完备，发布渠道多，努力实现以人为本的工作原则，这一方面值得杭州借鉴。总体需要提高解说质量并改善各大景点和公共场所的指示和解说标牌，为各大景点配备各主要语种的宣传手册（如英语、日语、法语、西班牙语等），设立旅游信息服务中心，提供酒店、餐厅、主要景点、旅游信息台和交通站点等服务，具体服务项目如下：

一是在杭州主要旅游区域、机场以及国外游客集中的区域设立几个醒目的国外游客信息咨询中心，解答国外游客的问讯，解决、应付国外游客产生的各种紧急情况，发放各种免费信息资料，包括多语种导游地图、旅游活动和线路推荐。

二是在杭州的资源点、饭店、购物商店、休闲活动和夜生活场所提供用多种语言介绍杭州和详细旅游信息的手册和传单，星级酒店应配置触摸屏电脑，供国外游客查询杭州旅游信息。

三是建立一支敬业爱岗，综合素质高，业务水平高的服务团队，必须熟知旅游信息，还必须会多国语言，及时接待国际游客投诉并能给予答复。

四是汽车租赁维修中心：满足国外游客自驾游需求，为长期停留在杭州的外国居民提供包年或包月的汽车租赁服务，为拥有私家车的外国居民提供汽车维修服务。

改进餐厅卫生条件，完善餐饮设施，营造良好的就餐环境。为所有餐饮企业提供一份改进餐饮服务设施的标准，营造与旅游景点氛围协调的就餐环境，为游客提供休息场所，还必须提供符合国内、国际旅游者口味的饮料和零食。

为各类旅游资源、景点和旅游服务点（住宿、餐饮、购物等）制定、设计并组织实施统一、符合国际标准的旅游标识系统。制作方便实用的标识图案和地图，让所有国内、国际客人很容易理解。根据国际惯例，一般设立不同类型的指示牌，主要包括推销类、信息类、路线导引类、目的地类、公共区域信息栏等，以上所有标牌需要标注中英文。

根据不同的专题，优化旅游线路，精选几条适合国际游客的路线，重点推荐给游客，线路设计要优选沿线停靠和参观的站点，考虑当地居民的意见和可接受程度；组织每条线路时，要将风格不同，能代表杭州形象的景点打包，对每条线路都提供介绍资源和景点的传单，沿线与公共交通连接，方便国际游客出行。

四、深化特色文化活动

根据本次调研情况，"印象西湖"主题活动给外国游客留下的印象比较深刻，世界休闲博览会、西湖博览会、茶博会等相对较低，需要采取有效措施扩大休闲博览会的影响力，具体建议如下：

一是扩大杭州休闲活动的民众参与度，针对不同年龄段的群体开展季节性强、丰富多彩的文化活动，邀请市民和在杭州生活的外籍人士参加，提高大众幸福感，增加城市归属感和融合度。

二是重点培育具有国际影响力的文化主题活动，如西湖博览会、世界休闲博览会，建立起以博览会为起点的多元化休闲产业，特色鲜明、文化气息浓厚。汲取举办世界休闲博览会的成功经验，结合杭州本土文化资源优势，开发更多休闲展览项目，设定月度主题展会，通过拓展博览会项目延长会期，吸引更多国外游客来参加博览会，形成"以会促业，以会会友"的良好局面。同时，高度重视西湖博览会，利用各种社会资源办好西湖博览会，使杭州成为会展行业的主要集聚地之一。

三是马可·波罗文化主题文化广场的建设与开发。鉴于马可·波罗在西方国家的知名度及在杭州历史中的重要地位，因此可以把马可·波罗作为国外传播杭州历史文化重要代表人物。拟建马可·波罗主题文化广场，广场集文化体验、休闲功能于一体。以马可·波罗在杭州游览为线索，建造各种相关的旅游和活动设施。在马可·波罗旅行的线路上建造马可·波罗佚事陈列廊，让国际游客重踏大旅行家足迹，同时系统了解旅行背后的故事，深化对杭州的认知。搭建表演舞台，精心设计趣味性高、参与性强的互动表演节目，用于展示和表演各种马可·波罗的佚事和见闻，让国际游客在踏上旅途前，对马可·波罗在杭州的经历有些基本的了解，对历史中的杭州有更清楚的认知。此外，广场必须具备较强的休闲功能，营造轻松的休闲环境，成为国际游客和市民常规性集会场所。广场的文化休闲活动发挥经典剧目引领作用，将马可·波罗的奇闻佚事及有关西湖故事的经典剧目搬上舞台，广场还必须具备餐饮、购物功能，用露天形式规范有序地表现健康丰富的特色饮食文化。马可·波罗文化广场最具特色的文化活动是西湖民间传说展览馆，系统、全面解读与西湖相关的民间传说和典故故事，解读形式多样，建议开发配有图片的多语种纸质文本，并根据文本素材改编影视作品，穿插演员、观众的活动环节，让国际游客亲身感受经典故事的文化根源和浓郁的文化氛围。

四是整合杭州文化特色的社会公共资源，与历史街区开发融为一体，转化为多功能的休闲旅游胜地，挖掘特色历史文化街区内涵，把真实百姓生活展示给国际游客，让杭州国际化城市的亲和力更强。

历史文化街区包括清河坊历史街区，清河坊历史街区是杭州目前唯一保存较完整的旧街区，是杭州悠久历史文化的一个缩影，建设中需要延续街区的环境特色，彰显街区文化特征，同时要满足国际游客游览的需求。北山路被誉为民居的"万国建筑博物馆"，该区域名人故居群、咖啡吧、茶吧等休闲建筑错落于山间、林中，国际游客不仅有机会深层次了解重要人物在杭州历史发展中的重要地位，还可以享受原生态的自然环境。最后是拱宸桥西历史街区。该街区与信义坊联合，与信义坊的西式风格造成强烈对比，中西方文化在此交融，彼此辉映，彰显杭州近现代建筑的魅力，有助于大幅提升历史街区文化的国际形象。

国际知名旅游休闲城市巧妙规划，将湖、河流等水域作为城市不可或缺的一部分，重点突出，特色鲜明，如美国芝加哥被誉为湖水洁净的休闲港湾，巴黎塞纳河是浪漫休闲文化的代名词，被誉为"音乐之都"的维也纳，还有以休闲活动为主导的泰晤士河，城市因拥有这些河流而更有灵性，河流让这些城市享誉国内外。这些国际休闲城市的有些做法值得杭州借鉴，结合杭州自身水资源情况，建议如下：第一，挖掘西湖、运河文化内涵，建立完整的文化知识体系，开发适合国外游客不同年龄群体的文化背景介绍，从跨文化交际角度研究文本的可接受度，同时必须体现人文性、趣味性、教育性；第二，增强水陆活动的互动性，完善与西湖、运河配套的硬件设施，如建设西湖十大景点的文化体验馆，通过文化体验活动增加境外人士对杭州本土特色文化的了解；第三，借助西湖文化节，每年邀请在杭州工作的境外人士和旅游者欣赏与西湖有关的戏剧、神话故事，品尝江南美食，品味美食故事；第四，根据本次调查，在国外游客心目中，在所有城市印象中，选择"中国历史文化名城"的比例最大，占三成，选择"东方休闲之都"的占一成左右，说明国外游客更多的是被杭州的本土文化吸引，因此西湖和运河开发中需要更多地将历史文化元素融入公共设施建设及休闲活动中。

开发杭州运河文化资源，打造运河国际品牌形象。相对西湖而言，运河更贴近普通百姓的生活，让人们感觉更平民化，展现的是闲适的气质，拥有杭州其他地区不具备的文化，即船帮文化和码头文化。建议开发特色的运河休闲项目，如运河水上游览活动，白天和晚上设置不同的体验项目。晚上欣赏沿途的灯光夜景，在英国伦敦，法国里昂、巴黎，意大利都灵，瑞士日内瓦，瑞典阿林萨斯，加拿大蒙特利尔，日本长野，斯里兰卡科伦坡等都有城市灯光节，灯光节不但取得了可观的经济效益，而且大幅提高了城市的知名度和美誉度。杭州需借鉴国际著名城市的成功经验，通过强化河道治理、配套基础设施完善，逐步提升灯光节的水平，融入更多运河文化特色元素，以差异性赢得国内外游客的肯定。运河白天的旅游项目可以集运河观光、餐饮、娱乐于一体，但对运河岸边的规划和配套设施建设提出了更高的要求。将以前居住在运河周边掌握传统手艺的艺人分布在不同的运河段，把他们的绝活展现出来。同时为了吸引不同群体的国际游客，为运河注入更多活力，建议规划创意产业，把运河沿线的老工厂和遗弃库房重新设计，运河深厚的历史文化底蕴将成为艺术家创作的素材，运河将成为艺术家生活中必不可少的艺术源泉。

如果把创意文化群系统纳入城市整体规划，运河将成为集景观、教育、运河文化、美食、娱乐多功能于一体的综合体，形成民俗特色聚集地，必将从很大程度上丰富运河的文化和艺术氛围。

下编

◆ 城市旅游语言使用研究 ◆

第七章　城市旅游业语言
使用情况调查和分析

第一节　国外城市旅游业语言的使用情况

一、国外城市旅游业语言使用

在第一章和第二章，我们通过梳理国内外研究明确了本书所提及的与城市学相关的起源、功能和定义，另外对城市学旅游业的情况及存在问题做了大致介绍。良好的国际语言环境不仅能增强城市亲和力，有助于旅游观光者在城市的沟通和交流，更能给人们带来各种便捷，从而吸引游客（刘敏，2014:158-159）。因此，以下将着重从城市学的视角对旅游业中的语言研究的国内外状况及存在的问题做相应梳理，从而进一步明确本书的研究内容和重点。

针对国外城市学视角下旅游业的语言研究，本文根据关键词"tourism"和"language"，从城市学视角，筛选出2014年至2016年具有代表性的文章并对其进行梳理，具体情况如下。

（一）研究话题多样

语言研究话题包括城市旅游宣传语言研究、旅游咨询语言研究、旅游广告语言研究和游客网上日志语言研究四个方面。

1. 城市旅游宣传语言研究

Mohamed Zain（2014）分析了特定旅游图标在旅游宣传英译本的体现及

马来语的翻译，为城市旅游在图标方面的翻译提供建议。O'Regan, Wilkinson, Robinson (2014) 编辑出版了在英国利兹都市大学与旅游文化交流研究中心（the Center for Tourism and Cultural Change）合办的第十一届语言与跨文化交际国际学会年会上宣读的相关论文，该论文集中有两篇文章提及城市旅游发展中的相关语言问题。Maria Joao Cordeiro 在 "Portuguese 'to go': language representations in tourist guides" 一文中提及全球化的语言研究存在空缺，并称之为 "language scape"。她认为全球化旅游及旅游业的成功发展很大程度上取决于主人与游客间通过翻译（通常为英语）而创造出来的所谓单语世界从而消除旅途发生的障碍，单语世界的创建通过旅游资讯的翻译，或者简易的旅游会话和旅游常用语手册的出版来实现，因此，她将葡萄牙语的常用语手册、旅游指南作为研究对象，证明哪些翻译破坏了语言，哪些语言会使文化内涵被搞混以及其他语言翻译问题并提出相关建议（同上，2014:4）。Joanna（2014）通过搜集一系列的由波兰语翻译成西班牙语的旅游手册，建立相关的语料库，进而研究其语言结构和特征。

2. 旅游咨询语言研究

如 Momeni（2015）意识到旅游咨询处的设置对于一个城市旅游业发展的重要意义，运用了分析描述的方法（包括文献法、田野调查法）搜集语料，探究影响这些咨询处发挥功能的有效因素，并实际调查了外来游客对于伊朗某城市的旅游咨询处的优缺点评价，为该市的旅游服务质量及咨询处的设置提供了相关意见。研究还表明真正吸引游客的因素不在于不同类型的旅游咨询处设置，而在于合理的设施，有组织的规划、大量规范的广告及咨询处员工的高国际化语言水平，这些才是真正吸引游客的原因。

3. 旅游广告的语言使用研究

如 Byun 和 Jang（2015）调查研究了不同类型的旅游广告在不同风格语言的设计下对旅游者的态度及行为意愿所产生的影响，供旅游经销商在设计广告时参考使用。Salehi 和 Farahbakhsh（2014）认为旅游广告对于旅游经济的增长和发展意义重大，因此，该文研究了各种新闻媒介和广告的方式所采用的不同语言给城市旅游业产生的影响，结果表明宣传指南和手册、网络广告、电视、报纸可作为促销手段吸引游客。Mariangela 和 Gaetano

（2014）采用不同的理论视角分析了游轮观光广告海报上的女性形象及其语言使用，从而给旅游广告实践的分析提供建议。Salehi 和 Farahbakhsh（2014）研究了各种新闻媒介和广告的方式给城市旅游业产生的影响，结果表明宣传指南和手册、网络广告、电视、报纸可作为促销手段吸引游客。Miguel（2014）对英国酒店网站上的语料中的词串及短语结构进行了相关研究。Goethals（2016）对不同国家游客在比利时酒店的评论进行了研究，结果发现法国人和西班牙人喜欢用母语来评价，西班牙游客的评论更正面，而法国游客的评论带有负面性，语言确实会对酒店的评论造成具体的影响。Garcíapablos, Cuadros, Linaza(2016)对于酒店的网上评论进行文本情感分析。

4. 游客网上日志语言研究

Goethals（2015）运用"面子、社会权利与义务和交往目的"为核心概念的关系管理理论研究西班牙游客的网上日志，分析游客使用的不同语言和理论中的三原则间的关系，研究数据表明使用不同的语言，其会话含义不同，在实现人际目标时，西班牙游客倾向于使用母语，游客少量使用英语是为了民族语言学群体的面子。

（二）研究方法多样

Oliver Radtke 和 Xin Yuan 运用语料库法发现城市中大量的公共场所的标识语（O'Regan, Wilkinson, Robinson，2014:5）。Chiwanga（2014）运用人种心理学的方法对城市旅游业中的实际使用语言进行研究。Momeni（2015）在调查旅游咨询处时运用了分析描述的方法（包括文献法、问卷调查、访谈、数据分析）搜集语料。Lu, Berchoux, Marek, Chen（2015）用采访实录的方法对旅游地酒店进行了定性分析。Byun 和 Jang（2015）通过心理实验设计调查研究不同类型的旅游广告。Garcíapablos, Cuadros, Linaza（2016）采用自然语言处理工具对文本进行分析。

二、国外城市旅游业语言研究视角和方法

（一）理论视角多样

Mariangela 和 Gaetanc（2014）采用认知语言学、结构语言学、人类学、

交际语的意向性分析了游轮观光广告海报。Mohamed Zain（2014）通过功能和效果视角，运用会话分析理论探讨了旅游图标的翻译。Kati（2014）结合会话分析和民族志学来研究城市旅游中的文化遗产。Goethals（2015）在社会语言学视角下探究游客在评论时使用的语言。

（二）语言种类多样

国外城市旅游业语言研究以英语为主（Salehi，Farahbakhsh 2014；Momeni，2015；García-Pablos, Cuadros, Linaza 2016）。由于英语作为国际通用语的地位，Folqués（2015）利用语料库语言学对西班牙旅游业中出现的英语词汇进行了专项讨论，包括这些词使用的原因和语境，外来词或西班牙语改造词及语言的标准参考等，其语料来自商业网站、国家和地方旅游业相关信息的官方网站，语种包括西班牙语、英语和法语，研究发现，英语的出现主要有三大原因，其中之一为商业旅游广告吸引游客的需求，特别是酒店（涉及酒店服务和管理等）官网上该语言的出现频率非常高。此外，还存在多种语言的研究，Folqués（2015）对西班牙城市旅游业中出现的西班牙语、英语和法语进行研究。Chiwanga（2014）对坦桑尼亚城市旅游业实际使用的语言进行了调查研究。Joanna（2014）研究了由波兰语翻译到西班牙语的旅游手册及其语言结构和特征。Mohamed Zain（2014）讨论了旅游图标翻译在旅游宣传英译本的体现及马来语的翻译。Patrick（2016）研究了德国、法国和西班牙游客对于比利时酒店的评论，Goethals（2015）分析游客使用的母语、方言及英语混合语以观察语言选择和理论中的三原则间的关系。

此外，围绕中国城市旅游业机器语言的研究成果中，一些成果由不同国家学者合作研究完成，Andreas H. Zins 和 Shasha Lin（2016）基于文本研究中国小城镇的旅游官网，提取汉语语料，对旅游地的发展规划及实施做了调查研究。Lu, Berchoux, Marek, Chen（2015）为了研究豪华酒店经理和顾客间对于服务质量和满意度是否存在相同的理解，酒店提供的服务和顾客经历的真实感受之间是否存在差异，对台湾地区的五星级酒店进行了定性分析，以此来了解人们对于豪华的定义和感知、服务质量及满意度这三项要素的理解。研究发现，经理和顾客间不存在根本性的认识差异，但对于三项要素的描述存在差异；经理通过所提供的服务来评价满意度，而顾客通过住宿的价格及实际条件来进行评价；这三项要素对于经理和顾客来说都是紧密相关的。就这些研究发现，该文提出了酒店在品牌塑造、国际化水平、对外宣传广告等方面的建议。值得一提的是，城市学视角下旅游业的语言研究的媒介主要是政府的官方旅游网站（Zins，Shasha Lin，2016）。

第二节　国内城市旅游业语言的使用情况

本研究重点关注了英语、日语、西班牙语在旅游行业的使用情况，主要是因为英国、美国、日本和西班牙是中国最主要的入境客源国家。

旅游英语作为研究对象还因为英语是世界通用语言，在国际社会的政治、经济、文化交流中发挥着重要作用。同时，国内星级景区标识普遍至少都有中英文双语，有条件的地方有中、英、日、韩语四国语言，已经成为国内旅游行业约定俗成的做法。

旅游日语研究将有助于规范旅游行业日语的使用，提升服务质量，促进日本入境市场健康、可持续发展。而且日语是亚洲语言体系中的重要组成部分，和亚洲的其他语种，如汉语有紧密的联系，同时它又有自身的规律，是亚洲语言体系的一个典型代表。

西班牙语属于印欧语系—罗曼语族—西罗曼语支，语言总使用人数之排名为世界第五（2014年6月）。它也是美洲和加勒比地区的19个国家的官方语言。西班牙语是国际通用语言，同时也是欧盟、联合国教科文组织等的重要官方语言之一，是很多国际会议的重要语种之一。中国经济的迅猛发展势头让世界对中国另眼相看，西班牙政府也加大了与中国发展关系的力度，双方在经贸、旅游、教育、文化、科技等方面的交流合作也越加频繁；拉美对中国而言也意味着巨大的市场和丰富的自然资源，中国和拉美的贸易总量增长明显，来中国的西班牙游客也逐年增多。

通过"旅游业语言调查""酒店业语言使用""旅游业英语使用调查""旅游业日语使用调查""旅游业西班牙语使用调查""旅游业韩语""旅游业俄语"等主题词查询，目前国内旅游业语言研究主要以英语为主，有少部分日语语言研究，西班牙语、韩语、俄语的研究成果主要与教学相关。

一、英语的使用

魏日宁等（2011:924-933）开展了"中国大城市外语使用情况调查分析"研究，利用"中国语言文字使用情况调查"的原始数据，讨论全国和京沪津等七个大城市的居民自报外语阅读能力、会话能力和使用频度。分析发现，全国学过外语者自评外语阅读能力平均而言稍弱于"能看懂简单句子"，会话能力稍弱于"会说一些问候的话"，使用频度偏向于"几乎不用"。在这三方面，七市的均值普遍显著高于全国均值。

秦俊和林玲（2016:179-181）对广西四个旅游城市外语语言环境进行调查，结果发现存在以下四个方面的问题：一是政府没有统一的规划和标准，广西壮族自治区政府以及各城市政府部门对旅游业发展虽有长期规划，却没有把外语语言环境建设规划作为旅游业发展规划的一部分，也没有统一的规定和标准来规范城市街道、景区、公共交通等方面的外语标识使用；二是主要旅游城市语言标识以中文为主，所调查的四个主要旅游城市的街道和景区等地方中，除了桂林市使用较多外语标识外，其他都主要使用中文标识；三是调查发现很多外语标识的使用不够规范，不符合所使用语种的语言规范，有些会产生歧义甚至让人无法理解；四是专门外语人才培养滞后，满足不了广西打造国际旅游目的地的需要。

许玮和戴春梅（2015:131-132）采用实地调研和问卷调查的方法，对北京、上海、济南、曲阜的部分星级酒店进行调查研究，对酒店从业人员的酒店英语技能需求、学生酒店英语学习需求进行了深入了解。调查结果突出反映了酒店行业对酒店从业人员岗位能力的要求。在多种能力需求比例中，各岗位对英语技能的需求比例是相当高的。分析可以看出有90%以上的酒店从业人员认为在实际工作中要用英语交流，而在工作中使用较多的英语技能就是"说"，其次是"听"，听说技能是酒店工作人员应具备的能力和素质中最缺乏的一项技能。

曹小芹（2011:38-40）对旅游行业英语需求开展了相关调查，调查结果表明，旅游行业对于从业人员的英语应用能力，尤其是口语能力的需要日益迫切。此外，与旅游业相关的英语语言其他研究大多与景区标识翻译有关。

二、日语的使用

沈银珍和周路（2011：24-26）对申遗后的杭州旅游业外语类人才需求情况进行了调查，目前，英语、日语、韩语是杭州旅游业的三大外语。96%的旅游机构提供英语服务，其次是日语（48%）。据浙江省旅游局统计，韩国、日本、美国、马来西亚、新加坡、泰国、德国、法国、意大利、英国为杭州市旅游业十大客源国（浙江省旅游局政策法规处，2011）。美国、英国、新加坡的官方语言都是英语，而且，在欧洲和东南亚地区，英语的使用率也很高。英语处于主导地位，其次是日语。日语是国内城市旅游业国际化发展必不可少的语种。

梁红梅（2008:81-84）调查绍兴市日语人才现状，旅游环境不断改善，历史名城深厚的文化底蕴及富有特色的旅游项目极为诱人，旅游事业发展迅猛，来自日本、韩国等地的亚洲游客依然是主力军。据了解，现在绍兴旅游业存在两个亟待解决的问题：一是国际旅行社偏少，导致许多日本游客通过外地的国际旅行社来绍兴；二是日语导游偏少，高水平的日语导游尤其稀缺。目前旅行社只能把首要任务定在提高原有日语导游的素质上。

三、西班牙语的使用

国内景点、景区和公共服务场所目前大多数设置英语、日语、韩语三种外语标识标牌，没有要求统一增加西班牙语、俄语版本。主要原因是来自这些语种的游客人数相对于英语国家、日本、韩国而言是比较有限的。

综上所述，国内旅游业外语应用主要以英语、日语、韩语为主，其他语种有涉及，但相对比较零散。外语应用情况总体不理想，存在诸多问题。比较突出的有以下几方面：一是未将语言纳入城市旅游规划中，不重视语言环境建设和优化，与国际化城市旅游发展定位是背道而驰的；二是外语标识不完整，不规范；三是外语听说能力总体薄弱，将会影响旅游行业的服务质量和水平。

四、其他语种的使用

知网输入"韩语使用",搜索结果显示,有关韩语使用的研究主要包括韩语词句结构研究、韩汉词句对比研究、韩语教学研究、韩语敬语误用研究。

"俄语使用"方面主要涉及俄语教学和俄语语言研究。俄语教学方面包括俄语动词体常见错误分析,人称代词使用,汉语对俄语习得影响,合成、复合、缩写词使用,副动词特殊用法,俄语动词体否定结构。俄语语言研究方面,包括经贸俄语词汇使用特点,科技俄语词汇使用特点,俄语缩略词特点,先例现象,俄语委婉语,俄语成语,俄语工业品使用说明书特点,祝愿语使用等。张金忠(2011:139-147)"高校俄语专业学生俄汉词典使用情况调查及对策",通过对高校俄语专业低年级学生俄汉词典使用情况的调查,对调查所得出的数据进行分析,提出研编一部新型俄汉学习词典的必要性及可行性,对拟编纂的新型俄汉学习词典的主要参项进行了阐述和构拟。

至于法语相关研究主要以法语教学为主,包括法语否定句式使用、法语国名前介词使用、法语时态、修辞手段使用、过去分词独立使用、法语俚语、法语关系从句使用、法语标点符号使用、法语长音符号使用等。

德语相关研究主要以德语教学为主,包括德语问候语、德汉逗号使用、德语完成时助词使用、德语同位语及其格使用、德语时态使用等。

五、相关研究成果分析

早在2005年中国课题组和西班牙课题组联合发表了名为《杭州市旅游发展规划(2006—2020年)》的报告,其在"语言障碍和散客旅游者"小节中提及城市旅游业发展中语言障碍对于旅游业发展的影响、原因及相关建议。文中指出,在旅游业发展过程中,语言障碍被认为是制约城市旅游业国际化发展的一个因素。尽管国内政府及各高校通力合作解决该问题,但由于人们经济生活水平的不断提高,对于个性旅游需求的增加,加之全球化的不断深入,更由于中国五千年灿烂文明的极大魅力和吸引力,世界各国旅游者来华的数量仍在飞跃式增长，从而使得一方面旅游业对于拥有多国语言能力的职员需求和供应之间存在巨大缺口，另一方面，国际旅游业的不断深化要求城市进行重新定位，建立起与国际旅游水平相接轨的完善、先进、全面的旅游信息和路牌标示系统等城市的各组成要素（2005: 168）。

本书根据在知网中输入"旅游语言"后得出的结果，运用城市学视角，筛选出 2014 年至 2016 年具有代表性的 57 篇文章并对其进行梳理，具体情况如下。

（一）研究话题

语言研究话题主要集中在某城市旅游景点或景区介绍等的英文翻译（刘娟, 2014；郭慧, 2016），某旅游景点的公示语或标示语英汉翻译（杨慧，李白清，2014；韦名忠，2015；王铁梅，2016），有关城市的旅游广告（王亚楠，2014；吴剑，彭苗，2016），城市旅游业中有关对外宣传资料的翻译研究（罗丽莉，2015；肖付良，2016），城市旅游业中有关旅游网站、微博等的多媒体传播所涉及的相关旅游介绍或评论的英汉翻译研究（林菲，2015；廉同辉，陶磊，余菜花，袁勤俭，2016），城市旅游业涉及的要素之一——酒店，其相关语言的翻译研究（刘慧贞，由岚，2014；李晗佶，2015）。

（二）文本类型

旅游资料的文本类型研究主要集中在两大文本类型，一为信息型文本，如景区、景点的名称和介绍及其设施和功能的介绍等（刘娟，2014；郭慧，2016），二为操作型文本，如景区内的公示语和游玩项目的推介等（杨慧，李白清，2014；韦名忠，2015；王铁梅，2016）。另外还有旅游地的对外宣传资料（如城市的旅游宣传口号等）、网络上对旅游地的评价语、酒店服务中的语言使用及评价语。

（三）研究视角

围绕旅游话题和文本类型的解读视角主要集中于翻译理论、语言学理论等视角下的英汉翻译策略探究。

首先是翻译理论视角，中英文语言间的转化必然要涉及翻译的相关理论，因此在城市旅游的语言研究中翻译理论的使用比较广泛。如杨华和张姣(2014)采用"归化"和"异化"理论对某城市景区公示语的英译的规范化进行了探究。吴洁（2015）通过文本类型理论对城市旅游英文翻译中存在的问题进行分析并提出对策。韦名忠（2015）从跨文化的视角探究了城市旅游景区的公共标识语的英汉翻译，就某城市中存在的问题提出了相应的对策。陈林林（2015）以中国桂林在国际旅游博览会展出的有关各个旅游景点的旅游资料为例，在跨文化视角下利用功能翻译理论中的目的论探究会展旅游宣传资料的英译及相关英汉翻译策略，缩小中英间的文化差距。此外，在生态翻译学理论的指导下从语言、文化、交际等不同维度来研究分析城市旅游方面的对外宣传的口号，景区、城市旅游形象等资料及其英文翻译技巧等（陶潇婷，2014；韦晓萍，2015；肖付良，2016）。林菲（2015）运用生态翻译学理论的核心概念——适应选择论视角对城市旅游网站上的英文翻译文本进行英译策略的解读。

由于语言的局限性，因此在城市学视角下对于旅游业相关的语言研究，特别是中英翻译研究方面，语言学理论的运用范围也较为广泛。陈岗（2015）运用互文性理论对城市旅游景区的营销、文化传播与旅游体验文本进行比较研究，从而挖掘出景观叙事语言符号的内容特征与意义关联。崔璇和卢卫中（2015）采用功能语言学视角下的语篇衔接手段对城市旅游景点的英汉翻译进行对比分析研究。李庆明和同婷婷（2015）运用认知图式理论从语言图式、内容图式和形式图式探讨城市旅游资料的翻译。王铁梅（2016）运用关联理论从语义、功能、文化三个角度解读了城市旅游中的公共场所等特定语境中的明示信息，为公示语的翻译提供借鉴。陈小近（2016）在评价理论体系下分析某城市国内外官网上的旅游推介相关语篇信息的态度和级差资源的分布。

除了以上几种理论视角，对于城市学视角下旅游业的语言研究还涉及其他跨学科理论，如苗守艳（2014）在语言经济学理论背景下，分析了某城市旅游发展中的古地名词所产生的效益。杨慧和李白清（2014）通过调查收集某城市内旅游景区的公示语的翻译，运用接受美学理论对翻译实践提供修改意见。

（四）所涉及语种

城市学视角下旅游业的语言研究所涉及的语种主要为汉语和英语，另还有涉及方言及俄语。根据文献调查发现，受专业限制等其他因素的影响，在有关城市旅游业中的语言研究，特别是涉及非物质文化遗产，如探究陶瓷旅游产品研究与开发或者城市旅游的新资源开发，并未提及对外宣传的语言研究（张涛，2014；许新国，李建峰，2015；马小非，2016）。庞红梅（2016）将烟台的地方方言文化融入该城市的旅游形象文化中，对该地形象构建的应用研究具有重要意义。杨慧和于洪梅（2014）从宗教文化观、饮食、风俗等几大方面对俄汉的导游词翻译进行了对比研究并提出有关建议。

（五）所涉及研究方法

城市学视角下旅游业的语言研究的研究方法以内省法为主，少有实证调查。以上所提及的不同视角下探讨城市旅游中的语言研究问题均采用了内省法。在实证中，多采用对某市的实地调研和考察，并搜集相关城市旅游中涉及的研究对象的语料，进而采用相关理论进行分析探究（刘娟，2014；陈岗，2015；郭慧，2016）。唐芳和李德超（2016）运用语料库法对汉语源语和汉语译语这两个语料库中的旅游文本的语言特征进行研究。

六、存在的问题

尽管城市学视角下旅游业的语言研究在国内外学术界已取得了很多研究成果，但从这些成果的分析来看，仍存在一定问题。就国内城市学旅游业语言研究存在问题而言，我们可以从《杭州市旅游发展总体规划（2004—2025）》中得出一些结论，例如虽然城市旅游发展的动力机制模型分析有涉及内部变量和外部参数等（如表7-1所示），包括环境建设、土地价格、土地上限、区域环境等要素，但并未提及语言要素对于城市旅游发展产生的影响。

表 7-1　模型的主要假设、外部参数和内部变量

主要假设	全国旅游市场发展的总趋势没有变化；游客的偏好不发生大的变化；旅游发展不存在容量的限制，即旅游产品接纳游客的能力是完全弹性的。
外部参数	土地上限、区域环境、其他城市形象、自然历史景观、政府其他收支、搬迁工程。
内部变量	环境建设、土地价格、土地面积、环境质量、城市形象/品牌、经济增长、城市功能、流入资金/人才、政府收入、居民素质、城市荣誉和商务会展。

（资料来源：北京大学旅游研究与规划中心，2005：382）

　　此外，在《杭州市旅游发展总体规划（2004—2025）》的"城市基础设施与旅游"一章中提及了城市公共标识系统的完善，即完善和改进城市的标识系统，其中包括在公共场合采用国际通用的图像标识，街道和景点名称标识的英文使用，增设日文和韩文标识，在火车、公交车等交通设施的英文报站服务以及英文的地图、旅游指南等导向信息牌（北京大学旅游研究与规划中心，2005：214）。然而，随着时代的发展，现今语言翻译所存在的问题不断凸显，国际旅游的迅猛发展对于语言表达上的翻译水平要求更为严格，城市旅游业中的语言设置的关注点不仅仅在于日语和韩语的简单增加，对于多语种的研究值得关注。另外，除了一些公共场合的通识语，城市发展中不断衍生出的新元素值得关注，因此，关注的视角不应只是景点、交通类，还应拓展到商品及城市旅游业的对外宣传等方面。综上所述，简单的语言增加，或者只关注城市最显而易见的两三方面的语言增设已不能满足现代化的城市旅游业发展，更不能满足国际化旅游的发展需求。

　　通过分析所收集的文献资料，我们发现国内城市学旅游业语言研究存在以下六个方面的问题。

　　第一，城市学视角下有关旅游方面的语言研究的文章几乎都是发表在普通期刊或杂志上，这足以说明该领域还未受到学术界的足够关注。

　　第二，由于理论研究与现实应用间的脱节，尽管对于城市旅游的相关规范公示语翻译已推行多年，却多局限于学术圈，未能传达到所涉及的管理部门，若能将实用翻译理论推广，将有效促进城市旅游发展（姚小文，2009）。

第三，城市旅游发展中所涉及的要素种类繁多，其中旅游资料主要包括旅游指南、旅游宣传册等信息型文本和景点介绍、景点的公示语等操作型文本，它们都承载着大量信息，比如交通、娱乐、住宿等，往往涉及源语文化多个方面，如历史、地理、习俗、宗教、艺术等（刘瑞玲，葛欣威，2014：123），从近年来的研究关注点可以发现，城市学视角下旅游业的语言研究话题范围比较小，至于所承载的信息，如交通、娱乐、住宿、餐饮等方面的语言研究比较缺乏。对于表情型的文本类型（即对景点的赞美，抒发感情的诗词等）研究几乎没有。

第四，因为语言研究的专业性，对于城市学视角下旅游业的语言研究解读视角仍只停留在翻译和语言学的相关理论，应当增强旅游专业在语言方面的研究，拓展研究视角，真正实现跨学科的研究。

第五，城市学视角下旅游业的语言研究所涉及的语种过于单一，除了语言类专业会对英汉翻译有所关注，其他专业仍致力于汉语的推广，特别是在规划城市旅游业中所涉及的旅游产品及非物质文化遗产时并未涉及对外宣传的语言翻译，这将会成为城市旅游业的发展障碍之一。

第六，有关城市学视角下旅游业的语言研究的研究方法仍以内省法为主，少有实证调查。应当更加有针对性地对某市的旅游业发展做全面的实地调查研究，对于语言方面的调查方式及调查渠道可以更加多样化，从而使得研究成果更具现实意义。

通过对国外城市学视角下的旅游业的语言研究相关文献调查研究，我们可以发现该类文献虽多，但在研究话题的范围上仍存在一定局限性，如对于城市中涉及的文化遗产观光旅游，Kati（2014）结合会话分析和民族志学等理论对此进行了分析，但未涉及对外宣传等语言方面研究。另外，研究多关注与住宿、娱乐方面涉及的语言研究，但对城市旅游中的其他要素，如交通、餐饮、景点介绍等缺乏关注。在城市学视角下，旅游业的语言研究种类方面绝大多数仍为英语上的研究，少有其他语种研究，需要加强某城市旅游研究的针对性，为当地旅游发展提供相关建议，给其他类似的旅游城市在发展和规划时提供参考。

第八章　城市旅游英语
使用调查与分析

第一节　英语的一般特点

英语是国际通用语言，虽然在我国一些大城市的公共场合，包括旅游景点、公共交通、大型商场等，已经开始使用该语言作为标识语，但就推广使用的现状而言仍存在一定的问题，这在城市旅游发展规划中值得关注。下面主要从景点语、交通语和商品语三方面对国内城市旅游中出现的英汉语进行对比研究。

一、语音特点

语音的最小单位是音素（phone），但从语音的社会功能角度出发，在人们交际中能区别意义的语音最小单位是音位（phoneme），音位分为音段音位（segmental phoneme）和超音段音位（suprasegmental phoneme）。根据 Andrew Radford、胡壮麟等的观点，音段音位指的是单个的音段 / 音位，超音段音位涉及的是比单个音段更多的概念，如音节词、词组、小句、句子。因而，音段音位包括元音（vowel）、辅音（consonant）；超音段音位指的是重音（stress）、音程（length）、音调 (tone) 和语调（intonation）等。音段音位决定了词义，如果改变元音和辅音这样的基本音位，词义也就随之改变。而超音段音位表现为语流中声音的抑扬顿挫看，因而也叫韵律特征（prosodic feature），它更多的是传递词义之外的信息。（蔡艳玲，2004）

二、词汇特点

旅游英语是专门用途英语的一个分支。旅游英语词汇有其特征和独特的表达规律，同时旅游活动又促进了英语词汇的扩展和演变。在国际化的大环境下，旅游英语的对象是国外旅游者。旅游英语不仅具有英语的基本功能，还向国外旅游者传递与旅游活动有关的信息，实现旅游信息交流的功能，体现语言的表意功能、信息功能和美感功能。

（一）专业术语

旅游英语使用旅游行业方面的大量英文单词或习惯用语。例如，circular tour（环程旅行），outward journey（单程旅行），safe-conduct pass（安全通行证），China's category A travel agency（中国一类旅行社）。

（二）缩略语

缩略语的一大特点是将不影响交流的语句省略，减少音节，使词语趋于紧缩，便于交流。例如，United States of America（USA 美国），World Health Organization（WHO 世界卫生组织），Quality Tourism Service（QTS 优质旅游服务），Unidentified Flying Object（UFO 不明飞行物），bed and breakfast（B & B 住宿加早餐）。

（三）复合词

复合词是由两个或更多的词语而组成，也可称为合成词。复合词中，名词的数量最多，其次是形容词、动词、介词等。复合词的时代气息感强烈、方法简单、表达方式形象生动，很适合用来描景写意，烘托气氛，在旅游产业中备受青睐。例如，selling season（旺季），season-low（淡季）。西方人并不知道"旺"和"淡"代表什么意思，但是通过 selling 和 low 进行意译，他们可以将 season-low 理解成不景气的时节。此外，还有 single room（单人间）、double room（双人间）、triple room（三人间）、presidential suite（总统套房）等。

（四）音译词及衍生词

由于英汉两种文化的差异，汉语中有些旅游词在英语中找不到对等词汇，词语出现缺失现象，由此产生了一些新的旅游词汇。中国的人文景观名称前常用汉语拼音给出英语对等词。例如，南屏山译为"Nanping Hill"，将雷峰塔译为"Leifeng Pagoda"等。

随着旅游业的发展，旅游活动不断丰富和更新，旅游词汇也不断扩充和延伸，产生大量引申词。例如，air 的意义之一是飞机，飞机是旅游的主要交通工具，由此引出 air ticket（飞机票）、air carrier（航空公司）、air service（航空运输）、air travel（航空旅行）、airbus（空中客车）、air-fare（飞机票价）、air traffic（空中交通）等。

三、句法特点

为了更好地传递旅游信息、推销商品、交流感情等，旅游英语常常使用简单句、疑问句、祈使句和条件句。简单句简明扼要、通俗易懂、生动活泼，表意明确，是旅游中传递信息的基础，可以让游客很容易地正确理解其中传达的信息；疑问句的使用会吸引游客的注意力，激发游客的想象力，促使游客主动参与旅游活动，使其更轻松有效地获取旅游信息；祈使句起着指示与劝说的功能，指导游客更好地享受旅游活动。

就句式风格来说，旅游英语的语句要求简洁明了。语句上应通俗易懂，用简单的语言来描述和记录比较具体的事实和材料；文体上一般简洁、明快；结构上严谨有层次感。在遣词造句方面，要能准确地传达信息，实用性要强，不能拖沓冗长，不需要太多华丽辞藻。与文学创作相比，旅游英语更倾向用客观、简单的语言进行描述。例如，Her poems have enjoyed great popularity. It was said that she was buried at one side of the Xiling Bridge after her death. Later, Mucai Pavilion was set up by people who admired her literary talent.（原文：曾作诗："妾乘油壁车，郎跨青骢马。何处结同心，西陵松柏下。"据传说，苏小小死后葬于西泠桥畔，后人于墓上覆建慕才亭，历代"题咏殆遍"，为其所撰之名篇佳作亦不可胜数，"千载芳名留古迹，六朝韵事著西泠"，传为佳话。）这段介绍西湖慕才亭的英语介绍简洁易懂，而汉语介绍则引入古诗词，注重辞藻文采。

四、其他使用特点

国内对旅游英语的研究还是很丰富的，研究内容主要集中在语言功能和翻译文本两大方面。就目前资料来看，基于旅游英语语言功能的研究较少，研究重点集中在旅游语言特征和旅游语言作用上。此类文章通过分析探讨旅游英语的语言特征，强调要关注旅游英语的语言功能和特点，把握好中西方文化的联系，做好旅游英语的翻译工作。

冯丁妮、孙智（2008）在《旅游英语语言功能与大连国际一流旅游城市建设》一文中从英语语言功能出发探讨旅游英语的语言特征，研究旅游英语的文化内涵，揭示英语语用功能与文化内涵的关系，论述了旅游英语在大连创建国际一流旅游城市中的作用。王君（2008）在其文章《旅游英语的特点及翻译的路径选择》中重点分析了旅游英语的语言功能和语言特征，认为旅游英语翻译就是跨文化交际，因而在进行旅游英语翻译时，译者必须了解原语言和译语言的文化，并提出了旅游英语的几种翻译方法。

同时，关于文本翻译的研究成果颇多，研究内容主要集中在翻译报告、翻译策略、翻译勘误、翻译对比分析、翻译理论分析、翻译综述等方面。

张鸿微（2014）在其硕士论文《〈杭州旅游指南〉（节选）汉英笔译报告：旅游文本中文化负载词和长句的翻译难点及对策》中选取了杭州市旅游委员会编印的《杭州旅游指南》（2013版）进行翻译实践，并在此基础上分析总结形成了翻译报告。张鸿微认为，旅游指南的翻译应以目的语读者为中心，译文应符合目的语旅游文本的文体写作特点，并符合目的语受众的审美心理和欣赏习惯。郭聪、顾雅青（2013）的《基于跨文化视角的杭州旅游景点翻译策略研究》对杭州市的主要旅游景点的英语翻译现状进行了实地考察，系统地分析了这些旅游资料翻译的准确性和规范性，指出了旅游景点翻译存在的语言翻译失误、跨文化语用失误、跨文化社会语用失误等问题，并从跨文化视角提出了可取的翻译策略。王利华、黄鸣（2013）的《试析成都市公共标识语翻译的问题及对策》基于对成都市双语标识的调查，指出并分析了翻译过程中的常见问题，提出了相应的改进建议，有助于提高成都市的语言文化氛围。张亚伟（2008）的硕士论文《西安旅游景点公示语译文错误探析》也关注了翻译失误。他认为，中国旅游业的国际化发展使得汉语旅游公示语的英译成为一项极其重要的翻译工作，文中他以西安旅游景点里的公示语为具体实例，分析了旅游公示语汉译英所存在的主要问题，并对相关翻译理论做了详细的阐释，其中包括德国的目的论、奈达的功能对等理论、纽马克的文本功能分类及韦努蒂的归化和异化论，并根据以上实例的讨论，分析了汉语旅游公示语翻译成英语的策略。同样关注翻译勘误的还有寇鸽（2011）的硕士论文《西安旅游景点文本英译中的误译现象研究》，文章主要以功能派理论为指导，采用定性研究方法，对上述翻译错误进行归类和分析，认为造成这些翻译错误和问题的主要原因在于中国和英语国家的语言和文化两方面差异较大。江碧玉（2013）在《英汉旅游翻译的功能语篇对比分析——以伦敦和杭州旅游翻译为例》一文中用功能语篇分析框架对比了20篇伦敦、杭州旅游翻译的文化语境、情境语境和纯理功能，而英汉旅游文本在体裁和语体风格上的明显差异源于英汉民族的思维和文化差异，翻译时应依据这些差异进行改写和重写。张力男（2013）在其硕士论文《目的论视角下旅游文本英译研究——以北京景点介绍译文为例》中在目的论理论框架下对北京旅游景点介绍的英译本中出现的问题进行归纳和分析，认为常见的翻译问题主要存在于语用、语言和文化三个方面，并对这三类翻译问题做出批判性评价。周京励、陈盈盈（2012）在其文章《从功能翻译理论角度看汉英文化差异与西湖景点的翻译》中以汉英文化差异为依托，通过功能翻译理论对汉英景点翻译进行分析，指出了西湖景点翻译中存在的问题及相应的解决方案，建议译者在做旅游景点翻译时应以中国文化为取向，以译文读者接受为重点。孙慧文（2014）的硕士论文《释意论意义忠实概念视阈下的汉英导游口译策略分析——以北京旅游景点导游口译为例》依据阿尔比的释意论忠实概念的衡量标准为理论框架，从导游口译员的主体、导游口译语料文本的功能性及导游口译员的历史性三方面提出了具体的汉英导游口译策略，并对其可行性和忠实性进行分析。张延勇（2012）的硕士论文《功能翻译理论视角下旅游景点的语篇英译——以北京八大旅游景点为例》指出，北京主要旅游景点景观介绍的部分翻译过分注重对原文的"忠实"，采用字面对等的翻译方法，忽视了旅游景点语篇英译的特殊性，无法做到有效的信息传递。文章基于德国功能翻译理论视角，对北京主要旅游景点的语篇英译进行了评析，同时介绍了多种旅游文本翻译方法，以期能达到旅游景点语篇翻译的预期功能。

（一）礼节语言特点

旅游英语必须具备礼节性，导游或服务人员与外国游客交流时，一定要有礼貌，要使用请求、询问的口吻，以此来表达对游客的重视。文化是一个民族信仰、价值、态度、知识的总和，人们通过行为规范和准则在民风习俗、服饰礼仪、婚丧庆典等活动中表达深层次的信仰和价值，其中体现的是深刻的礼仪文化内涵。例如，在宴会和招待会活动中，为表达欢迎和感谢，宾主双方通常要致欢迎词或感谢词，由于旅游团队的致辞并不是正规致辞，因此在形式结构上比较宽松，用语也比较随和，致辞的内容也仅是称呼、祝愿等，一般以"Ladies and gentlemen""Dear guests"等开头。语言安排得当、层次清楚、语言生动的致辞可以使气氛变得轻松、和谐。

（二）文化语言特点

旅游的灵魂是文化，游客来自世界的不同角落，其文化背景不同，旅游英语便成为游客之间的一种纽带和交流桥梁。将旅游英语当作跨文化交际的媒介，可以让游客们更好地了解中国这个拥有丰富文化和历史内涵的国家。外国游客来中国旅游的目的主要是体验异域文化中的生活方式和风土人情，其次是欣赏历史古迹。旅游为游客提供的不是实体商品，而是一种体验的过程和心理的感知。判断旅游服务质量的一条标准就是游客的亲身感受。导游或翻译人员只有对中国传统文化的历史典故有深刻的理解，才能向游客精准地表达，让游客真正体会到我国文化和历史的深邃。例如，This is the Broken Bridge, the most famous bridge in China. You must be wondering how this ordinary small bridge became the most popular one in China. Well, almost all the Chinese people know the folktale of "the White Snake Lady". It was on this bridge that she met her future husband by the name of Xu Xian. They got married, but were separated by a malicious monk by the name of Fahai. He thought it improper for a man to marry a creature, because she was actually a snake. He detained the husband in the temple on an island in the Yangtze River. （原文：断桥相会，断桥这个名字与中国民间故事《白

蛇传》中缠绵悲怆的爱情故事联系在一起。相传，有位千年白蛇修炼而成的女子，名为白素贞（也称白娘子）。她在断桥边和许仙一见钟情，半年后两人结为夫妻。但是镇江金山寺主持法海认为人妖之恋违背天规，于是将许仙骗至金山寺并软禁，而白素贞因为触犯天条，在生下孩子后被法海收入钵内，镇压于雷峰塔下。也正是因为这个故事，断桥成为西湖上众多桥中最著名的桥。）

译文通过引入中国古老神话，提升了景点的吸引力，也激发了游客对其进行了解的迫切心情，使其印象深刻。

第二节　旅游英语的使用

在明确旅游英语的各方面语言特征后，需要了解城市旅游业中英语使用特点的呈现状态，下文将从景点语、交通语和商品语三个视角来进行解读。

一、景点语

相较于交通类和商品广告类的翻译，城市旅游景点类英语翻译较为成熟。从严复提出的"信达雅"翻译理论层面看，大多数景点类英语翻译都已经能够以"达"和"雅"为翻译目标，只有极少数的译文，还存在"信"的问题。

所谓"信"，即译文忠实于原文。但是由于中国语言文化底蕴深厚，译者有时没有理解好原文内涵，因而翻译会出现偏差。例如，杭州西湖的"九溪"并非强调"九"条小溪（"nine" creeks），而是描绘了山间蜿蜒曲折的九道湾，因此译文 "Hill Creeks" 为佳。又如"西溪草堂"译为 "Xixi Straw Villa"。事实上，这里的草堂实为明代著名文学家冯梦祯故居，因此翻译为 "Xixi Villa" 便可。另外，没有意义的重复翻译，也不能符合"信"的标准。例如，"儿童票 7.5 元 / 人"译为 "RMB 7.5 yuan/person for children"，这里的 "RMB" 和 "yuan" 就存在重复，根据国际惯例，用 "7.5 RMB for child" 为好。

在"达"这一层面，笔者发现景点类英文翻译通常运用以下几种方法来使得译文不拘泥于原文形式，同时意思通顺明白。第一，归化译法(domestication)。例如"西施"被译为"Chinese Cleopatra"，意思是"中国的埃及艳后"。这是因为西施的生平与埃及艳后 Cleopatra VII 相似，这样翻译能更快帮助理解（埃及艳后才貌出众，聪颖机智，通晓9国语言，卷入罗马共和国末期的政治旋涡，并与安东尼关系密切，伴以种种传闻逸事，成为文学和艺术作品中的著名人物）。"月下老人"被译为"Chinese Cupid"，意思是"中国的丘比特"（丘比特是罗马神话中的爱情之神）。第二，直译法加注释、直译法加归化译法。通常由于景点名称具有简洁性，翻译时，为了便于理解，会对特定的名称等翻译加译注释或者加译归化译法。例如"灵隐寺"译为"Lingyin Temple (Ling means soul, yin means retreat, so it is also called Monastery of Soul's Retreat)"，为直译加注释。"观音"译为"Guanyin: the Goddess of Mercy"，为直译加归化译法。第三，省译法(simplification)。中文中许多诗词歌赋难以翻译，即便翻译过来也可能由于文化差异而不便于理解，这种情况下，可以采用省译法。主要包括缩略翻译或者替代翻译。如在对西湖景点的介绍中，对观景长廊晴天是"水光潋滟晴方好"，雨天则"山色空蒙雨亦奇"的不同时间景观的描写，译文用"always charming"简译了。《晓出净慈寺送林子方》这首诗的题目被"A poem by Yang Wanli"这一作者名来替代。第四，增译法。在翻译历史文化名人或者著名作品时，通常可添加相关信息的翻译，帮助理解。如在西湖景点翻译中，谈及苏东坡的艺术成就时，译者添加了苏东坡生平介绍的翻译。"Su Dongpo (1037—1101) is one of the major and great poets of the Song period of China, leaving many influential works."第五，脱离原稿翻译。关于西湖断桥的景观细节描写，没有直接翻译，而是用了一个民间故事翻译替代了景观翻译，目的是吸引目标读者的注意力，以达到激起对方旅游兴趣的目的。

关于"雅"，在旅游景点翻译中，常见的有以下几点：第一，诗词的押韵翻译。"绿草如茵，足下留情"翻译为"The grass so fair, needs your care"。"fair""care"的尾韵大大提升了译文的美感，达到了"雅"的目标。第二，词、句结构的改写翻译。由于中文与英文语言的特性，在景观描写中，中文语篇常出现四字结构，有时还存在多个主语。翻译时，常利用英文中的介词来引导句子，通过扩大主语的范围来帮助翻译。例如，"境内西湖如明镜，千峰凝翠，洞壑幽深，风光迤逦"，此句中有"西湖""千峰""洞壑""风光"等不同主语，但翻译时，"with"一个介词，就能把主语范围扩大，句子就很好地整合了。第三，断句翻译。中文一个句子中可涵盖多个主语，语句可以很长。而英文很难一句译完，此时，可采取断句译法。如西湖景点中关于满觉陇景点的描述，一句中文长句，用三个英文句子进行断句翻译，结构便不再烦琐，语义也十分通顺。

二、交通语

交通语翻译的主要目的是传达信息，因此有别于景点翻译中对语言美感的追求和商品广告语翻译中对消费者号召情绪的表达。交通语言的翻译应考虑目标语国家交通公示语的惯用方法，以传达准确的信息为主要目的。

第一，轻语法，重信息。如中国东方航空官方订票系统中，订票系统显示"＿ Adult, ＿ Child"，无论乘客选择 1 位成人或儿童，还是 2 位及以上成人或儿童，"adult"和"child"永远显示单数。

第二，尊重目标语的词汇使用频率。交通语言是日常生活中使用的语言，同一物体的名称有时有多种译法。如"地铁"一词，在不同的英语国家表达形式有很多，"subway""metro""tube"都是可供参考的词。因此，翻译时应以服务最大受众为原则，选用恰当的词汇。可利用目标语语料库搜索词频，选用出现频率最高的词来做译文。"单程车票"译为"one way"，"往返车票"译为"round trip"，就是因为"round trip"比"round way"使用频率高而选取的。

第三，中英译文不完全对称。笔者在搜集机场交通信息译文时发现，很多交通工具的中英文翻译不对称。例如，"地铁机场线"译为"express"，"免费摆渡车"译为"free bus"，"空港巴士"译为"airport bus"。这里，"express"没能表达出地铁与机场两个连接点；"free bus"没能体现"摆渡车"这一机场内特定的交通工具（往返于停机坪和到达层）的特点；"airport bus"不能体现出其运营范围。因此，会给英语国家乘客带来很多出行不便。

第四，轻功能，重性状。在目前的交通工具翻译中，笔者发现译文能够比较成功地描述交通工具的性状，例如其型号大小"shuttle""coach""mini-bus"，但对于功能描述严重缺乏，乘客很难辨别不同交通工具的服务区间。同上例，"express""free bus""airport bus"这几个交通工具译文，没有一个明确表示了其运营范围。对于交通工具翻译，建议首先表明服务区间（城际、市际、机场内服务等），其次表明车型大小（双层、大巴、中巴等），最后表明收费情况（免费等）。

三、商品语

商品语翻译应富有号召力，在一定程度上应满足消费者的审美观。不同的产品即便功能相同，也会因为其目标客户群不同而被翻译成不同的版本。在翻译时，应从消费者心理出发，突出翻译产品的特点和卖点，意在吸引眼球，刺激消费欲望。笔者在收集语料的过程中发现了商品语英译需注意以下几个方面：

第一，产品推广对象应科学设定。例如，中国东方航空公司的波音777号首飞，从上海飞往洛杉矶只对国外用户推广，没有对应的中文推广内容。这可能是考虑到目标客户对首飞有不同的认知程度，与目标客户对波音公司的情结有关。

第二，译文需考虑目标客户消费观。例如，"Shanghai—Los Angeles, Maiden flight to be made by New Boeing 777 on January 15"，"maiden"一词考虑到了目标客户的语言习惯。又如"特价机票"译为"value ticket"，"特价"在中国很多商业环境中用"sales/discount/lowest price"翻译，但"value"一词既是"便宜"又是"好"，与"reasonable price"十分对应，顺应了目标客户的消费理念。

第三，轻语法，显卖点，重排版。商品广告译文除了具有传达消费信息的功能以外，也非常注重版面设计。因此，在广告语中，语法地位需要弱化。例如，"Service our customers, no the best, only much more better, colorful online service wish you a travel without any worry"，此处"service our customers"原应译为"serve +"，结构为动宾短语，但此处用名词"service"

取代，意在突出"优质服务"。"no the best"原应译为"There is no best service, only better one"，但此处为"no the best"，"no"动词化了，类似动宾结构，与中文"没有+"对应。另外"much better"又加之"more"，虽不符合语言规律，但强调了"更加"的意思，一个动态，不停止地更好的意思。在排版中也应有所考虑，一个句子分多行排列，配以图片，达到更好的宣传效果。

第四，目标语的加译。笔者在调查过程中发现，源语言中文版信息中，通常只展示了功能词、指示词，如"机场服务""行李服务"，但目标语英文版信息中加译了体验词、感受词，并因此获得了更好的客户体验效果。例如，在中国东方航空导览信息告示中，"飞行体验"翻译为"Flight Experience—Enjoy the thousands of miles altitude joy"；"机场服务"翻译为"Airport Services—The journey is near, get more information"；"行李服务"翻译为"Baggage Services—Shipping service for your light travel"。在加译的译文中，"enjoy altitude joy"能凸显"air traffic"的特点；"journey is near"把"airport"与旅客的体验拉得更近，暗示旅客到了机场，旅途即将开始；"light travel"一词，轻便的旅行让旅客更容易选择托运、速递服务。

第五，进口商品的中文翻译水平高于出口商品的英文翻译水平。在对销量较好的国货翻译的调查中，笔者发现绝大多数国货缺乏英文翻译，或是名称用拼音音译代替后，产品的介绍、成分、使用说明都没有配以英文，如桂林三花酒的译名为"Guilin Sanhua"等。这使得国货在某种程度上出口受限。相对而言，同类的国外产品在进入中国市场时，都在有源语言包装的情况下，再附上相关中文译文，这可能也是旅游商品进口发展加速的其中一个原因。虽然，如今产品在翻译上已经非常成熟，商品翻译优质程度也在逐渐提高，如传统国货百雀羚（Pechoin）、天堂伞（Paradise）因译名着眼于国际市场而积累了一定的海外名气，但与着眼于全球市场、产品文化也被全球认知的苹果公司产品相比，如MacBook、Apple Watch等，差距依然非常大。

第三节 旅游英语的分析

一、景点语分析

（一）改写方面

【例1】中文：杜革是中国首间四合院艺术精品酒店，独特的红蓝相间大门，带点神秘感的同时，亦让宾客感到宾至如归。甫踏进传统中国四合院设计的大门槛，宾客旋即展开了时空与设计交错的旅程，传统中国式的雅致建筑，华丽的当代家具，又或是房间的精致吊灯，以及水晶枝形吊灯，都叫人叹为观止。

——摘自"杜革酒店官网"

英译：Duge is the first designer courtyard boutique hotel in China. Its distinctive red-and-blue doors are inviting, promising and a little mysterious. From the moment guests step over the high threshold that characterizes traditional Chinese entrances, they are taken on a journey through time and design, in which traditional Chinese architecture frames sleek, lacquered contemporary furniture and rooms are illuminated by ornate, crystal chandeliers.

——摘自"杜革酒店官网英文版"

解析：北京四合院酒店亦是北京的景致之一。此段介绍中，中文文字古朴精湛，"甫踏""旋即"等词更加贴合四合院呈现的建筑特点。而英文翻译中适当调整了原句结构，适应了英文的行文规范，更适合读者的理解。

【例2】中文：全国省、市劳模和英模，浙江省内60—69岁公民（凭有效证件）：12.50元/人。（岳庙、黄龙洞）

英译：RMB ￥12.50 pp for nation-wide provincial/municipal grade model workers and heroes and 60–69-year-old citizens of Zhejiang Province (by valid certificate).

——摘自《目的论与景区公示语翻译失误研究——以杭州旅游景点为例》

解析：在景点标价情景中，中文首先圈定对象范围，其次说明认证要求，最后展示价格体系；而英语中，标价中最重要的就是价格，因此通常由价格优先，再用介词短语"for"引导限定的对象范围。另外，此句中"RMB ￥12.50 pp"存在重复翻译，"RMB"和"￥"这两个标记只能选择一个，并且通常"RMB"放在价格之后，而"￥"放在价格之前，可以改为"12.50 RMB"或"￥12.50"。

【例3】中文：杭州因有美丽的西湖而成为著称于世的风景旅游城市，北宋词人柳永在《望海潮》一词中写道："东南形胜，三吴都会，钱塘自古繁华。烟柳画桥，风帘翠幕，参差十万人家。云树绕堤沙，怒涛卷霜雪，天堑无崖。市列珠玑，户盈罗绮……"

英译：Everyone in China knows the saying: "Up above is paradise, below are Suzhou and Hangzhou." The West Lake is a holiday paradise in the eyes of Chinese people, the pride of oriental civilization.

——摘自《汉英文化差异与西湖景点介绍的英译——从奈达的功能对等理论角度》

解析：在景点翻译中，中文喜欢"引经据典"，通过诗词歌赋的美来展现景点的美。但是，由于游客很难理解中国诗词，因此诗词可以不逐字翻译，只要译出大致内容和意境即可。

【例4】中文：白居易雪后登楼观雪，眼前的景物化成了诗：冰铺湖水银为面，风卷汀沙雪作堆。伫立雪雾西湖，举目四望，但见残荷小梗，青烟迷雾，冻湖如墨，黑白分明，不为繁华易素心，格外动人心魄。

英译：On fine winter days after a snow, standing on the lakeside to feast your eyes on the snow scene far and near, you would see remaining lotus leaves, small items, smoke of green and mist. The frozen lake is as black as Chinese ink.

——摘自《〈杭州旅游指南〉（节选）汉英笔译报告：旅游文本中文化负载词和长句的翻译难点及对策》

解析：此处景致描写非常细腻，因此使用了改写翻译，帮助目标语言读者掌握源语言整个意境的大概意思。

【例5】中文：三台云水地处山环水绕之间，飞檐仿古的建筑，亭阁宛然，环境十分幽美，这里的茶楼也是一大特色。

英译：Santaishan, an enchating place with traditional Chinese buildings and pavilions, is surrounded by mountains and rivers. The tea houses here are worth visiting too.

——摘自《〈杭州旅游指南〉（节选）汉英笔译报告：旅游文本中文化负载词和长句的翻译难点及对策》

解析：巧妙运用英文介词with，将句子改写处理成名词词组，对仗工整。

【例6】中文：南宋这里辟有宫廷酒坊，湖面种养荷花，清风徐来，荷香与酒香四下飘逸，游人身心俱爽，不饮亦醉，故名"曲院风荷"。

英译：Once the Southern Song Dynasty imperial winery with thriving lotus in the front lake, the area is full of the fragrance from the blooming flowers and mellow wine brought by fresh breeze, which would make tourists feel physically and mentally comfortable and be apt to be drunk; therefore, this area is named Breeze-ruffled Lotus at Quyuan Garden.

——摘自《〈杭州旅游指南〉（节选）汉英笔译报告：旅游文本中文化负载词和长句的翻译难点及对策》

解析：原文短句多，主语不同，如果逐字翻译，会导致翻译的文本句子结构松散，逻辑性不强。译本用"the area"这个主语统领句群，合理运用从句和连句，整个译本自然连接起来，各句之间逻辑关系清楚，是典型的英文复合句。

（二）省译方面

中文旅游文本经常借助名人诗词、名言等来抒发感情、渲染气氛或者加深读者印象，这类信息通常不是真实的景色描写；而英语旅游文本语言偏平实，注重真实的描写。因而，翻译的时候需要采用省译法，即省去或者删除原文本中多余不重要的、重复的或者是会增加读者理解负担的信息。正如目的论翻译理论所论述的，翻译并不意味着传递原文本所有信息，而是要根据翻译目的合理删减冗余信息。

【例7】中文："中国四大名亭"之一，在湖心亭极目远眺，湖光皆收眼底，群山如列翠屏。岛上有乾隆手书"虫二"碑，寓意此处"风月无边"。

英译：One of the "top four pavilions in China", this is a vantage point to view the lake as well as the surrounding hills, and there is a stele with an inscription written by Emperor Qianlong.

　　——摘自《〈杭州旅游指南〉（节选）汉英笔译报告：旅游文本中文化负载词和长句的翻译难点及对策》

　　解析：此处用了省译法。文中"虫二"两字，其行式寓意着"风月无边"，其意义由汉字结构决定，很难用英文来表达，即便能表达，英语语言者由于不会书写汉字，也无法感受，因此此处直接省略。

　　【例8】中文：杭州城的灵魂在五代孕育，在南宋成熟。绍兴八年（公元 1138 年），南宋定都临安府，即今杭州，从此"烟柳画桥，风帘翠幕，参差十万人家"。

　　英译：The soul of Hangzhou took shape in Five Dynasties period of China and ripened during Southern Song Dynasty. Lin'an, today's Hangzhou, became the capital of Southern Song Dynasty in the eighth year of Shaoxing (1138). Since then, Hangzhou has been a charming and prosperous city.

　　——摘自《〈杭州旅游指南〉（节选）汉英笔译报告：旅游文本中文化负载词和长句的翻译难点及对策》

　　解析：此处中文"烟柳画桥，风帘翠幕，参差十万人家"就是描述了一个繁华城市形成的情景，所以翻译时，表达出城市和人口的发展这一概念便可。用"a charming and prospcrous city"来表达很恰当。

　　【例9】中文：一公园到六公园，全长 1.2 公里的景观长廊，晴天是"水光潋滟晴方好"，雨天则"山色空蒙雨亦奇"，晴雨皆宜。

　　英译：The scenic belt from No.1 Park to No.6 Park is as long as 1.2 kilometers. It is like a fair lady who is always charming.

　　——摘自《〈杭州旅游指南〉（节选）汉英笔译报告：旅游文本中文化负载词和长句的翻译难点及对策》

　　解析：中文用诗歌表达了不同状态下都十分美丽的景色。重在强调无论什么时候都很美，因此可以省译为"always charming"。

　　【例10】中文：这里风光旖旎，四季如画，曲径通幽，步移景异，是西湖园林中不可多得的精品。

英译：Here, picturesque scenes are available in four seasons.

——摘自《汉英文化差异与西湖景点介绍的英译——从奈达的功能对等理论角度》

解析：中文中对于景观的描写，往往喜欢用成对的四字结构。四字结构排比出现，结构工整、简洁，意蕴却尤其深刻，很难找到简洁却准确的英文译词。因此，通常采用省译法，表达出主要意思即可。

【例11】中文：虎跑梦泉

英译：Tiger spring

——摘自《浅议旅游景点的标识语翻译——以杭州旅游景点标识语翻译为例》

解析：虎跑梦泉这一经典翻译成"Tiger Spring"（虎泉）还是比较得当的。此处用了省译法，将"跑""梦"两字意思省去。因为这个经典名字的由来是一个传说，讲述了一位高僧在梦中得到神的暗示，只要引来两虎入穴，便会有泉水。所以省译中，只要突出"由虎得泉"这个概念，用两个单词就可以了。然而有的译者翻译为 Hu Pao Meng Quan，将"虎跑"作为一个名字来译，尚可接受，但将"梦"字也做名称译，不太合适。

（三）增译方面

由于中英文化差异，中英语言中存在着一些词汇空缺和文化不对等现象。增译法可以帮助旅游者更好地理解相关景点的背景知识，对有关中国历史文化的内容，可以通过增加字、词、句，或对原文某些具体内容做出进一步解释，来帮助目的语读者理解译文，从而有效传递文化信息，加强其旅游趣味性。当然，中国文化渊源广博，补充解释景点背景知识并不是为了普及历史知识，而是为了突出景点特色，吸引游客，因此要充分考虑目的语读者的阅读兴趣，了解其接受程度。

【例12】中文：这是新建的罗汉堂。中国的石洞和寺庙中有"十六罗汉""十八罗汉""五百罗汉"等。

英译：This is a newly built temple to arhats. In Chinese stone caves or Buddhist temples there are "16 Arhats" "18 Arhats" or "500 Arhats". (The arhat is a Sanskrit term which means a Buddhist who has reached the stage of enlightenment.)

　　——摘自《汉英文化差异与西湖景点介绍的英译——从奈达的功能对等理论角度》

　　解析：该句中，出现了"罗汉"这样带有文化意义的名词。翻译时建议增译，对"罗汉"进行描述，帮助游客理解。

　　【例13】中文：九龙壁：九龙壁是原大圆镜智宝殿前的影壁，建于乾隆二十一年（1756年）。……两面各有九条彩色大蟠龙，飞腾戏珠于波涛云际之中。（北海公园）

　　英译：Nine-Dragon Screen (Jiu Long Bi): This Nine Dragon Screen constructed of tiles of seven colors was erected in 1756...On both sides there are nine flying dragons playing with dragon pearls. (Beihai Park)

　　——摘自《功能翻译理论视角下旅游景点的语篇英译——以北京八大旅游景点为例》

　　解析：文段翻译字面上不存在问题，但文化传达上有问题。龙在中国寓意吉祥和权势，九龙意指皇权，但在西方国家中龙的意象是邪恶。因此，有必要解释龙在中国的寓意。

　　【例14】中文：六和塔

　　英译：Liuhe Pagoda (Liuhe means six harmonies, referring to the harmonies of body, mind, speech, opinion, wealth and abstinence from temptation)

　　中文：六一泉

　　英译：Liuyi Spring (Liuyi refers to the literary name of the great Northern Song Dynasty poet Ouyang Xiu)

　　中文：慕才亭

　　英译：Mucai Pavilion (the Pavilion for Admiring the Talented)

　　中文：灵隐寺

　　英　译：Lingyin Temple (Ling means soul, yin means retreat, so is also called Monastery of Soul's Retreat)

　　——摘自《汉英文化差异与西湖景点介绍的英译——从奈达的功能对等理论角度》

解析：采用了直译加增译的方法。因为中文简洁干练，蕴意深厚，因此需要加译一些解释性的文字，帮助目的语读者理解景点的内涵。

【例15】中文：绮望楼：绮望楼内原供奉有孔子神位，为清代皇室祭奉孔子之处。（北京景山公园）

英译：Qiwang tower: It previously housed a memorial tablet of Confucius, and was the site where the royal family paid homage to the great philosopher and moralist. (Jingshan Park, Beijing)

——摘自《功能翻译理论视角下旅游景点的语篇英译——以北京八大旅游景点为例》

解析：文段翻译字面上不存在谬误，但文化上的传达有一定问题。孔子作为春秋大儒，在中国无人不知，但外国人却可能对其不太了解，因此有必要添加一段介绍孔子生平和影响力的文字来帮助外国游客更好地了解绮望楼。

（四）类比方面

类比译法作为重要的翻译策略之一，在涉外旅游领域起着很大的作用。在原文本存在对应的目的语意象时，选用类比法，把源语言本土化，用目的语读者所习惯的表达方式来传达原文本的内容，有助于读者更好地理解译文，增强译文的可读性和欣赏性。

【例16】中文：西溪草堂

英译：Xixi Straw Villa

——摘自《目的论与景区公示语翻译失误研究——以杭州旅游景点为例》

解析：此处"草堂"实为明代著名文学家冯梦祯故居，因此翻译为Villa较好，而不是Straw Villa。

【例17】中文：西湖

英译：West Lake; Xi Zi

中文：观音

英译：Guanyin; the Goddess of Mercy

中文：释迦牟尼

英译：Sakyamuni; the God in Buddhism

中文：江南

英译：Jiangnan; a place full of milk and honey

中文：鸳鸯

英译：Mandarin duck; the love birds

中文：香格里拉

英译：Shangri-La; the Garden of Eden; the Paradise

中文：梁山伯和祝英台

英译：Liang Shanbo and Zhu Yingtai; Chinese Romeo and Juliet

——摘自《汉英文化差异与西湖景点介绍的英译——从奈达的功能对等理论角度》

解析：采用了直译法加类比法中的归化译法。通过借用目的语国家历史文化，帮助目的语读者理解源语言名词的文化意义。

【例18】中文：济公劫富济贫，深受穷苦人民爱戴。

英译：Jigong, Robin Hood in China, robbed the rich and helped the poor.

——摘自《汉英文化差异与西湖景点介绍的英译——从奈达的功能对等理论角度》

解析：这里 "Robin Hood in China" 是类比译法的运用，他与济公有着共同的特点：劫富济贫。 因此， "Jigong" 之后加了插入语， "Robin Hood in China"，翻译很得当。

【例19】 中文：万松书院是明清时期杭州规模最大、历史最久、影响最广的书院，也是传说中梁山伯与祝英台结伴就读之地。

英译：Wansong Academy was the largest, oldest and the most influential academy in Ming and Qing Dynasties in China, and is the legendary place where Liang Shanbo and Zhu Yingtai (Romeo and Juliet in China) studied.

——摘自《〈杭州旅游指南〉（节选）汉英笔译报告：旅游文本中文化负载词和长句的翻译难点及对策》

解析: 同前，用 "place where +" 从句结构来翻译中文长句。此外， "Liang

Shanbo and Zhu Yingtai (Romeo and Juliet in China)"采用了类比译法。

（五）直译方面

旅游景点的很多地点名词具有其独特性和唯一性。使用直译法能原汁原味地传达原文本内容，展示景点本身的韵味，让外国游客更好地了解我们国家的文化。因此，很多景点名称翻译采用了直译法。但使用直译法时应考虑具体环境和游客的接受度，不能滥用直译法。

【例20】中文：三潭印月

英译：Three Pools Mirroring Moon

中文：双峰插云

英译：Twin Peaks Piercing the Cloud

中文：柳浪闻莺

英译：Orioles Singing in the Willows

中文：曲院风荷

英译：Breeze-ruffled Lotus at Quyuan Garden

中文：南屏晚钟

英译：Evening Bell Ringing at Nanping Hill

中文：花港观鱼

英译：Viewing Fish at Flower Harbor

中文：虎跑梦泉

英译：Dreaming of Tiger Spring at Hupao Valley

中文：雷峰夕照

英译：Leifeng Pagoda in Evening Glow

中文：苏堤春晓

英译：Spring Dawn at Su Causeway

中文：平湖秋月

英译：Autumn Moon over the Calm Lake

中文：黄龙叶翠

英译：Yellow Dragon Cave Dressed in Green

中文：龙井问茶

英译：Enjoying Tea at Dragon Well

中文：阮墩环碧

英译：Ruan Gong Islet Submerged in Greenery

中文：断桥残雪

英译：Lingering Snow on the Broken Bridge

——摘自"杭州政府网英文版"

解析：采用直译法。其语言构成简明易懂，直译已经能够反映景点的主题及特点。且这些景点为同级推广的系列景点，因此翻译时采用同样的后置定语结构，有很高的统一性。

【例21】中文：湖心亭

英译：Mid-lake Pavilion

中文：孤山

英译：Solitary Hill

中文：湖滨公园

英译：Lakeside Park

中文：宝石山

英译：Precious Stone Hill

中文：冷泉亭

英译：Cool Spring Pavilion

中文：白塔

英译：White Pagoda

中文：黄龙洞

英译：Yellow Dragon Cave

——摘自《汉英文化差异与西湖景点介绍的英译——从奈达的功能对等理论角度》

解析：这组景点名词的翻译方法为直译法，都是名词性短语前加上形容词进行限定。

【例22】中文：进口／出口

英译：way in/way out（应改为 entrance/exit）

——摘自《浅议旅游景点的标识语翻译——以杭州旅游景点标识语翻译为例》

解析：way in/ way out 与中文中"入口""出口"较为对应，可谓是直译。但是目标语言国家常用 entrance/exit 来表达这个概念，因此翻译时应考虑目标群体的语言习惯。

（六）断句方面

汉语的句法结构和英语大为不同。汉句通常为长句，结构复杂，字数较多，常用标点符号把句子切分开，各个小句子之间少用甚至不用形式连接手段。汉语的句子像一根竹子，一节以后又一节，一贯到底，中间掐断也无伤大雅。汉语重功能，注重意合。但是英语长句就像大树，有树干、树枝和树叶，树干就是句子的主句，树枝和树叶就是句子的从句和修饰部分，结构清晰，各就其位。英语长句重句子形式和完整性，注重形合。

【例23】中文：绿草如茵，足下留情

英译：The grass so fair, needs your care./Keep off the grass./No stamping on the grass.

——摘自《试论旅游景点公示语翻译现状及对策——以杭州余杭区"天都城"为例》

解析：中文行文讲究四字结构、平仄声调。而英文语言中诗句翻译可用修辞手法中的押头韵、押尾韵等方法。

【例24】中文：小心碰撞（灵隐）

英译：Please mind your head.

中文：新栽绿化，需大家爱护（西湖）

英译：Please take care of the plants.

——摘自《基于跨文化视角的杭州旅游景点翻译策略研究》

解析：祈使句翻译有命令、请求语气，前加"please"会让句子语气委婉，更容易让人接受。

【例 25 】中文：明思宗殉国处（景山公园）

英译：Spot where Chongzhen, the last emperor of the Ming Dynasty, hanged himself (Jingshan Park)

——摘自《功能翻译理论视角下旅游景点的语篇英译——以北京八大旅游景点为例》

解析：英文中，经常利用从句结构，将中心词提前，加从句进一步描述。因此，"××处"通常用 "the site/ place where +"结构。

【例 26 】中文：白塔建成后曾在塔后设有高大的"五虎杆"和铜铁质信炮，驻过亲兵。（北海公园）

英译：Behind the Pagoda, there used to be a huge "five-tiger" pole, some bronze and iron cannons and quaters for royal guards. (Beihai Park)

——摘自《功能翻译理论视角下旅游景点的语篇英译——以北京八大旅游景点为例》

解析："驻过亲兵"直接翻译为 "quaters for royal guards"，动词化为名词翻译。词性的转化翻译也是一种常用的翻译方法。

【例 27 】中文：交泰殿：殿内正中设宝座，宝座后上悬康熙帝御书"无为"匾……（故宫）

英译：Hall of Union and Peace: In the center of the hall there is a throne. Behind which hangs a board inscribed with words written by Emperor Kangxi, meaning "doing nothing". (The Forbidden City)

——摘自《功能翻译理论视角下旅游景点的语篇英译——以北京八大旅游景点为例》

解析：断句翻译。中文里一个句子中可涵盖多个主语，语句可以很长。而英文中很难一句译完，此时，可采取断句译法。

【例 28 】中文：西湖拥有国家级重点文物保护单位 16 处，省级 22 处，市级 24 处，有众多文物保护点和各类博物馆、纪念馆点缀其中，为之增色，是我国著名的历史文化游览胜地。

英译：Around the West Lake, there are 16 key national monuments, 22 provincial monuments, 24 municipal monuments, as well as numerous heritage sites under preservation, museums and memorial halls of various types, which add to its brilliance. The national park is one of the well-known domestic tourist resorts with historic and cultural significance.

——摘自《汉英文化差异与西湖景点介绍的英译——从奈达的功能对等理论角度》

解析：一句中文长句，用两个英文句子加定语从句进行断句翻译，结构便不再烦琐，语义也变得通顺。

【例29】中文：寺前有冷泉，飞来峰诸胜，据说苏东坡守杭时，常携诗友僚属来此游赏，并曾在冷泉亭上"书扇判案"。

英译：It's said that the Northern Song Dynasty poet Su Dongpo, when he served as governor of Hangzhou, used to go to the temple with his friends and subordinates for a visit. And he is said to handle a court case in the Cold Spring for the owner of a fan shop, for Su was a famous painter calligrapher as well as a poet.

——摘自《汉英文化差异与西湖景点介绍的英译——从奈达的功能对等理论角度》

解析：一个中文长句，用两个英文句子加定语从句进行断句翻译，结构便不再烦琐，语义也变得通顺。

【例30】中文：这里曾是南宋时期最大的御花园，柳丛衬托着紫楠、雪松、广玉兰、梅花等异木名花，是欣赏西子浓妆淡抹的观赏佳地。

英译: Once the biggest imperial garden in the Southern Song Dynasty (1127—1279), the park, which is covered by willow trees and many other exotic trees as well as flamed flowers like cedar, magnolia grandiflora and plum blossom, is an ideal place to appreciate the beauty of the West Lake.

——摘自《〈杭州旅游指南〉（节选）汉英笔译报告：旅游文本中文化负载词和长句的翻译难点及对策》

解析：中文中，一个句子中主语可以不一致。而英文一句话则要求只有一个主语。此处，英文译文用了扩大主语范围的方法，将句子变得主语一致。

【例31】中文：保护文物，人人有责

英译：Respect and Protect these Cultural Relics

——摘自《目的论与景区公示语翻译失误研究——以杭州旅游景点为例》

解析：此处中文"人人有责"为祈使句。而英文表达中应注意使用礼貌用语，可译为"Please help to protect these cultural relics"。

【例32】中文：茅家埠野鸭戏水、候鸟低飞，在临湖茶室小坐，推窗远眺，满眼葱绿，不可不谓之心旷神怡。

英译：Maojiabu Village is home to swimming ducks and low flying migratory birds. When you rest in the teahouse near the lake, open the windows and look into the distance, your vision will be instantly filled with a vast expanse of green and you will be relaxed.

——摘自《〈杭州旅游指南〉（节选）汉英笔译报告：旅游文本中文化负载词和长句的翻译难点及对策》

解析：首先，中文中内容繁杂的一个长句，可以用英文的几个句子来断句翻译。其次，中文可以一个句子多个主语，并且可以省略主语，因此"在临湖茶室小坐"的英译中，添加了主语"you"。

【例33】中文：满觉陇自明代开始就是杭州桂花最盛的地方，每当金秋季节，珠英琼树，人行桂树丛中，沐"雨"披香，别有一番意趣。

英译：Manjuelong Village has been regarded as a place where sweet osmanthus blooms most beautifully since Ming Dynasty. Every autumn, flowers of osmanthus trees are in full bloom. A stroll in the osmanthus forests and fragrance will offer you rare enjoyment.

——摘自《〈杭州旅游指南〉（节选）汉英笔译报告：旅游文本中文化负载词和长句的翻译难点及对策》

解析：中文拆分成三个英文句子，语义清楚，信息能够准确表达。

二、交通语分析

（一）陆地

【例1】铁路交通车次公示语

G 高铁

D 动车

Z 直达车

T 特快

K 快速（普快）

L 临时

英译：无官方英译。

解析：中国铁路官网无英文版。代售票务企业英文版直接引用 G、D、Z、T、K、L，并不翻译其名称，而是在紧随其后的 Duration 全程时间一栏里，反映该车次的性质。也有非官方网站将 G 车次译为 High-speed Rail，将 D 车次译为"the Bullet Train"。

【例2】铁路交通座席名称公示语

中文：商务座

英译：Business Class Seat

中文：一等座

英译：1st Class Seat

中文：二等座

英译：2nd Class Seat

中文：软座

英译：Soft Seat

中文：硬座

英译：Hard Seat

中文：高级软卧

英译：Deluxe Sleeper

中文：软卧

英译：Soft Sleeper

中文：硬卧

英译：Hard Sleeper

——摘自"携程旅游官网英文版"

解析："1st class"在空中乘务中和机场频繁出现，但国际惯例从来不采用缩写形式，因此建议在铁路公交座席翻译时，与其他交通类公示语保持一致。

【例3】地铁交通公示语

中文：首末班车时间

英译：Operating Hours 或 Service Hours

中文：票价

英译：Tickets and Fares

中文：单程票

英译：Single Journey Tickets

—— 摘自"香港港铁官网"

解析：杭州地铁目前没有设官网，北京地铁有官网但是没有英文版。英译文参考杭州地铁合作方香港港铁公司的官网。其中，"首末班车时间"的翻译弱化了"首、末"两个词的意思，把两个端点词用一个过程名词来翻译了；"票价"一词译为"tickets and fares"非常准确，充分考虑了地铁票种多样化和其对应价格不同两个概念。在港铁系统里，地铁票种还设有一日通票、成人票、儿童票、团体票等。

【例4】公交车交通公示语

中文：普通票

英译：Regular

中文：老人 / 残疾人票

英译：Medicare

——摘自"洛杉矶 metro公司票务网"

解析：此处，普通票没有根据字面意思来翻译，而是引申为"常规的、标准状况下的"的意思。因此，用"regular"一词极为恰当，并且简洁准确。而"老人""残疾人"没有根据字面意思翻译成"the old"和"the disabled"，而是译为"需要保健的"，即"medicare"，十分妥当。

【例5】水山交通公示语

中文：内舱房

英译：Interior

中文：海景房

英译：Outside

中文：阳台房

英译：Balcony

中文：套房

英译：Deluxe/suites

中文：游轮

英译：Cruise

中文：起航港口

英译：Departure Port

中文：沿途港口

英译：Ports of Call

——摘自"皇家加勒比国际游轮官网"

解析：游轮"内舱房"和"海景房"选择用"interior"和"outside"方位词来翻译，准确简洁地表达了房间特点。"阳台房"用"balcony"翻译也符合房间特色。房间的翻译摒弃了直译，而是紧抓住房间特点进行翻译，简洁明了，易于顾客选房。"ports of call"（沿途港口）的翻译极富口语特色，易识易记。

（三）航空

【例6】中国东方航空在线订票公示语

中文：＿成人＿儿童＿婴儿

英译：＿Adult＿Child

——摘自"中国东方航空官网"

解析：轻语法、重信息原则。中文用数词表达的一个以及多个，英文环境本应使用单复数对译，而在票务系统中，单复数原则不再使用。另外，在随行成员信息中，英文网站选用"成人、儿童"两个选项，没有对应的"婴儿"选项。

【例 7】中国东方航空订票公示语

中文：单程 / 往返

英译：One Way/ Round Trip

——摘自"中国东方航空官网"

解析："单程"与"one way"工整对应，形容词性短语；但是往返只对应了"round"，译文中"trip"没有对应词。并且英文环境下"one way"与"round trip"选择了两个不同的名词，即"way"和"trip"，是因为目标语在目标国家词频使用的习惯不同，可以用 BNC 和 COCA 语料库验证。应遵照目的读者国家语言习惯翻译。

【例 8】中国国际航空公司公示语

中文：免税品代金券

英译：Duty-free E-Voucher

——摘自"中国国际航空公司官网"

解析：此处将"代金券""优惠券"译为"voucher"，与商场、卖场等常用的"coupon"不同。侧重强调凭据功能，而非强调折扣功能。

【例 9】中国国际航空公司公示语

中文：专车接送

英译：Chauffeured Transfer

——摘自"中国国际航空公司官网"

解析：此处用"chauffeured"一词将"专车"的性质做了界定，为受雇于个人或单位的车辆司机，同时"transfer"一词把"接"和"送"两个动作统筹合并为一个概念，即"移动，中转"。

【例 10】机场交通工具命名

中文：地铁机场线

英译：Express

中文：机场大巴

英译：Airport Shuttle

中文：免费摆渡车

英译：Free Bus

中文：空港巴士

英译：Airport Bus

中文：出租车

英译：Taxi

中文：停车场

英译：Park

——摘自"北京首都国际机场官网"

解析：对于交通工具的翻译，存在中英文环境下认知不对应的情况，比如 free bus，除了明确免费之外，不清楚该车服务于什么区间；中文摆渡车，才能隐形告知游客，摆渡用于机场内。又如 airport shuttle、airport bus 两者除了空间大小之外，不明确服务的区域。建议翻译先突出城际、市际、机场内服务等范围，如"public transportation""airport connection"，再进一步翻译交通工具名称。可参见肯尼迪机场交通公示语："Ground Transportation—John F. Kennedy International Airport—Port Authority of New York & New Jersey."

三、商品语分析

（一）特色美食

【例1】北京特色小吃

中文：冰糖葫芦

英译：Bing Tanghulu (crispy sugar-coated haws on a stick)

中文：北京老酸奶

英译：Beijing Traditional Yogurt 或 Beijing Freezing Yogurt

解析：北京有很多特色小吃很值得游客品尝，但是大多没有对应的英文翻译。笔者认为传统食物翻译可以音译，发音本身就能丰富一个食品的推广角度。例如"冰糖葫芦"，可音译，音译之后再用加译法补充说明食物的特点、制作方法、原料、呈现方式。又如"老北京酸奶"，主要凸显"老"

字，"老"在性质上来说是"长时间"的意思，可用 preserved，从性状看是"冻"的性状，有别于西方国家酸乳的性状，也可译为 frozen，或从产品工艺看是传统制法，可译为 traditional。

【例2】桂林特色食品
中文：桂林三花酒
英译：Guilin Sanhua
——摘自"阿里巴巴 1688 公司黄页桂林牌三花酒"
中文：桂林腐乳
英译：Guilin Fermented Bean Curd
中文：桂林辣椒酱
英译：Guilin Chilli Paste
——摘自"上海味好美食品有限公司"
解析：相对于北京、杭州的特色食品翻译，桂林的旅游产品翻译并不成熟。许多桂林特色的食品公司都没有给产品做英文翻译。偶有产品上标注英文的，很多也只是拼音音译。

【例3】传统国货
中义：姑嫂饼
英译：Gusao Pastry
中文：海鸥
英译：Seagull
中文：水仙风油精
英译：OTC—Feng You Jing
中文：夜来香
英译：Evening Primrose
——摘自"京东官网"
解析：经调查，这些传统国货近年来开始受到国外消费者和旅客的青睐，因此产品的英译也开始起步。但是，由于产品研发时没有着眼于国际市场，因此翻译工作非常草率。经常可以看到拼音音译取代、只译名称或者简单翻译名称和作用。几乎没有一件国货是有精确的名称、功用、使用方法齐全翻译的。建议名称仍可保留音译，成分及使用方法应准确翻译。

（二）工艺品

【例4】丝绸工艺

中文：丝绸工艺

英译：Silk Craftsmanship

——摘自"中国丝绸博物馆官网"

解析：丝绸为杭州极具代表性的旅游工艺品，有关丝绸产品的外文表述非常准确具体。以中国丝绸博物馆的官网为例，丝绸产品及养蚕业的英文翻译已经做得非常好。例如，"丝绸工艺"译为" silk craftsmanship"而不是译成"silk handwork" "silk skill"等，因为handwork只强调手工，skill只强调技术，而craftsmanship不但强调精湛的技艺技术，还体现出产品融入了匠心精神。

（三）品牌

【例5】天堂伞公司产品

中文：天堂伞

英译：Paradise

中文：都市丽人系列

英译：Youth Buds

中文：轻巧迷你系列

英译：Mini Light

中文：雍容华贵系列

英译：Elegant

——摘自"天堂伞公司官网"

解析：天堂伞同样是杭州旅游的热销产品之一。天堂伞公司官网有关于公司介绍的英文版网页。但是对于产品介绍，英文翻译不是很全面，只翻译了比较大致的产品分类介绍。而关于产品名称的翻译，则较为准确和生动。例如，品牌"天堂伞"只用"Paradise"一个词来翻译，省略了"伞"。笔者认为，品牌翻译时，适当省略产品主体名称翻译是合适的。

【例6】传统国货品牌

中文：百雀羚

英译：Pechoin

——摘自"百雀羚官网"

中文：庄臣—金鸡

英译：Johnson—Golden Rooster（鞋油）

——摘自"上海庄臣公司企业网"

解析：这两个品牌的商品为传统国货，发展之初并没有着眼于国际市场。近年开始向国际消费者推广，因此有了新的英文命名及产品包装。出口商品也配有简单的英文使用说明。

【例7】陶瓷品牌

中文：青兰工舍

英译：Pureland®

——摘自"青兰工舍官网"

解析：此品牌实为瓷片工艺品，画作都是具有中国风格的色调与人物像。目标客户的定位起初就是国外消费者，因此产品翻译做得比较好。翻译已经不是停留于产品介绍，而是将文化内涵展示出来。"pure"一词表达了工艺品用色是纯色人块的色彩拼接，"land"一词又是"兰"的谐音，同时配有®图标，表示其为公司注册品牌。

（四）其他

【例8】苹果

中文：对于 MacBook，我们给自己设定了一个几乎不可能实现的目标：在有史以来最为轻盈纤薄的 Mac 笔记本电脑上，打造全尺寸的使用体验。这就要求每个元素都必须重新构想，不仅令其更为纤薄轻巧，还要更加出色。最终我们带来的，不仅是一部新款的笔记本电脑，更是一种对笔记本电脑的前瞻性思考。现在，有了第六代 Intel 处理器、提升的图形处理性能、高速闪存和最长可达 10 小时的电池使用时间，MacBook 的强大更进一步。

英译：Our goal with MacBook was to do the impossible: engineer a fullsize experience into the lightest and most compact Mac notebook ever. That meant reimagining every element to make it not only lighter and thinner but also better. The result is more than just a new notebook. It's the future of the notebook. And now, with sixth generation Intel processors, improved graphics performance, faster flash storage, and up to 10 hours of battery life, MacBook is even more capable.

中文：看似熟悉却尽是创新

英译：Completely familiar, Entirely revolutionary

中文：在使用 iPad Pro 时，你有可能会需要更高的精准度。因此我们精心打造了 Apple Pencil，进一步扩展了 Multi-Touch 的多用性。尽管 Apple Pencil 所含技术与我们平时采用的截然不同，但哪怕你是第一次拿起它，依然会有熟悉的感觉。它让你能用精细的像素级别，打造出丰富多彩的效果，自由挥洒无限创意。

英译：When using iPad Pro, there may be moments when you want even greater precision. So we painstakingly designed Apple Pencil to expand on the versatility of Multi-Touch. And while the technology inside is unlike anything we've ever engineered, picking up Apple Pencil for the first time feels instantly familiar. It lets you make any number of effects, right down to a single pixel, giving you more creative freedom than ever before.

中文：有了它，你能够即时接收并回应你常用的通知，能够时常获得鼓励来保持健康与活力，还能够以全新的方式展现你的个人风格。从功能到外观，Apple Watch 都不仅仅是一件你戴在手腕上的设备，更是一种不可或缺的自我表达。

英译：Instantly receive and respond to your favorite notifications. Get the motivation you need to stay active and healthy. Express your personal style in a whole new way. From the way it works to the way it looks, Apple Watch isn't just something you wear. It's an essential part of who you are.

中文：从你开始使用 iPhone 6s 的那一刻起，你就会感觉到它是如此不同。指尖一按，3D Touch 就能让你实现更多精彩。Live Photos 能以生动的方式，让你的回忆鲜活呈现。而所有这些，仅仅是个开始。你对 iPhone 6s 的了解越深入，你越会发觉它的创新层层面面，无处不在。

英译：The moment you use iPhone 6s, you know you've never felt anything like it. With a single press, 3D Touch lets you do more than ever before. Live

Photos bring your memories to life in a powerfully vivid way. And that's just the beginning. Take a deeper look at iPhone 6s, and you'll find innovation on every level.

中文：我们对于音乐的热爱，一直让我们引以为豪。从一开始，这种爱就不断推动和启发着我们，因此，我们决心要做到更好。我们想让你聆听到数百万首好歌，每月只需 10 元即可尽情独享，或每月以 15 元与家人共享；让你获得由热爱音乐的资深人士量身推荐的好作品；让你能够对喜爱的音乐人有更深入的了解；让你享受到我们精心打造的、焕然一新的专业电台。这里是 Apple Music，而这一切只是开始而已。

英译：We are profoundly passionate about music. It's a force that's driven and inspired us from day one. So we've set out to make it better. To bring you more music than ever with access to over 30 million songs. To give you personal recommendations from people who know and love music. To deepen the connection between artists and fans. To reimagine radio with a 24/7, global station.

——摘自"苹果中国官网"

解析：苹果产品的中英互译非常一致，并且中英译文都非常优美，无可挑剔。比较有可能的是，苹果公司在一开始就着眼于国际市场，因此广告的受众面很广。此外，因为苹果文化已经被全球深入研究和了解，所以其产品的中英文含义都非常容易被目标群体接受。因此，翻译也没有遇到文化不通的地方。

【例9】中国东方航空国际航线广告

中文：选择东航，心系全球

英译：With your body on board, your heart close to world.

——摘自"中国东方航空官网"

解析：修辞押韵是广告语中常见的。在"with +"介词短语引导下，your body/ your heart、on/ close to、board/world 一一对应，结构工整，并且押头韵、尾韵。

【例10】中国东方航空票务信息广告

中文：优惠机票

英译：Value Ticket

——摘自"中国东方航空官方网站"

解析：选词充分考虑消费心理。"优惠"在很多商业环境中用"sales/discount/best price"进行翻译，但细想"优惠"本也是"好，并且实惠"的意思，与"value, reasonable price"还是十分对应的。

【例11】中国东方航空票务信息广告

中文：上海—洛杉矶 ¥2340 起

英译：Shanghai—Los Angeles 2340 RMB from

——摘自"中国东方航空官网"

解析：关于金额的表达，英文为 2340 RMB，中文为 ¥2340，可能是考虑到目标客户对 RMB 更为熟悉，而对符号 ¥ 缺乏认知，或是易与日元 ¥ 混淆等原因而做的选择。"¥2340 起"与"2340 RMB from"对应结构翻译，但是与英文介词短语结构相矛盾。此为电商广告所特需，目的是突出重点。

【例12】中国东方航空票务信息广告

中文：上海—洛杉矶 新波音 777 机型 1 月 15 日首飞

英译：Shanghai—Los Angeles Maiden flight to be made by New Boeing 777 on January 15

——摘自"中国东方航空官网"

解析：此广告在中文网页没有对应发布，可能考虑到目标客户对首飞有不同的认知程度，与目标客户对波音公司的情节有关。另外广告语中"1 月 15 日"的表达"January 15"在语言角度有错误，但考虑到广告语的版面设计，也许是故意省略的，可搜索美国航空公司官网进一步核实。"Maiden fight"一词的选用也可搜英美国家语料库查证词频。

【例13】中国东方航空导览信息广告

中文：服务旅客，没有最好，只有更好。优质服务助您旅途无忧。

英译：Service our customers, no the best, only much more better, colorful online service wish you a travel without any worry.

——摘自"中国东方航空官网"

解析：此处"service our customers"原应译为"serve +"，结构为动宾短语，

176

但此处用名词"service"替代，意在突出"优质服务"。"no the best"原应译为"There is no best service, only better one."但此处"no the best"类似动宾结构，no 动词化了，与中文"没有＋"对应。另外"much better"又加之"more"，虽不符合语言规律，但强调了"更加"的意思，动态、不停止地更好的意思。或许在英文语料库也可以搜到相应的表达。

【例14】中国东方航空导览信息广告

中文：飞行体验

英译：Flight Experience

Enjoy the thousands of miles altitude joy

中文：机场服务

英译：Airport Services

The journey is near, get more information

中文：行李服务

英译：Baggage Services

Shipping service for your light travel

——摘自"中国东方航空官方网站"

解析："altitude"一词能凸显"air traffic"的特点，加译更好；"near"一词把"airport"与旅客体验拉得更近，隐形地强调到了机场，旅途即将开始；"light travel"，意为"轻便的旅行"让旅客更愿意使用托运、速递服务。而在中文版网页中，我们看到只展示了功能词、指示词，如机场服务、行李服务，而缺少了体验词、感受词的对译。如能加译效果会更好。

【例15】北京首都机场广告语

中文：倡行中国服务，打造国际枢纽

英译：Advance the Chinese Service, Develop an International Hub

——摘自"北京首都国际机场有限股份公司官网"

解析：Chinese/international 对应，目的是突出中国这一定位，意在打造国际形象。

第四节 结 语

城市景点语的使用需要满足几个基本准则。首先，景点语的翻译必须准确真实反映出景点的内涵与特征。目前，笔者注意到的翻译失误主要是由译者对景点文化内涵不理解或者理解不到位而造成的。翻译时，可适当摒弃直译法，而运用改写法来译出准确的信息。其次，景点语翻译时应尊重目标读者语言使用习惯及审美习惯。在必要的时候可以采用类比法中的归化译法、增译法等，帮助读者尽快借助原有认知，理解景点或者人物的文化内涵。再次，景点语翻译中，需要适当运用省译法。尤其在景致描写中，中文多引用诗词歌赋，这个特点给英文译本翻译带来了很大难度，笔者建议简化翻译诗词歌赋原文。在简化翻译后，读者仍难理解该意境的情况下，可采用省略翻译，或者改写翻译成相关的其他介绍性信息。

相较于景点语的翻译，城市交通语的翻译还处于待优化翻译的阶段。笔者时常注意到交通工具名词翻译存在中英文环境下认知不对应的现象。这意味着目的读者看到公示语时，无法准确获取信息。建议交通工具名称翻译时充分考虑目的读者国家的交通情况再进行类比翻译。交通公示语还存在无法准确传达服务信息的情况。很多情况下，一个交通工具名字无法指示其服务范围，需要通过增译法，将其运用范围描述清楚。此外，图示信息也可以成为交通语翻译时的辅助手段，更简洁直观地表达出交通信息。

不过，城市商品语翻译存在两极分化的现象。传统商品存在明显的广告翻译瓶颈，大多数传统商品选择音译的翻译方法。音译传统商品虽然在国际市场会遇到一点推广困难，但是对文化传播和产品定位也是有好处的。因此笔者建议，产品名称可以适当采用音译法，但是产品说明和使用方法必须要进行准确的翻译描述。而近年兴起的产品多已具备国际化视野，在翻译上已经不仅停留在正确的层面，而已在传达文化层次，以唤起消费心理。此外，商品语中的广告词有时还需要考虑到其展示的美观性，因此也会存在语法失误和断句不符合语言规范等现象，其翻译的最终目的是刺激消费。最后，由于商品本身具有特定的目标群体，笔者也时常发现有的商品并不同时向国内外消费者推广，因此也存在没有对应译本的情况。

第九章　城市旅游日语使用调查与分析

第一节　日语的一般特点

日语从语法学分类看应属于黏着语，是用有语法功能的语素与有实质意义的词或词干逐个黏结来表示句中语法功能与语法关系差异的语言。这表明日语中非常注重助词。首先，日语中句子的词序为 SOV（主宾谓），也就是谓语一般放在句子最后面。其次，日语中也有轻重音之分。但与中文四声不同的是，日语声调一般只分高音和低音两种。日语中的基本发音都采用"字音＋母音"的形式，母音只有 5 个，分别为罗马音的"/a/、/i/、/u/、/e/、/o/"。最后就是日文的构成，它与很多单一构成的语言不同，主要有三种文字，分别为汉字、平假名、片假名，并且由这三种文字构成三种类别的单词，分别是和语（日语本土用语，如：やまと）、汉语（从中国传入日本的用语，如：梅）以及外来语（由除中国以外其他各国包括欧美国家传入的用语，如：イギリス）。

一、语音特点

日语语音的一个最大特点是，同一个汉字存在至少两种发音，即音读和训读。其中音读又细分为汉音、吴音及唐音，顾名思义就是在我国各个时期传入日本的各个版本的中文字发音，例如"生"这个字的发音汉音为しょう（syo），吴音为せい（sei），而唐音为さん（san）。而训读就是日本自创的汉字读音了，很多只有日本独有的事物或者专有名词才会用训

读进行发音，如刺し身（さしみ）——刺身、御握り（おにぎり）——饭团一类的词。

二、词汇特点

现代日语中的词汇通常可从其来源分为和语词（"和語"）、汉语词（"漢字"）、外来语词（"外来語"）。和语词是日语固有的词汇，一般为训读，书写可以采用假名或者汉字。汉语词是从中国借入的古汉语词汇，以及日本人借用汉字自行创立的词汇，多数是音读。外来语词则是指来自西方语言的外来词汇。现代日语外来词基本上用片假名书写，发音也均为音读，最大程度保留了原语种的发音。

日语词汇中近义词比较多。主要是日语词汇的使用，会因为口语和书面语的差别、尊卑差别、男女用语差别、地方语和标准语的差别等，同一意思可以由很多词汇来表示，比如汉语"妻子"一词，日语中就有"奥さん、お母さん、妻、家内など"等62个词与之对应（大野晋，1981）。

日语词汇的另一个特点是同音词比较多。所谓的同音词就是发音相同，但标记和意义完全不同如"委员／医院；以外／意外；以上／异常"等。对初学者来说，同音词往往会带来语言交流的混乱。

"动词＋动词"形式构建的复合动词也是日语词汇的一大特点。如"呼びかける(呼唤)、思い込む(深信)、言い出す（开口）"等。此类动词在辞典中被列出2761个（石井正彦，1987），是其他语言所难以企及的。

三、句法特点

日语系黏着语，其特点大致可以分为以下四点：一是通过单词后的助词来决定该词在整句中的职能，例如在助词"を"前的名词充当整句话中的宾语成分，而"が"前的名词充当句子的主语，等等；二是形容词、动词这两者种词性会通过发生词尾变化而发生诸如时态或者句子中成分的变化，例如，形容词修饰名词时为定语，而同样的形容词修饰动词时通过词尾变化就可以变为副词，如"美味しい料理"（形容词＋名词——美味的料理），"美味しく成る"（副词＋动词——变得美味）；三是谓语一般存在于句尾，即正常语序为主宾谓；四是敬语在日语中起着至关重要的作用。同样一句话通过敬语的表达可以彰显说话人的礼貌及文化程度，并且在日本的商务场合，基本上需要使用敬语进行对话，从敬语的使用可以看出一个人的基本素质。

日语中句子的基本组成是SOV（以日语的助词为例）。

例：私達は洪府の正面入口にいます。（我们来到洪府正大门。）

解析：与中文翻译比较可以看出，日语将汉语中"来到"这一谓语动词放在句子的末尾，即"います"。而主语和中文一样依然放在句首，中文为"我们"，日语中即"私達"。由于日文中谓语在句尾的缘故，所以宾语的"洪府の正面入口"便自然而然地被提前，放在了主语之后、谓语之前，即中文中句尾的"洪府正大门"。

日语中助词很重要，不仅可以提示主谓宾，而且可以充当介词等很多词性。

日语句子基本结构是SOV（主宾谓），句中除了这三要素外，其他的要素还有"助词"。助词属于附属词，用平假名书写，单独出现并没有任何意义，接在诸如名词等独立词后，表示该词与其他词的关系，或为该词添加一定的新意义。例句1中的"は""に"这两个平假名助词分别在主语"私達"之后，以及宾语"正面入口"之后，就是为了提示这两个名词在这个句子中的成分，一个是主语另一个是宾语。当然，后者"に"所提示的不仅是宾语这么简单，更准确地讲其实是充当了汉语中的介词"在"。由于这句话是中翻日，译文其实和原文（源语言）的意思略有偏差，实际翻译成日语的意思是"我们在洪府正大门"，所以这里的"に"实际上是表示存在场所的介词"在"。

四、其他使用特点

（一）日语的委婉语

旅游过程中人们会不时地使用委婉语。委婉语是人们在交际中希望找到的一种合适的表达方式，即使双方能够顺利完成交际，又使双方感到此次交际是愉快的。

对"委婉语"的定义比较普遍的有：哈特曼、斯托克认为，委婉语是用一种不明说的，能使人感到愉快的含糊说法，代替具有令人不悦的含义不够尊重的表达方法。（哈特曼、斯托克，1984）布斯曼认为，委婉语是用婉转或温和的方式来表达某些事实或思想，以减轻其粗俗的程度。（布斯曼，2003）

委婉语作为语言的一个重要组成部分，从产生之日起，就与社会文化紧密地联系在一起。可以说，委婉语是在一定的言语共同体内，因特定社会文化和民族心理的制约，对不便明说、明示的意义或意图采取间接的语言手段、表达方式进行交际的一种语言现象（洪雁，2007）。它体现出一个民族的文化特性、文化意识，以及有别于其他民族的思维方法和行为方式。

在日语这门重视礼貌表达的语言中，委婉语被定义为"婉曲的表现"，即："はっきり直接的に表現するのを避けて遠回しに言う"（小川芳男等，1987）。其具体表现为：

一是在旅游过程中，有时人们会自觉地避免一些旅游景点当地和对方国家文化中禁忌或者是难登大雅之堂的一些词语，而换用另一种方式来表达。例如，在汉语中，一般不会直接说"厕所"一词，而是换用"洗手间"等更文雅的用词。同样地，在日语中，也不会直接说"かわや""便所"，而是常常采用"お手洗い""トイレ""洗面所"等词语。

二是由于日本文化习惯，日语中说话者通常不会直接表达自己的观点，也不会使用断定的说话方式。为了委婉地表达自己的立场、观点，日语通常会采用客观句式，或是不确定句式，像"～と思われます""～と考えられます""と言われています"（表示客观事实）、"そうです""らしいです"（表示不确定）、"ないわけでもない"（"并非不……"）。例如：昔、このあたりは海であったと言われています。/ 据说过去这一带是大海。

三是用"けれども""が"等转折词结尾，一方面能凸显出委婉之意，带有一种意犹未尽、耐人寻味的语气，另一方面，留下不明说的半截话是表示委婉地暗示对方给予说明或征求对方意见。例如：特に困っているというわけじゃありませんけど（が）ね。/ 并不特别为难（不过呢……）。

（二）日语的恭维语

旅游过程中人们会不时地使用恭维语。根据 Wolfson（1989）等学者的观点，恭维语的话题主要涉及两个方面：一是"外貌"和"所有物"；二是"成就"和"能力"。（Wolfson, 1989）恭维语是一种积极的言语行为，明确或含蓄地表明了说话人对听话人的某些"好"事物——包括所有物、品质、才智或能力的称赞。运用恭维语，说话人可以问候和鼓励对方、缓解双方之间的矛盾、增进彼此的关系，等等。

因为文化背景的不同，中日恭维语之间也存在较大差异。首先，汉语中对他人能力的称赞比日语中更为频繁，究其原因是日语在交流中，一般不轻易触及对方内在的事物，与他人保持一定的距离。其次，在面对不同的称赞对象时，中日之间也存在一些不同。例如，日本人非常注重职场中的上下级关系，在称赞对方的过程中，会经常考虑到上下级关系。而相较于上下级关系，中国人更为注重亲疏关系，在家庭环境当中也经常相互称赞。另外，日本人认为家人之间比较亲密，很少出现相互称赞的情况。虽然中日有以上这些差异，但是相较于其他语言尤其是英语，汉语、日语中的称赞表达均更偏向于性格、行为。

西方恭维语趋向于表达个人感受和观点，喜欢"表明自己"，多用第一人称。例如"I like your hair style""I think it suits you"等。汉语多以他人为取向，使用恭维语时会对被恭维对象表示尊敬，抬高对方，喜欢用第二人称代词"您"，如"恭喜您喜得贵子！""您的表演多精彩啊！"等。日语口语当中，经常省略主语，在恭维他人时这一点也不例外。这是因为日语中虽然存在第二人称代词，但是在时代演变中这些第二人称代词所包含的品格逐渐下降，如果当着别人面使用这些代词，就会变成一种不礼貌的行为。例如，要夸奖对方中文说得好就不能用第二人称代词"你/您"而是直接省略掉人称代词，说"お上手ですね"即可。当然，这也仅限于对方的地位在你之下或地位平等时可以使用，毕竟在日本下属或晚辈是不能当面夸奖或评论上司、长辈的。

第二节　旅游日语的使用

在日语的使用方面，我们仍将从景点、交通和商品三方面进行研究。

一、景点语

景点语是旅游要素的重要组成部分。日语是比较讲究固定搭配的语言，有一些名词后跟的动词甚至是唯一的。当遇到这样的情况，就要考验译者的基础知识是否扎实了。要是牛头不对马嘴地凭自己的想象进行翻译，势必会引起日本游客的误会，甚至发生纠纷。惯用表现也是其中较为重要的一部分，原本在日文中简洁的用语，通过译者胡乱地翻译可能会化简为繁，一来日本游客看了会觉得不亲切，二来繁杂的日译可能无法准确传达意思。

二、交通语

交通语也是旅游日语的重要内容之一。不同国家交通指示语也有不同的特点。日本是一个十分注重礼貌与得体的国家，而旅游业作为一种服务行业，也把礼貌与尊重作为行业的最高准则。因此，日语与旅游用语在"礼貌"这一点上存在着共同之处，旅游行业中的日语用词不会强制游客做某些活动，或者是规范游客的某些行为，更多的是一种人与人之间的默契，旅游公示语的用词不在于精确，而是凸显一种心领神会。在接下来的交通语语料中也会相应提及这一点。同样是关于礼貌这一点，日语中至今仍旧保留着非常完整、详细的敬语体系，具体可以细分为尊敬语、谦让语及丁宁语三种用语，从这点可以看出日语对礼貌、礼仪的重视，同时我们也可以明白礼貌对旅游日语的重要性。

三、商品语

商品语是旅游日语的重要内容之一。旅游过程中，人们会不时地看到处处出现的商品语。对中国商品语的日译，与其他语种相比，日语显然有得天独厚的优势。为什么这么说呢？众所周知，日本原来并无文字，日文的产生和我国古汉语有密切关系，日本曾经在我国三国时代、南北朝时期及隋唐时代分三次引进了我国的汉字，因为朝代更替，所以每次引入中文时发音都有不同程度的变化，这也导致如今的日语中出现了很多与汉字字形相同，发音却不同的同形异音汉字。这些历史原因导致大多数的汉字都有其对应的日文汉字，这样很多中文品牌或者有名土特产均可以直接借用汉字翻成日文。这一点也会在接下来的商品语语料中着重提到。

第三节　旅游日语的分析

在了解日语的特点及城市旅游中有关日语使用特点的基础上，以下我们将继续对文献、网站上搜集的语料进行进一步解读分析。

一、景点语分析

【例1】中文：青岛海底世界是2003年鲁迅公园附近的大型水族馆。在地下五层的馆内设有总计4000吨左右的水槽，可以观赏到数千种海洋生物的自然生存状态。

日译：青島海底世界は2003年に魯迅公園の近くにオープンしたばかりの大型水族館。地下5層の館内には、総計4000トン相当の水槽が設備され、数千種の海洋生物を自然の状態のまま観察できる。

——摘自《青岛旅游景点日语翻译研究》

解析：日译中的第一句话运用了动词连用形"オープンした"和强调助词"ばかり"的定语从句；第二句话应该断句，分成两句进行翻译比较合适。即：地下5層の館内には、総計4000トン相当の水槽が設備されている。その中にいる数千種の海洋生物を自然の状態のまま観察できる。

【例2】中文：座楼为五间楼屋，前有廊，后有披，较为宽敞，是周家的主要生活宅区。其中位于座楼中间的小堂前是周家平时会客的场所。

日译：座楼は五間からなる高層の建物で、前部に廊下、後部に軒下のある広いもので、周家のおもな生活するところでした。真ん中にある小堂前という部屋は、周家の人々がふだんお客を接待したり、祖先を祀ったりしていた場所でした。

——摘自《绍兴鲁迅故居内景点日语翻译研究》

解析：句中运用了表示并列的接续助词"たり"和动词过去进行时"ていた"所结合的定语从句。日译中的断句依照中文，过于刻板不够灵活。第一句表述比较冗长，可以缩短。即：座楼は五間からなる広い建物で、前部に廊下、後部に軒下、周家が日常生活活動の場でした。

【例3】中文：鲁迅笔下风情园、鲁迅祖居、闺房。

日译：魯迅筆下風情園、魯迅の祖父母の家、女の子の部屋。

——摘自《绍兴鲁迅故居内景点日语翻译研究》

解析：文中运用了表示连带助词"の"连接名词的定语（如：魯迅の祖父母の家）。其中"笔下"一词翻译不准确，"祖居"指祖宗及后辈一向居住之处，并非祖辈住所，应该改为：魯迅が描く風情園、魯迅祖先の住居及び令嬢の部屋。

【例4】中文：园内各殿堂内装饰有难以计数的紫檀木家具，陈列有许多国内外稀世文物。园中文源阁是全国四大皇家藏书楼之一。园中各处藏有《四库全书》《古今图书集成》《四库全书荟要》等珍贵图书文物。

日译：各殿の中に数えられないシダン木製家具が飾られていて、国外内の珍しい文物が陳列されている。中の文源閣は全国四大蔵書楼の一つになっていて、「四庫全書」「古今図書集成」「四庫全書荟要」などの貴重な書物や文物などが所々に隠れている。

——摘自"北京旅游网"

解析：日译文中第一句为被动句（受身文），将原文的存在句"有"变换成被动句，这更加符合日语表达——对主语不明确的句子用被动形式，忽略主语。

【例5】中文：紫禁城南北长961 m，东西宽753 m，四面围有高10 m的城墙，城外有宽52 m的护城河，真可谓有金城汤池之固。

日译：故宮の周りは10メートルになる城壁で囲まれている。城壁は南北961メートル、東西は753メートルになる。また城壁の外には幅52メートル、長さ3800メートルになる河に囲まれている。このことからも故宮の防衛システムはかなり整っており、左右対称に作られた配置で、万全の警備体制を敷いている。

——摘自"北京旅游网"

解析：运用表示并列的接续助词"ており"和"で"将原本三句话合并为一句，化繁为简。

【例6】中文：现在我们来到洪府正大门，它是明代尚书洪钟晚年归隐西溪五常时所建，是洪氏家族世代居住地，"洪园"二字为中国著名书法家沈鹏先生书写。

日译：今私達は洪府の正面入口にいます。こちらは洪氏一族の代々の居住地です。「洪園」の二字は中国の有名な書道家沈鵬氏が書いたものです。明の時代尚書の洪鐘が晩年に西渓の五常に退官した時に建てたものです。

——摘自杭州西溪国家湿地公园导游词

解析：谓语从句做定语，宾语为形式名词"もの"，运用形式名词能使句子变得简洁，不过于繁杂。日译文需要调整译文语序，并适当进行一些补充，以避免给人突兀的感觉。

【例7】中文：颐和园是中国现存规模最大、保存最完整的皇家园林，中国四大名园（另三座为承德避暑山庄、苏州拙政园、苏州留园）之一。

日译：中国では颐和園は規模が大きく、よりよく保存された皇家庭園といえる。颐和園、承德避暑山荘、蘇州拙政園、蘇州留園の四つは「中国四大名園」と呼ばれている。

——摘自"北京旅游网"

解析：译文中形容词"大きく"以及"よりよく"做副词修饰后文的动词。译文过于注重句式，导致前后句缺少衔接感。应该改为：颐和園は「中国四大名園」即ち、承徳避暑山荘、蘇州拙政園、蘇州留園、頤和園の内の一つである。

【例8】中文：颐和园利用昆明湖、万寿山为基址，以杭州西湖风景为蓝本，汲取江南园林的某些设计手法和意境而建成的一座大型天然山水园，也是保存得最完整的一座皇家行宫御苑，被誉为皇家园林博物馆。

日译：頤和園の昆明湖、万寿山は、杭州の西湖をもとにして、江南園林のデザインと境地を取り入れて、建てられた。よりよく保存された皇家の御苑「頤和園」は「皇家園林博物館」とも呼ばれている。

——摘自"北京旅游网"

解析：此译文是简单句式，属于直译，是忠于原文的翻译，很直观。

【例9】中文：云南省省会昆明市面积约21600平方公里，人口约578万。云南省面积394000平方公里，人口4240万。

日译：昆明市は、雲南省の省都で、面積は、およそ2.16万平方キロメートル、東京都の10倍以上あります。人口は、約578万人です。ついでに、雲南省についてお話しますと、面積は日本より少し大きく、39.4万平方キロメートルです。人口は日本の約3分の1、4240万人くらいです。

——摘自《日语导游口译的思考》

解析：日译文中巧妙增加中日城市、景点对比，使读者对原文能有更好的理解和领会。由于中日间语法及语序存在差异，增加了连接词、过渡句，使得译文通顺连贯。

【例10】中文：西安，一个充满神奇和活力的地方，走近它，你会为历史遗存的完美博大而震惊，又会为现代建设的勃勃生机所感叹！西安，古称长安，是当年意大利探险家马可·波罗笔下《马可·波罗游记》中著名的古丝绸之路的起点。罗马哲人奥古斯都说过，"一座城市的历史就是一个民族的历史"。西安，这座永恒的城市，就像一部活的史书，一幕幕，一页页记录着中华民族的沧桑巨变。

日译：西安、ひとつは神秘と活気の所を満ち溢れて、それに近よるあなたは歴史的な遺習のために完璧にひろく振動してため息をつこうとする、また現代な建設の生気あふれるばかりに感じしてため息をつこうとします！西安、古く長安と言って、あの頃イタリアの探検家のマルコ・POLO 書き方の「マルコ・POLO 遊記」の中での有名な古い絹のみちの出発点です。ローマの哲人は IOC のグースですべて「一棟の都市の歴史はひとつの民族の歴史だ」と言ったことがあります。西安、この恒久な都市、一冊の生きている史書みたいで次と、一のページ記録の中華民族の蒼海巨変です。

　　——摘自 "西安旅游网"

　　解析：译文第一句使用了感叹句，唤起游客对景点的兴趣。后面一段翻译不太符合日语语言逻辑，可修改为：西安、古くから長安と称し、あの頃のイタリア探検家のマルコ・ポーロが書いた「東方見聞録」の中でかのシルクロードの起点です。

　　【例 11】中文：四川 "大熊猫的故乡"，85% 的珍稀动物大熊猫均栖息在四川西北的崇山峻岭之中。熊猫是人们最喜爱的珍稀动物之一，更是世界野生动物保护基金会的标志动物。全中国目前有大熊猫自然保护区 18 个，四川占 16 个，成都市建有大熊猫繁殖研究基地；距成都 136 公里的卧龙人熊猫自然保护区是中国三大自然保护区之一，世界野生动物保护基金会在此建有大熊猫研究中心；距成都 300 多公里的宝兴蜂桶寨是世界上最早发现大熊猫的地方。

　　日译：四川は "パンダの故郷" です。85％の珍しい動物のパンダは四川西北の険しい山に生息しています。パンダは人間に一番好まれた動物の一つで、更に世界野生動物保護基金会の代表的な動物です。全中国で既存のパンダ自然保護区は１８個で、四川では１６個で、成都では "パンダ繁殖研究基地" を設立しています。成都まで 136 キロメートルの卧龍パンダ自然保護区は中国の三つ自然保護区の一つです。世界野生動物保護基金会はここで "パンダ研究センター" を設立しています；成都まで約 300 キロメートルの宝興蜂桶寨は世界で一番早くパンダを発見したところです。

　　——摘自 "四川旅游资迅网"

解析：译文中使用了动词被动做定语修饰名词动物。整段译文表述累赘，不够简洁，意思虽正确，但没能表达出原文的弦外之音——四川省是大熊猫自然保护区最多的省份，保护区数量几乎占据了全国总数的 90%。断句不明确，导致译文生涩不流畅。应该改为：全国既存のパンダ自然保護区 18 箇所のうち、四川省のみでその 16 箇所も占めています。省庁所在地である成都は"パンダ繁殖研究基地"も設立しました。

【例 12】中文：我们现在所在的这条堤称为"寿堤"。西溪国家湿地公园内有三条长堤，分别命名为"福堤、绿堤、寿堤"，与"福禄寿"谐音，具有美好的寓意，而这条"寿堤"是三堤中最长的一条堤，全长 5470 米。根据孔子所说的"吾十有五而志于学；三十而立；四十而不惑；五十而知天命；六十而耳顺；七十而从心所欲"在寿堤上设置了志学、而立、不惑、知天命、耳顺、从心六座寿桥。俗话说得好，"常在寿堤走，健康到永久"，在这里我也祝愿在座的各位健康到永久。

日译：ここは"寿堤"（寿の土手）と称されています。西溪国家の湿地の公園には細長い土手が三本あり、それぞれ"福堤、绿堤、寿堤"（福の土手、緑の土手、寿の土手）と名付けられて、"福禄寿"という三つの漢字との発音が同じであり、とても深い意味が込められています。この"寿堤"（寿の土手）は全長が 5470 メートルで、3 つの土手の中で最も長いです。『論語』の中で、「子曰く、十五歳から勉強する志を立てて、三十歳の時、立身出世する；四十歳で何かにつけて、迷わず、五十歳にして天命を知る；六十歳は何を聞いても動じず、七十歳まで、思い通りに物事を行う」、という有名な話があります。この意味によって、「志学、而立、不惑、知天命、耳順、従心」という六つの寿橋が作られています。"いつも寿堤を歩いたりすると、健康は永久だ"、とよく言われています。ここで私はみなさんの健康が永久であることをお祈りします

——摘自杭州西溪国家湿地公园导游词

解析：引用句，引用俗语并且附上解说，让外国游客感受到中国文化。还可以适当增加对中文"福禄寿"三字内在寓意的解释说明。应该添加内容，即："福禄寿"（福禄寿はもともと福星・禄星・寿星の三星をそれぞれ神格化した、三体一組の神である。中国において明代以降広く民間で信

仰され、春節には福・禄・寿を描いた「三星図」を飾る風習があるとい
う三つの漢字との発音が同じであり、とても深い意味が込められていま
す。）

【例13】中文：圆明园坐落在北京西郊海淀区，与颐和园紧相毗邻。
它始建于康熙四十六年（1709 年），亦称"圆明三园"，是圆明园及其附
园长春园、万春园的统称，是清代行宫式御园，占地350公顷（5200余亩），
其中水面面积约 140 公顷（2100 亩），有园林风景百余处，是清朝帝王在
150 余年间创建和经营的一座大型皇家宫苑。

　　日译：円明園は北京市西郊の海淀区に位置しており頤和園と隣接し
ている。清代の康熙帝の 46 年（1707 年）に造営が始まり、園明園、長
春園と綺春園からなる。総面積は 350 ヘクタールで、その中、水面の面
積は 140 ヘクタールである。庭園によるスポットが百所余りある。建築
面積は 16 万㎡を超えている。それは清時代の皇帝が 150 年あまりをか
けて造園し、つくられた大型の皇家庭園である。

　　——摘自"北京旅游网"

　　解析：动词被动过去式连体形（作られた）和名词（大型）加上助词"の"
都是修饰名词皇家庭园的。

【例14】中文：圆明园继承了中国三千多年的优秀造园传统，既有
宫廷建筑的雍容华贵，又有江南水乡园林的委婉多姿，同时，又吸取了欧
洲的园林建筑形式，把不同风格的园林建筑融为一体，在整体布局上使人
感到和谐完美。

　　日译：円明園は中国の優れた造園伝統（3000 年あまりの歴史がある）
を継承している。宮廷建築の鷹揚した感じもあれば、江南庭園の婉曲し
た感じもある。同時にヨーロパの庭園建築形式も吸収して多種の建築風
格を融合している。総体的に見て調和が非常にとれ完璧とも言えるだろ
う。

　　——摘自"北京旅游网"

　　解析：译文中运用了表示并列的接续助词的存在句（～あれば～もあ
る）。译文中还可以适当增加连接词，使译文更流畅。应该改为：円明園

191

は中国の優れた造園伝統（3000年あまりの歴史がある）を継承している。また、宮廷建築には鷹揚した感じもあれば、江南庭園の婉曲した感じも備わっている。

　　从以上例句可以看出，文化词的日语翻译是否需要在沿用汉字的基础上添加解释性文字，需要依据两点进行判断：一是翻译目的，即是否需要日本游客了解该文化词的文化内涵；二是该文化词承载的文化内涵是否属于通过解释说明后日本人就可以理解的异文化。若文化词并不重要或者通过解说后日本人仍然难以理解，则可以考虑适当删减。翻译汉语文化词需要在沿用汉字的基础上添加解释性文字。此点在之后的交通语对比中也会有体现。

　　清楚原文的表达后，用日文的表达习惯进行表达，或者尽量遵照日式表达方式进行表达。这一点众所周知。翻译首先是译者对源语言的把握，这就要求译者在理解中文原文的基础上，再进行向目标语的翻译。（如例句3当中，译者不知道"祖居"是指世世代代居住的地方，并不只包括祖父母。但其日文译文中却将"鲁迅祖居"译成"鲁迅の祖父母の家"。）其次，由于会留心注意到日语景点语的大多数是日本人或以日语为母语的人群，因此尽量靠近日语的表达方式方法才能让对方尽可能快地了解到内容。如例10中，将《马可·波罗游记》直接译为《マルコ·POLO遊記》，先不提这种半日语片假名半英语的赶潮流式的译法，单说《马可·波罗游记》在日文中，应该用其已有译名《東方見聞録》（虽然在中文中两种名称均可）。

二、交通语分析

（一）陆地

【例1】中文：公交车上客处

日译：バスのりば

——摘自西塘景区

解析：由"英语外来语bus名词＋日语假名名词"所构成的混种语复合名词。

【例2】中文：非机动车辆

日译：軽車両

——摘自西塘景区

解析：汉字专有名词。

【例3】中文：观光车下客处

日译：遊覧バスおりば

——摘自西塘景区

解析：由"汉字名词＋英语外来语 bus 名词＋日语假名名词"所构成的混种语复合名词。

【例4】中文：西塘古镇—嘉善南站（高铁专线）

日译：西塘古鎮—嘉善南駅（高速鉄道専用駅）

——摘自西塘景区

解析：专有名词，前半部分站名进行了直译，后半部分运用了加译，更加具体直观。

【例5】中文：人行道

日译：横断歩道

——摘自西塘景区

解析：汉字专有名词。

【例6】中文：非机动车停车场

日译：駐輪場

——摘自西塘景区

解析：汉字专有名词。

【例7】中文：上客处

日译：のりば

——摘自西塘景区

解析：假名专有名词。

【例8】中文：自行车租赁处

日译：レンタサイクル

——摘自西塘景区

解析：名词，由日本创造的单词，原文为英语的"rent a cycle"。

【例9】中文：小车停车场

日译：小型車駐車場

——摘自西塘景区

解析：汉字专有名词，"汉字名词＋汉字名词"的复合名词。

【例10】中文：大巴车停车场

日译：リムジンバス駐車場

——摘自西塘景区

解析：专有名词，由"日语造语名词＋汉字名词"组成的复合名词。

（二）水上

【例11】中文：西线入口游船码头

日译：西コース入口の遊覧船のりば

——摘自西塘景区

解析：具有名词修饰语（定语）的名词短语。

【例12】中文：水上游览安全须知

日译：乗船注意事項

——摘自西塘景区

解析：专有名词，"汉字名词＋汉字名词"的复合名词。

【例13】中文：送子来凤桥游船码头购票须知

日译：送子来鳳橋の遊覧船チケット購入の注意事項

——摘自西塘景区

解析：具有两重名词修饰语（定语）的名词短语。

【例14】中文：包船等候区

日译：チャーター船（団体客）待合エリア

——摘自西塘景区

解析："专有名词（"英语外来语 charter ＋汉字船"的混种语）＋专有名词（"和语待合＋英语外来语 area"）"的复合名词。

【例15】中文：客位

日译：旅客定員

——摘自"中日国际轮渡有限公司官网"

解析：汉字名词＋汉字名词的复合名词。

【例16】中文：轮总吨

日译：国際総トン数

——摘自"中日国际轮渡有限公司官网"

解析：专有名词，由汉字和英语外来语"ton"组成。

【例17】中文：客舱

日译：キャビン

——摘自"中日国际轮渡有限公司官网"

解析：英语外来语"cabin"。

【例18】中文：国际渡轮

日译：国際フェリー

——摘自"中日国际轮渡有限公司官网"

解析："汉字名词＋英语外来语 ferry"的复合名词。

【例19】中文：客票

日译：乗船券

——摘自"中日国际轮渡有限公司官网"

解析：专有名词，"汉字＋汉字接尾词券"的复合名词。

【例20】中文：托运行李

日译：受託荷物

——摘自"春秋航空官网"

解析：专有名词，"汉字动词＋汉字名词"的复合名词。

三、商品语分析

（一）特色美食

【例1】中文：肉夹馍

日译：ロオジャーモー

——摘自"中国旅行网"

解析：音译。

【例2】中文：灌汤包

日译：灌湯包（ガンタンパオ）

——摘自"中国旅行网"

解析：音译。

【例3】中文：凉皮

日译：涼皮（リャンピー）

——摘自"中国旅行网"

解析：字形为日文中的繁体汉字，发音则为音译。

【例4】中文：柿饼

日译：干し柿

——摘自"ふれあい中国网"

解析：日文中的专有名词。

【例5】中文：炸酱面

日译：炸醬麺（ジャージャンめん・ジャージャーめん）

——摘自"人民中国网"

解析：字形为日文中的繁体汉字，发音则为音译。

【例6】中文：涮羊肉

日译：羊のしゃぶしゃぶ

——摘自"人民中国网"

解析：意译，直接引用日本的料理方式进行辅助表达。

【例7】中文：生煎

日译：シェンチェン（中華風焼き小籠包）

——摘自"上海旅游网"

解析：前者为音译，后者为日文解释（加译）。

【例8】中文：油面筋

日译：揚げ麩

——摘自"上海旅游网"

解析：对应日文中已有的专有名词。

（二）工艺品

【例9】中文：唐三彩

日译：唐三彩（トウサンサイ）

——摘自"西安中信国际旅行社官网"

解析：专有名词。

【例10】中文：剪纸画

日译：切り絵

——摘自"西安中信国际旅行社官网"

解析：日文中的专有名词。

【例11】中文：皮影

日译：皮影（ピーイン）

——摘自"西安中信国际旅行社官网"

解析：字形为日文中的繁体汉字，发音则为音译。

【例12】中文：户县农民画

日译：戸県農民画

——摘自"西安中信国际旅行社官网"

解析：直译，字形为日文中的繁体汉字。

【例13】中文：桂林木雕

日译：桂林の木彫

——摘自"ふれあい中国网"

解析：直译，具有修饰语的名词短语。

【例14】中文：荣宝斋

日译：栄宝斎（エイホウサイ）

——摘自"人民中国网"

解析：直译，专有名词。

（三）品牌

【例15】中文：我用心做梅，你安心吃梅

日译：まごころの梅、安心できる梅

——摘自实物包装

解析：译文前后两句都为名词句，可以高度还原中文原文。

【例16】中文：欢乐谷

日译：歓楽谷（ハッピーバレー）

——摘自"北京旅游网"

解析：专有名词，直译，后者为英语外来语。

【例17】中文：海尔集团

日译：ハイアールグループ

——摘自"海尔集团日本官网"

解析：专有名词，直译，参照了海尔公司英文名。

（四）其他

【例18】中文：不绕远路，怎会邂逅未知的风景

日译：遠回りしなければ、見えないものばかり

——摘自"丰田汽车官网"

解析：前半句用"ば"这个表示目的的接续助词，后半句用"ばかり"这个强调的助词，烘托出一种不断追求的意境。

【例19】中文：真心想要有所改变的人，早已在行动

日译：本当に何かを変える人は、口より先に動いている

——摘自"日产汽车官网"

解析：陈述句，将一个道理融入广告，通过简单的叙述侧面呼吁消费者购买。

【例20】中文：我们只想创造传奇，我们不想成为传说

日译：伝説をつくるのは好きだ。伝説になるのはイヤだ。

——摘自"大众汽车官网"

解析：排比（对句法），并且通过简单的前后两个形容词句，简单又直接地表达了厂商对产品的态度，侧面对消费者做出品质的保证，一举两得。

关于商标与广告语这一部分，笔者在收集资料及思考中日差异的同时，有了以下这些总结，但更多的是一段有趣的体验，毕竟商标和广告是通过文字进行诉求的一种夺人眼球的力量，不少旅游方面的广告语不仅传达出了商品内容，更给人一种语言上的惊喜。

日语对中国商标的翻译，大致遵照中文原文，只是将拼音改为日语发音。这一点并不难理解，因为日文中有一大部分是由汉字所组成的，所以大多数的汉字都有对应的日语发音，当翻译这些中国本土的品牌时，更多的是照搬汉字即可。

当日语中并没有相对应的汉字时，日语将改为片假名，标出近似中文拼音的发音。比如，中文说的八宝饭，日语的翻译就是片假名的パーポーファン，用与中文极其相近的发音，使日本人看了能说出来，但更重要的是在其后注明这是一种什么样的食物。

中文广告语追求用词及押韵，而翻译为日语后更多是信和达。这是因为日语的广告语讲究实用主义，需要简短及有力。

第四节　结　语

目前，国内有一些对日语旅游用语的研究，主要集中在两个方面：一是导游语言，二是旅游应用文。与实例结合的分析多是关于英语与汉语的，有关日语的研究资料较少，基本没有涉及城市学视角的日语公示语研究成果。现有资料多是关于旅游交际中的语言使用问题，内容大致可以分为如下几个方面：

一是导游语。王连义（2003）在《导游技巧与艺术》一书中详细介绍了导游语言的概念、特点、艺术形式、作用、原则等。魏星（2002）在《导游语言艺术》一书中总结了导游的语言技巧、讲解技巧及导游词的写作方法等，探讨并揭示了导游语言这一社会语言变体的各种特点与规律。

二是旅游应用文。何小庭（2003）在《旅游应用文写作》一书中总结了旅游应用文的性质、特点、作用、结构、表达方式、修辞、写作等。在由国家旅游局教育司（2003）编写的《旅游应用写作》一书中，涉及关于旅游广告、旅游指南、导游词的系统介绍。旅游应用文是应用文在旅游行业的具体运用，它既表现出应用文体的特点，又兼具旅游行业的特征，也就是以应用文体的表现形式与写作规律，来表达旅游行业的具体内容与注意事项，为旅游事业服务。

三是其他资料。有些与日语中的敬语、委婉语结合，总结了大量的日语旅游会话实例。包括穆洁华的《日语导游教程》（2007）、铁军的《北京日语导游》（2005）及韩荔华的《实用导游日语技巧》（2002）等。这些文献语言简洁规范、实用性高；语法系统准确、符合日语交际规则；信息量大，涵盖社会文化生活的方方面面。还有一些将旅游日语与敬语结合在一起。关于这方面的论文有姚艳玲的《日语宾格标记"ヲ"的双重共现及其制约因素研究》（2016），赵蓉的《日语构式的构式义、动词义和名词义》（2016），石晨曦的《日语文化与交际的系统性研究——评〈日本语言、文化与交际〉》（2016），马杨阳的《旅游日语中的敬语表达方式》（2014），陈为民的《旅游日语与敬语服务》（2004），张丹宇、李伟的《日本职场敬语的运用与分析》（2012），以及景艳的《浅谈外语导游交际语言中委婉语的使用——以英日委婉语为例》（2012）等。

通过本章的语料分析，我们可以得出以下结论：

一是在寻找旅游日语的过程当中，特别是一些表示语，常常会出现错字或是漏字等初级问题，这些问题并非不可避免，只要翻译工作者及铭牌制作的人员仔细交流或者更加认真一些，就可以减少这类情况的发生。有时候某个日语假名打错或者缺失，一方面会造成日本游客无法理解，从而导致一些意外的发生；另一方面，这些低级的错误会给日本游客留下不好的印象。

二是翻译工作者毕竟多数为中国人，所以母语干涉不可避免。有一些翻译上的中式日语虽然可以理解，但是尽可能多查书确认，特别是由于现代网络很发达，一些日语方面的资源还是很容易入手的，不妨多看看书、查查资料，一来改善自身口语水平，更重要的是让日本游客感受到我们中国的软实力，以及看到我们认真负责的态度。

三是对旅游日文翻译的轻视。日语的确不如英语使用广泛，但如今日语也已不是小语种，中日之间的地理及经济上密不可分的关系，使我们必须认清日语的重要性。但是，如今不光旅游景点中的日语翻译，一些比较官方的旅游网站上也缺乏日语的相应内容，更有甚者用机器翻译日语来凑数。这些都让我们这些日语学习者备感心寒。

四是从城市学角度来讲，对日语旅游用语的翻译远远没有普及我国的每一个旅游景点。这主要是由于在城市体系中对旅游景点的重视还未达到很高的程度。根据笔者对旅游景点的日语旅游用语语料的收集情况可以推断，我国大多数3A级以上旅游景点虽然设置了英语公示语，但却很少设置日语公示语，3A级以下景点更是少之又少。虽然这与我国旅游业发展还不够成熟的现状息息相关，但我们可以从城市学角度找出相应的解决方法，比如在一些与日本来往较频繁的城市，或者以日本游客参观密集的景点为重点，由当地政府带头，组织当地文化机关及当地高等教育机构进行统一协调的管理、协作。这样既可以提高城市国际化形象，又可以促进当地旅游业的发展，实为一举两得之策。

第十章 城市旅游西班牙语
使用调查与分析

西班牙语简称西语，属于印欧语系中罗曼语族下的西罗曼语支，是世界第二大语言。七大洲中约有 4.06 亿人将其作为母语使用，仅次于汉语。总计使用者近 4.75 亿人，总使用人数排名为世界第五。使用地区主要为拉丁美洲除巴西、伯利兹、法属圭亚那、海地等以外的国家，以及西班牙本土。在美国南部的几个州、菲律宾及非洲的部分地区（包括赤道几内亚、西撒哈拉及西班牙的非洲领土部分休达和梅利利亚等地），也有相当数量的使用者。西班牙语是非盟、欧盟和联合国官方语言之一。现今使用西班牙语作为官方语言及母语的国家有：西班牙、阿根廷、玻利维亚、智利、哥伦比亚、哥斯达黎加、古巴、多米尼加共和国、厄瓜多尔、萨尔瓦多、赤道几内亚、危地马拉、洪都拉斯、墨西哥、尼加拉瓜、巴拿马、巴拉圭、秘鲁、乌拉圭和委内瑞拉。西班牙语也在美国、伯利兹、直布罗陀、菲律宾、特立尼达和多巴哥及西撒哈拉被使用。

在西班牙和西属美洲拥有很多不同的西班牙语方言。在西班牙北部的卡斯蒂利亚（Castellano）方言发音通常被认为是西班牙语的标准发音。现今，世界已经变为地球村，西班牙语在中国的发展迎来了前所未有的新机遇。除官方语言外，旅游用语也得到了大力发展。遗憾的是，目前，国内城市旅游语言中几乎很少涉及西语，本研究选择西班牙语作为城市旅游语言调查对象，填补了该空缺。

第一节 西班牙语的一般特点

语言是文化的载体，也是人与人之间的交际工具，无论何种语言，在遣词造句上都脱离不开其历史、社会和文化背景。在西班牙语语言使用中，文化习俗贯穿于日常生活和交际活动中，西语在打招呼、称谓、道谢、恭维、告别、打电话等方面表现出不同民族的文化规约和习俗。

西班牙语是一种屈折语。屈折语（inflectional language）为综合语（synthetic language）的一种。大多数的印欧语系语言在一定程度上算是屈折语，然而屈折语并不全是印欧语系的语言，其他语系的语言亦有可能为屈折语，古英语亦为一种屈折。现代英语尽管保有部分屈折语的词形变化，但现代英语的语法基本上朝分析语的方向发展。

屈折语词缀的特性可用拉丁语 amo（我爱）一字举例说明。该字属于第一组动词，不定式为 amāre（被动态则是 amāri），词干为 ama-，加 -o 后缀缩略为 amo，表示直陈语气、主动语态、第一身、单数和现在式。不管更改哪种特征，都必须把 -o 替换成其他的后缀。在同一个句子中，时态、语态、人称、数词限定等因素与词形彼此制约。古英语亦为一种屈折语，如动词第三人称现在时单数形式结尾加 -s 的规则，但现代英语的词形变化已大量减少。有学者认为，法语和保加利亚的变格规则已大大简化，故法语及保加利亚语的语法基本上朝分析语的方向发展。

一、语音特点

西班牙语由 29 个字母组成，较英语多三个辅音 ch、ll、ñ（1994 年皇家科学院宣布 ch 和 ll 不单独作为字母使用，变为 27 个字母，但其他美洲国家仍使用 29 个字母的说法）。西语中有 5 个元音，发音规则为拼读规则，因此不需要音标，也很容易发音。辅音是西语发音中较为复杂的一块内容，除 19 个音素外，其余 5 个或为重叠音素，或没有自己的音素。

二、词汇特点

西班牙语有九类词：名词、冠词、前置词、形容词、动词、副动词、过去分词、连词和语气词。各类词汇在搭配使用时规矩多，相互的制约性很强，词形变化很大。其名词有性的区分（阴阳性，没有中性）与数的变化。大部分阴阳同形的词汇词义不发生变化，有些以冠词区分后，词义发生改变。

西班牙语的动词用法比较复杂，在句中主要做主语、表语和补语。由于谓语动词有人称的变化，因此，主语可省略。根据人称、时态、简单复合形式、副动词、分词形式，动词可达百种形式变化。不规则动词变化需要根据正字法进行变化，《新西汉词典》中初步归纳了 74 种情况。因此，西班牙语中的动词变化处于西班牙语的中心地位。

三、句法特点

西班牙语的句子分为简单句和复合句两大类，每类又分成若干子类。简单句中，根据谓语动词的属性分为名词谓语句和动词谓语句。名词谓语句分为主语副句和表语副句，名词补语副句和形容词补语副句等。动词谓语句根据动词的功能分成及物句和不及物句，单一人称句和无人称句，相互句和自复句等。复合句的分类更为复杂，仅主从复合句就有 20 多种。西班牙语句法，强调保持句子的一致性，如性数一致、主谓一致等，才能使句子表达更为准确。

西班牙语由通俗拉丁语演变而来，其句子语序与其他拉丁语的分支、汉语结构相同，即为主谓宾的结构。例如：Vive nuestra experiencias.（SVO）本句中，由于屈折语可以通过动词的变位来确定主语，因此，主语可省略，并不影响任何句意与理解。对同一个表达内容，根据讲话人的态度、观点、看法，会使用不同的句子表达方式。这是西班牙语表达方式多样性的最主要特点。例如，对"玛丽亚今晚来"这一内容，至少有以下五种表达方式：

【例 1】María vendrá esta noche. 玛丽亚今晚来。（肯定句）

【例 2】¡María vendrá esta noche! 玛丽亚今晚要来！（感叹句）

【例 3】¿Vendrá María esta noche? 玛丽亚今晚来吗？（疑问句）

【例 4】Quizá venga María esta noche. 玛丽亚今晚也许来。（怀疑句）

【例 5】¡Ojalá venga María esta noche! 但愿玛丽亚今晚来！（愿望句）

西班牙语中，简单句语序的排列较为随意，句中各成分位置的改变不影响表达。在汉语中，非常强调主语、谓语、表语或宾语的排列顺序，对句子成分位置的要求较为严格，改变成分的位置就会导致不通顺或感到别扭。有时，打乱句中成分位置，会出现不符合逻辑的情况。例如："如果天气好，我就出门。"变为"我就出门，如果天气好。"汉语句子在表达中较为尊重逻辑顺序。但西班牙语表达中，类似的表达是完全正确的，而且将成分倒置的表达会更加突出讲话人表达的重点。例如，以下6个句子都表达了同一种意思："夏天杭州几乎天天下雨。"这六种排序都是正确的，并且都是日常使用的。

【例1】Durante el verano/ llueve casi todos los días/ en la ciudad de Hangzhou.

【例2】Durante el verano/ en la ciudad de Hangzhou/ llueve casi todos los días.

【例3】Llueve casi todos los días/durante el verano/ en la ciudad de Hangzhou.

【例4】Llueve casi todos los días/ en la ciudad de Hangzhou/ durante el verano.

【例5】En la ciudad de Hangzhou/ durante el verano/ llueve casi todos los días.

【例6】En la ciudad de Hangzhou/ llueve casi todos los días/durante el verano.

西班牙语的句子成分不同，所修饰的对象也不同。由于西语具有"一致性"制约，因此每个成分有一定的独立性，未知的改动并没有改变这些成分在句中所承担的角色，主语、谓语、副句、补语的角色未改变，所以不改变句意。但在句子成分内，各个词汇并不能任意排列组合，也就是说不能破坏句子内部结构的"一致性"。另一种情况是，根据句子的本身情况来确定句中各个成分是否可以随意改变。例如，直接补语副句是不能提前到谓语之前的，否则句子没有意义。西语不仅允许语序的灵活性，在强调某一部分时，还可将强调部分提前。在西班牙语文学作品中，如小说、诗歌等，语序的颠倒更是成为加强作品表现力的常用手法。

四、其他使用特点

（一）委婉语的使用特点

委婉语是所有人类语言中共有的语言现象和社会文化现象，也是语言和文化的重要组成部分。旅游的过程是语言交际的过程。在交际过程中人们为找到一种合适的表达方式会使用委婉语（euphemism）来使双方顺利完成交际，同时又使双方感到愉快。本研究根据现有的资料对西班牙语委婉语在旅游中的使用情况进行简单分析。

西语中，委婉语的表达分类几乎与汉语一样多，在旅游中使用较多的是礼貌用语（询问年龄、表述外貌与生理缺陷等）与幽默的表达（景区景点中的小幽默，如游乐场的小丑会说"别怕，我比你还丑"）。现代旅游的发展越来越快速，旅游过程中的体验也是游客评判景区景点的重要因素。委婉语的表达方式不仅使旅游从业人员处在较为理想的心理状态，同时也会为游客带来不同的小惊喜，使得游客对景区景点印象深刻，触动旅游的欲望，甚至产生重游的想法。英语委婉语专家提出，"委婉语的最早主题与宗教有关"。因此，在同一文化的西班牙语世界，委婉语最早也是出现在宗教中，如死亡、性等方面都会用到委婉语。汉语中，委婉语会作为交际的重要手段用在一定的场合，人们通常尽量避免使用引起双方不快或损坏双方关系的语言，而是采用一种迂回曲折的语言形式来表达思想、交流信息；同时，委婉语是一种社会文化现象，已渗透到人们日常生活的方方面面，反映广泛的社会现象或人民心理，如避讳问题、禁忌问题、礼貌问题等。

（二）恭维语的使用特点

西班牙语国家的文化传统与欧洲其他国家基本上一致。因此，使用恭维语的方式与其基本相同。西语中，恭维语表达个人（第一人称）感受和观点的同样居多。例如：Me gusta tu vestido.（我喜欢你的裙子。）多以第一人称表明自身感受。同时，也会发生与汉语一致的表达方式，例如：¡Oh, Señorita, qué linda es!（哦，女士，您真美！）也可使用包含第三人称"您"（西语中，"您"为第三人称，动词变位方式与第三人称"他/她"一致）的恭维语进行交流。汉语多以被恭维对象（对象多为第二人称）为主体进行展开。例如：您这身衣服真漂亮！同时，中西文化差异导致中西恭维语之间也存在差异，尤其是恭维语的应答模式。例如，A: ¡Qué linda es tu vestido! B: ¡Gracias, me gusta tuyo también!（A: 你的裙子真漂亮！B: 谢谢，我也喜欢你的裙子！）西方人习惯于在接受别人赞美或恭维的同时也赞美或恭维别人。但汉语中，中国人习惯谦恭，对于他人的恭维，会表现得受之有愧，甚至通过贬低自己成绩、能力等来回应对方。例如，A: 您儿子考试得了第三名，真了不起啊！B: 哪里哪里，还差得远呢！被恭维者虽然心中高兴，但往往会采取此种方式来显示自己的谦恭。

旅游过程是语言交际的过程，因此也存在使用恭维语的现象。旅游恭维语的使用者一般包括旅游者、旅游从业者及相关商家。其中，旅游者与旅游从业人员（如导游等）使用较多的恭维语。在旅游过程中，导游也会说一些恭维语来满足游客的心理或通过恭维话语来与游客拉近关系，使游客在游览过程中身心愉悦。因此，在导游及旅游从业人员的培训中，此类语言也会被当作培训内容。

第二节　旅游西班牙语的使用

旅游过程中，目的地城市的景点、交通与商品构成了旅游的三大要素，即传统意义上的旅游六要素"吃、住、行、游、购、娱"中的四大板块——行、游、购、娱。在旅游过程中，旅游目的地城市的宣传语、景点景区的公示语、交通标识、商品广告语都是常见的语言现象。本节重点分析景点语、交通语与商品语的使用特点。

一、景点语

目的地城市的旅游宣传语是游客选择旅游目的城市的一大影响因素。目的地城市是否足够吸引游客，宣传语起了至关重要的作用。例如下面两条西班牙的宣传语翻译：

原文：España es lo que quieres, España es lo que necesitas.

译文：您的想象有多美，西班牙就有多美。您想要什么，西班牙就能给您什么。

这种译法不仅从语意上解释了原文想表达的意思，也从美学上给人以想象的空间。同时，与汉语对等的句式更加让信息接收者（游客）感受到了文字的力量，使人产生想要去旅游的冲动。相反，如在此类宣传语方面的翻译不够精准，则会让游客产生疑问。例如：

原文：Vive nuestra experiencias.

译文：来体验我们的经验吧。

如果一位不懂西班牙语的游客看到这句话，一定不理解译文想要传递的信息，这将使其对目的地没有一点想法，更不会产生想要去目的地旅游的冲动。因此，在旅游城市语言的翻译中，一定要考虑对等语国家的语言使用方式，有时甚至需要考虑到对方游客的文化风俗等，才能在旅游翻译用语上做到"精确、精准、经典"。

二、交通语

在旅游过程中，交通占了很大的比例。在西班牙语国家，交通标识语是不可或缺的。西语的标识语与汉语相似，例如：¡Se prohíbe entrar!（禁止入内！）¡Se prohíbe tocar!（禁止触摸！）通过命令来禁止游客做出某些行为。其他非景点的公共交通标识语直接指出其作用，与汉语基本无差异。有时，在景区中，交通语会通过一些幽默的小短句来表达。例如，在某教堂中，通往塔楼时，会有 ¡Vas a ver el paraíso!（你将看到天堂！注：通常在塔楼上你会看到整个城市的风景。）通往墓室时，会有 ¡Bienvenido a nuestra fiesta!（欢迎加入我们的聚会！注：通常墓室中为此城市的缔造者或对整个城市做出杰出贡献的人。）此类短句能使游客明白指示的作用，以及将会看到的景象。幽默的标识语使游客感觉到景点不再是冷冰冰的，而是鲜活地展示在游客面前，与游客进行互动。

三、商品语

国内几乎没有商场对其商品做西语翻译。鉴于此，本部分只针对中国游客出境游，进入西班牙语国家旅游购物时，商品的中文翻译问题做分析。

在旅游过程中，购物是不可缺少的一部分，对出境游的游客来说，有时甚至是主要目的。近年来，中国经济不断增长，出境游人数不断增加，在 2014 年，中国出境游游客数量已经达到世界第一。中国旅行社也通过推出购物游的方式来吸引游客。国外的商品无疑是吸引游客的一大法宝，翻译也成了商家们推广自己商品的一大利器。西班牙商品早在 20 年前就进入了中国，在一代中国人心中有着不可动摇的地位。例如：高乐高在 1990 年进入中国，已成为"80 后"美好的童年回忆。其广告语为：Como quieras-Cola cao（如你所愿——高乐高）。高乐高的西班牙语广告简洁明了，让消费者一目了然。因其产品主要针对青少年，因此，在中国的广告语为"提供孩子成长所需"。该广告语虽然没有按照原文进行直译，但是对其产品的定位和功能功效没有任何改动，同时也迎合父母亲对孩子在成长阶段所需营养的补充的想法。因此，在商品语的翻译中，不仅需要意译，让文字更优美，更加符合目标语国家的习惯，还需要对商品的说明、品质、用途做直接说明。

第三节　旅游西班牙语的分析

中西方翻译教程中提到的翻译方法主要有：词义选择、引申和褒贬、词类转译法、增词法、重复法、省略法、正反、反正表达法、分句、合句法、加注、增译、具体化、概略化、释义、归化、回译、习语、拟声词、外来词语等译法。翻译过程中具体的操作方法、技巧、手段等都归类为翻译方法。直译法、意译法、语义翻译法与交际翻译法、异化翻译法、归化翻译法等为翻译策略。

一、景点语分析

（一）北京

【例1】中文：北京，世界著名旅游城市，在交通、住宿、餐饮、购物和娱乐方面拥有一流的设施。

西译：Beijing, conocida urbe turística en el mundo, dispone de instalaciones completas en materia de transporte, alojamiento, gastronomía, actividades comerciales y de diversión, que son de primera categoría.

——摘自国家旅游局对外宣传册（北京）

解析：本句为复合句，翻译方法为直译，将句中所有的信息都翻译出来，最大限度地呈现原文表达的意思。

【例2】中文：现在，北京已经成为一个古老而现代的城市，她吸引了来自世界各地的朋友。

西译：Beijing, al ser, a la vez, una ciudad antigua y moderna, atrae a los amigos de todas partes del mundo.

——摘自国家旅游局对外宣传册（北京）

解析：本句为简单句，全句只有一个动词。在翻译策略上运用直译法，将其中的短语按照中文表达形式做适当调整。

【例3】中文：在北京游览，紫禁城和皇家园林是必不可少的两个地方。文物古迹和伟大的文化更显北京古都魅力，公园与现代建筑的修建更加凸显其价值。

西译：La Ciudad Prohibida y los jardines imperiales son lugares imprescindibles para visitar en Beijing. Las reliquias históricas y la gran cultura reflejan el encanto de esta antigua capital. La construcción de parques y modernos edificios le da aún más valor.

——摘自国家旅游局对外宣传册（北京）

解析：多种翻译方法，包括直译法、意译与语译翻译法并用。阐述了北京是必游之地，以及北京的魅力所在。

【例4】中文：紫禁城代表着中国宫廷建筑的独特风格。它是一座宫廷建筑群，同时，也是世界文化遗产之一。

西译：La Ciudad Prohibida representa el peculiar estilo de la arquitectura imperial de China. Es mayor grupo de palacios imperiales del mundo y un de los patrimonios culturales del mundo.

——摘自"旅游导览博客"

解析：本句为直译法，将句中字面意思完整地表达出来，表达出紫禁城的独特之处及其在中国建筑中的地位。

【例5】中文：八达岭长城是中国长城最出名的部分，已经被列入世界文化遗产名录。

西译：La Gran Muralla de Badaling es el sector más popular de la Gran Muralla China y ha sido incluido en la Lista de Patrimonio Cultural de la Humanidad.

——摘自"西语北京网"（http://www.beijingenespanol.com/）

解析：直译法，直接说明中国长城最著名的部分，并且长城已经被列入世界文化遗产名录。

（二）杭州

【例6】中文：无数游客称杭州为"人间天堂"。

西译：Incontables visitantes han descrito este lugar como "un paraíso sobre la Tierra".

——摘自"游中国官网"

解析：本句为西班牙旅行社对杭州旅游推广时所做的宣传，直接明了地说出了大多数游客对杭州的评价。本句属于简单句，突出人们对杭州的印象。

【例7】中文：意大利旅行家马可·波罗曾经称杭州为"世界上最美丽与最庄严的城市"。

西译：El viajero italiano Marco Polo dijo una vez de ella que era "la ciudad más hermosa y majestuosa del mundo".

——摘自"游中国官网"

解析：本句为复合句，借用马可·波罗对杭州的评价，提高对外宣传效果。

【例8】中文：中国人有一句谚语，"上有天堂，下有苏杭"。

西译：Los chinos tienen un refránque dice "En el cieloestá el paraíso, en la tierra, Suzhou y Hangzhou".

——摘自"游中国官网"

解析：复合句式，引用中国的古谚语来说明中国人对杭州的重视程度。当外国游客来游玩时，自然要来杭州看美景。

【例9】中文：梅家坞村所产的茶是所有西湖龙井中品质最好的。

西译：El té que se produce en el Pueblo Meijiawu es mejor entre todas las variedades de té del dragón del Lago del Oeste.

——摘自"游中国官网"

解析：此句为复合句、陈述句。使用了比较级，对龙井茶的品质做出了评定，认定梅家坞的茶是所有茶叶中最好的。

（三）西安

【例10】中文：西安是中华文明的发祥地之一，曾是包括秦、汉和唐在内的13朝古都。1000年以前，西安就已经是丝绸之路的东部起点。现在，她是世界四大古都之一，并且成为中国著名的旅游胜地。

西译：Xi'an es una de las cunas de la civilización china, capital de 13 dinastías inclusive Qin, Han y Tang, punto de partida en el este de la Ruta de la Seda que existiera 1.000 años atrás, una de las cuatro más grandes capitales antiguas en el mundo y hoy un afamado destino turístico de China.

——摘自国家旅游局对外宣传册（西安）

解析：根据汉语的习惯，将一整句话断成几个短句，并将意思完整地翻译出来。因为是描述性语言，所以仍然属于直译法。直接讲述了西安是一座怎样的城市，以及她的前世今生。

【例11】中文：谁想了解中国历史和文化，就一定要去古城西安（古时称为长安）。

西译：Quienquiera que desee conocer la historia y cultura de China, debe ir a la antigua ciudad de Xi'an（llamada Chang'an en la antigüedad）.

——摘自国家旅游局对外宣传册（西安）

解析：本句为直译法，中西文完全对应，采用常见的直译法叙述古城西安的历史文化地位，为游客选择目的地提供了准确的信息。

【例12】中文：秦始皇博物馆被誉为世界第八大奇迹。世界八大奇迹指埃及金字塔、亚历山大港灯塔、罗得岛太阳神巨像、奥林匹亚宙斯神像、阿尔忒弥斯神庙、摩索拉斯陵寝、古巴比伦空中花园和秦始皇兵马俑。

西译：El museo de Emperador QinShihuang se conoce comola octava maravilla del mundo, por las que nos referimos a las Pirámides de Egipto, el Faro de Alejandría, el Coloso de Rodas, la Estatua de Zeus en Olimpio, el Templo de Artemisa en Éfeso, el Mausoleo de Halicarnaso, los Jardines Colgantes de

Babilonia, y los Guerreros y Caballos de Terracota del Emperador QinShihuang.

——摘自国家旅游局对外宣传册（西安）

解析：直译法，每句均对应原文意思，无任何改动。按照中国习惯，将世界八大奇迹翻译出来。

【例13】中文：钟楼初建于1384年，后于1582年整体平移至现在位置。在钟楼上有一座巨大的景云钟，用于报时。

西译：La Torre de la Campana original se construyó en la 1384 y se reubicó en el lugar actual en 1582. Una gigantesca campada llamada Jingyun en ella daba alarma y hora.

——摘自国家旅游局对外宣传册（西安）

解析：本句为景点简介。运用直译法，按照原文的意思，将景点信息翻译出来，并按照汉语习惯对文字顺序做了调整。

【例14】中文：陕西历史博物馆则是展示陕西历史文化和中国古代文明的艺术殿堂，同样也是一处旅游胜地。

西译：Museo de Historia de Shaanxi es un Centro de arte que presenta la historia y cultura de Shaanxi, también muestra la civilización de antigua China. Además es una zona de paisaje turística estatal.

——摘自国家旅游局对外宣传册（西安）

解析：本句采用语义翻译法与交际翻译法。根据句意翻译之后，又根据原本表达的意思，进行符合汉语逻辑的二次加工。介绍了陕西历史博物馆的基本情况，并对馆藏品做了基本介绍。

（四）桂林

【例15】中文：桂林由于"山青、水秀、洞奇、石美"，享有"桂林山水甲天下"之誉，已成为世界范围内广为人知的旅游目的地。

西译：Gracias a sus escenarios singulares de "colinas verdes, aguas limpias, cuevas misteriosas y rocas magnificas", Guillin goza de la reputación de ser uno de "los paisajes más bellos de la Tierra" y se ha convertido en un destino turístico ampliamente conocido en el mundo.

——摘自国家旅游局对外宣传册（桂林）

解析：该句采用了意译法、语义翻译法、交际翻译法和归化翻译法作为基础翻译方法。同时由于汉语习惯简洁，喜欢使用短句的形式，将西语中的长句简化为短语、短句，而不是根据直译法逐字逐句翻译，提高了翻译质量。

【例 16】中文：象山公园，是桂林市代表景区，位于漓江和塔瓦河的交汇处。在 1000 年前，因她的水溶洞而被人作为旅游景点所熟知。

西译：La Colina del Elefante, un paisaje emblemático de Guilin, se encuentra en la confluencia del río Lijiang y el río Tahoua, en el centro de la ciudad. Es bien conocida por cueva del Agua y goza de renombre como lugar pintoresco desde hace más de 1.000 años.

——摘自国家旅游局对外宣传册（桂林）

解析：采用直译法、意译法、归化法等多种翻译策略相结合的方法。对桂林市内的象山公园做了简介，并说明其作为旅游目的地的原因。

【例 17】中文：漓江美景像一幅画卷一样绵延数百里，两岸的青山，蜿蜒的流水，及其深潭、险滩、流泉、飞瀑、奇洞和美石，令人有"舟行碧波上，人在画中游"之感。

西译：Lijiang es conocido como el rollo pictórico de cien li, formado por picos verdes a ambas orillas del río, aguas transparentes que fluyen dando rodeos, cañones y precipicios, fuentes y cascadas, oasis y rápidos, cuevas extrañas y rocas atractivas, una escena de mil encantos.

——摘自国家旅游局对外宣传册（桂林）

解析：采用意译法、语义翻译法、交际翻译法和归化翻译法，将西语中长句改为符合汉语习惯的短语、短句，整个句子诗情画意，充满美景。

【例 18】中文：阳朔西街被誉为"地球村"。在这里，中西方文化的良性结合，让西街变成了阳朔在国内外的旅游名片。

西译：La Calle Oeste de Yangshuo, conocida como "Villa de la Tierra", que combina la cultura china con la occidental, convierte la localidad en una prestigiosa marca turística de renombre nacional e internacional.

——摘自国家旅游局对外宣传册（桂林）

解析：采用直译法与意译法对阳朔西街进行简单的介绍，说明她成为"地球村"的原因。

【例19】中文：荔浦县的北面与阳朔相连，青山与奇洞是荔浦极为罕见的两大美景。

西译：Lipu colinda por el norte con el distrito de Yangshuo, donde las colinas son verdes y las cuevas tienen una forma extraordinaria.

——摘自国家旅游局对外宣传册（桂林）

解析：采用直译法、语义翻译法与交际翻译法。对荔浦的地理位置及美景做了直接的描述。

（五）西班牙

【例20】西语：Salamanca: Maneras diferentes de ver la ciudad.

中译：萨拉曼卡：换种方式去欣赏城市。

——摘自"西班牙国家旅游局官网"

解析：此句应为解释说明性简单句，通过简单的语句来说明萨拉曼卡城市的旅游定位，不一样的城市，应当换种方式去欣赏。给人以独特的感觉，简单、明了是最好的宣传语。

【例21】西语：Primera fila en los miradores más impresionantes.

中译：在最棒的风景瞭望台最前排看风景。

——摘自"西班牙国家旅游局官网"

解析：不一样的城市，应有不一样的介绍，一句简洁的话说明了推介城市的地理位置处于风景秀丽之处，有着西班牙最好的瞭望台。

【例22】西语：Costa Brava, un Mediterráneo de postal.

中译：布拉瓦海岸，美如画的地中海岸。

——摘自"西班牙国家旅游局官网"

解析：本句无动词，全部由名词构成，属于名词偏正结构。中心名词为地中海（Mediterráneo），明信片（postal）作为修饰地中海的名词而存在。

本句中，首先点名地点（布拉瓦海岸），说明位置（地中海岸），一个简单的词 postal（明信片），说明海岸的美景可以用来做成明信片，并且是地中海的明信片，直接点出推广宣传要点。

【例23】西语：Tras las huellas de Miró en España.

中译：追寻胡安·米罗在西班牙的足迹。

——摘自"西班牙国家旅游局官网"

解析：本句属于简单句，直接用著名画家、雕塑家、陶艺家的名字吸引游客，使游客的注意力集中在这位著名的画家身上，追随米罗的足迹游玩西班牙。同时，让人联想到这位艺术家的作品都是典型西班牙风格，使游客对西班牙向往不已。

根据上述翻译方法与策略，本节选取的例句可分为：直译法，如【例1】，【例2】，【例4】，【例5】，【例10】，【例11】，【例12】；意译法，如【例20】，【例22】。语义翻译法与交际翻译法：如【例14】；归化翻译法，如【例20】，【例21】。大部分描述性语言，在翻译成汉语时采用直译法，但有时为了更加准确，更符合目标语言的习惯等而采用了意译法、语义翻译法、归化翻译法等方法。

二、交通语分析

我们分别从水上、陆地、航空三个方面来解析西语交通语的具体使用特点。

（一）水上

【例1】中文：寝舱／甲板／救生衣

西译：camarote/ cubierta/ chalecos salvavidas.

解析：名词，说明邮轮上的设施。

【例2】中文：海上风浪很大。

西语：El mar está embravecido.

解析：短句，有风浪时船长提醒乘客的短句。

【例3】中文：我觉得头晕。

西译：Me siendo mareado.

解析：短句，游轮上常用句。

（二）陆地

【例4】中文：二等座 / 一等座 / 商务座

西译：turista clase/ primera clase / business clase

解析：名词短语，说明火车座位等级。

【例5】中文：月台 1234。

西译：plataforma/vía（1、2、3、4…）.

解析：名词，说明火车进站的地点。

【例6】中文：公交总站

西译：terminal de autobuses

解析：名词，说明此地作用。

【例7】中文：单程

西译：ida solo

解析：分词短语，购票时用。

【例8】中文：往返

西译：ida y vuelta

解析：分词短语，购票时用。

【例9】中文：一天通票 / 周票 / 月票

西译：bono para todo el día/ bono semanal/ bono mensual

解析：短语，公共汽车 / 交通工具票的种类。

【例10】中文：禁止通过

西译：prohibido el paso

解析：分词短语，强调禁止的行为。

【例11】中文：紧急通道

西译：salida de socorro/salida de emergencia/ ruta de evacuación（撤离）

解析：名词短语，起说明作用。

【例12】中文：爱心专座

西译：asientos reservado

解析：名词偏正短语，起说明作用。

【例13】中文：售票处

西译：ticket/entrada

解析：名词，说明此地作用。

【例14】中文：电梯

西译：ascensor

解析：名词，起说明作用。

【例15】中文：加油站 / 服务站

西译：estación de servicio

解析：名词，说明此地作用。

（三）航空

【例16】中文：起飞，到达

西译：salida, llegada

解析：简明扼要地指出地点或用途。

【例17】中文：行李提取处

西译：recepción de equipajes

解析：名词短语，说明用途。

【例18】中文：安全检查

西译：control de seguridad

解析：名词短语，说明作用。

【例19】中文：旅游信息服务台

西译：información turística

解析：名词偏正短语，说明地点。

【例20】中文：延误

西译：retrasado

解析：分词，说明状态。

【例21】中文：取消

西译：cancelado

解析：分词，说明状态。

【例22】中文：现在开始登机

西译：embarcando ahora

解析：分词短语，说明状态、时间。

【例23】中文：最后一次呼叫登机

西译：última llamada

解析：分词短语，说明状态。

【例24】中文：登机门已关闭

西译：puerta de embarque cerrada

解析：分词短句，说明状态。

【例25】中文：飞机已起飞

西译：despegado

解析：分词，说明状态。

【例26】中文：办理国内／国际航班登机手续

西译：Facturación de vuelos nacionales/internacionales.

解析：短语，手续办理指示。

以上均为在日常生活中能见到的交通用语标识，汉语和西语中都存在相对应的具体实物。因此，在翻译上采取直译法，省去了不少困扰，也显得更加简洁。

三、商品语分析

（一）品牌

【例1】西语：Cola Cao：Como quieras–Cola Cao

中译：高乐高：如你所愿——高乐高

解析：使用短语，说明高乐高的产品能帮助你获得一切你需要的能量。

【例2】西语：Canon: Siente la inspiración

中文：佳能：灵感无限

解析：简单句，说明相机的创意，不仅是拍照，更重要的是带给你灵感。

【例3】西语：Sony：Los detalles marcan la diferencia

中译：索尼：细节决定差距

解析：简单句，说明该产品对细节的注重比其他产品更胜一筹。

【例4】西语：Tous: Relago más bonito que ha hecho el padre por tí

中译：桃乐丝：桃乐丝熊，父亲送给你的最美礼物

解析：复合句，用亲情这一概念来体现消费者对品牌的感情。（此品牌1920年开始销售，几乎每个西班牙人都拥有此品牌的商品。）

【例5】西语：Desigual: La vida es chula

中译：德诗高：随性生活

解析：名词，此名词本身就说明了产品的定位，不同凡响。通过广告

语更加说明了产品的特性，随性才是生活的精髓。

【例6】西语：Havaianas: Todo el mundousa

中译：所有人都穿（葡语：Todo mundo usa）

解析：简单句，广告词本为葡萄牙语，说明在巴西此品牌的亲民化，每人都有一双。

【例7】西语：Danone: Alimentas sonrisas

中译：达能：美食滋养微笑

解析：简单句，显示对达能食物的定位，说明分享美食能带来快乐。

【例8】西语：Camper: El mundo a tu pies

中译：看步：世界在你脚下

解析：前置词短语，简洁地说明了鞋子的质量和用途，以及生活应拥有的态度。

【例9】西语：LOEWE：O sea, super guay

中译：罗意威：惊人的美

解析：简单句，说明此品牌产品的视觉效果。

【例10】西语：Mango：Ropa rebelde

中译：芒果，野性之衣

解析：简单句，说明衣服的定位及风格。

（二）工艺品

【例11】中文：老凤祥银饰

西译：Platería Lao Feng Xiang

解析：老凤祥属于品牌，西语词汇中没有对应的单词。因此，采用拼音音译法翻译其品牌，"银饰"则采用西语对应单词来做直译。

【例12】中文：张小泉剪刀

西译：Tijeras Zhang Xiaoquan

解析：张小泉为剪刀品牌，西语词汇中没有对应的品牌单词。因此采用拼音音译法翻译其品牌，"剪刀"则采用西语对应单词来做直译。

【例13】中文：丝绸和瓷器

西译：seda y porcelana

解析：丝绸与瓷器在西语中有对应的单词，因此采用直译法。

【例14】中文：虎头饰品

西译：adorno en forma de cabeza de tigre

解析：直译法，直接译出虎头形状的装饰品。

【例15】中文：大瓢面具

西译：máscaras cucharones

解析：直译法，但由于西语中没有与大瓢（舀水的瓢）相对应的单词，西语国家文化中没有瓢这个物品，故采用"大勺子"的译法来说明面具的形状。

【例16】中文：象牙制品

西译：Escultura de Marfil

解析：直译法，直接翻译为象牙工艺品。

【例17】中文：王星记扇子

西译：Abanico Wangxingji

解析：翻译风格同老凤祥、张小泉。西语词汇中没有对应的品牌单词，本品牌采用拼音音译法翻译"王星记"，扇子则采用西语对应单词来直译。

【例18】中文：关中皮影

西译：Sombras chinescas de Guanzhong

解析：意译法。"关中"为地点名词，根据地点直接译为"Guanzhong"；"皮影"由于西班牙语国家没有此物品，因此意译为"Sombras chinecas"。

【例19】中文：剪纸

西译：papel recortado

解析：直译法，直接翻译为剪过的纸张，简洁明了。

【例20】中文：手工玉器与手工檀木制品

西译：objetos artísticos de jade y sándalo

解析：直译法。根据句意直接翻译为词汇的本意。

（三）特色美食

【例21】中文：北京烤鸭

西译：Pato Laqueado de Beijing

解析：意译法。"laqueado"本意为"上漆的"。将北京烤鸭的精髓做法翻译了出来，上蜜汁就是北京烤鸭的精髓。此译法为意译。

【例22】中文：西瓜霜含片

西译：Xiguashuang（Escarcha de agua de melón）.

解析：品牌翻译仍旧采用拼音直译法。后用解释的方法，说明西瓜霜的成分和用途。

【例23】中文：豆皮卷（春卷）

西译：rollos de leche de soya seca

解析：意译法，直接说明了豆皮卷的原料和形状。

【例24】中文：倒捻子凉茶

西译：té de mangostán

解析：直译法，直接说明茶的成分。

【例25】中文：桂林米粉

西译：fideos de arroz de Guilin

解析：直译法，说明产地及成分。

以上翻译，均为各品牌、工艺品、纪念品的直译，简明地翻译出各个物品及其成分，翻译方法为直译法。

在商品的翻译上，商家尽量采取简单、容易识记、朗朗上口的语言。源语言与目标语语言特点不尽相同，因此需要采取多种翻译策略。例如，本小节的商品语多为意译法、语义翻译法、交际翻译法与归化翻译法，其中【例5】，【例9】，【例10】句体现得更为明显。

第四节 结 语

旅游西班牙语是以旅游文化语言为基础交流方式，以服务旅游业为导向而存在的一种特殊用途西班牙语。目前，旅游西班牙语在国内的使用仍不及英、法、日等语种普遍，在各大景区几乎没有西语翻译。随着越来越多的中国游客到西班牙旅游，西班牙各大商场最先树起了有中文翻译的服务信息牌，景点暂时没有中文翻译。但之后，西班牙国家旅游局官网开始有中文网页，这说明中国在世界旅游全球化快速发展中占有越来越重要的地位。

西班牙和拉丁美洲西语国家与中国在地理位置上都相当遥远，加之从2008年开始的经济危机使得西班牙及拉丁美洲西语国家的经济暂时未能恢复，因此，来华游客在所有入境游客中的占比不到1%，这导致西班牙语在中国景区的使用非常少。

本章概述了西班牙语的语音特点、词汇特点、句法特点，以及西班牙语委婉语和恭维语的使用特点。系统分析了国内外不同城市景点语、交通语、商品语汉语与西班牙语互译策略和方法，对于促进中西旅游文化的传播，深化中西语言语言对比及翻译研究具有重要意义。

余　论

　　本研究主要从城市学视角概述了城市的定义、功能和研究范畴，分析了国内外城市旅游业研究成果及存在的主要问题，梳理了城市学基本理论，以及城市旅游业发展历史和现状。同时以杭州社会资源国际访问点为例，开展了国内外游客对不同业态访问点硬件设施及服务水平的满意度调查，分析了工业旅游、农业旅游、运动休闲、文化教育旅游、特色文化街区的发展现状，结合世界各地典型案例，对各业态的进一步发展提出了具体的对策。同时，以杭州为例，从城市的生态环境、公共卫生、空气质量、公共交通、特色餐饮等方面探讨了城市专业化、国际化发展中可能面临的挑战和问题，并针对性地提出发展意见和建议，旨在探索适合城市自身专业化和国际化发展的最佳途径。此外，在分析个案城市的城市旅游业发展现状的基础上，概述了国内外城市旅游业语言的现状及使用情况，根据国际旅游业总体发展布局，以英语、日语、西班牙语为例，分别概述了三种语言的语言特点、词汇特点、句法特点，从语用功能角度分析了三种语言在景区、交通、商品方面的具体使用情况，总结了景点语、交通语、商品语的使用特点，探讨了旅游语言在城市专业化和国际化发展中的重要作用。

　　本研究主要采用了定量与定性结合的分析方法，由于研究资源和人员等客观条件的限制，社会资源国际访问点能涉及的城市有限，即城市样本代表性不够广泛。如果能收集国内外更多旅游城市社会资源国际访问点的数据，研究成果将更有深度，更具有代表性，应用范围也将更为广泛。旅游语言研究方面，重点探讨了英语、日语、西班牙语在北京、上海、杭州、西安、桂林的景区、交通、商品方面的具体使用情况，研究的语种可以更丰富，地区可以更广泛。可以进一步研究俄语、韩语、德语的旅游语言使用情况，关注"一带一路"沿线国家在中国入境市场中的重要作用，如泰语旅游的语言使用情况也值得研究。语料收集方面，英语、日语、西班牙语的景区、交通、商品用语可收集更多的相关语料，更科学、系统地梳理三种旅游语言的使用规律和特点，有利于促进旅游城市专业化、旅游化的快速发展。

本研究特色如下：

首先，本研究主要包括城市旅游业、旅游语言两个方面的内容。城市旅游业展现的文化常潜藏在语言文字中，是展现一座城市风貌不可或缺的东西。本研究具有跨学科性质，涉及城市学、旅游学和语言学等多个学科。

其次，本研究过程中进行了大量的实地调研和人物访谈，获得了丰富的数据。根据调研和访谈内容，做了较为详细的分析，提出了比较全面、可操作性强的建议。

最后，本研究依托作者所在学校的多语种师资优势，在语言文本的选择方面，根据国际旅游语言使用区域和旅游过程中交流所占人数比例，选择了使用比较广泛的英语、日语和西班牙语作为分析对象，分别从语言特点、词汇特点、句法特点等基本结构，景区、交通、商品等交流的语用功能等方面进行分析。

本研究的创新点如下：

第一，从城市学视角探讨城市旅游业及其旅游语言的使用。

第二，以旅游业态十分丰富的杭州社会资源国际访问点为切入点，可以在一定程度上体现当今旅游业的发展趋势，在国内具有一定的引领作用，这对促进城市旅游专业化、国际化发展及实现从"城市旅游"向"旅游城市"的转变也具有重要意义。

由于研究资源和人员等客观条件的限制，社会资源国际访问点所涉及的城市有限，因而城市样本还不具有广泛性。如果能收集国内外更多旅游城市社会资源国际访问点的数据，研究成果将更有深度，更具有代表性，应用范围也将更为广泛。

本研究在旅游语言的研究方面，重点探讨了英语、日语、西班牙语在北京、上海、杭州、西安、桂林的景区、交通、商品方面的具体使用情况。如有可能，今后在语种的研究上可以更多一些，涉及的区域也可以更广泛一些。还可以响应国家"一带一路"倡议，加强俄语等旅游语言的使用情况研究，关注"一带一路"沿线国家在中国入境市场中的重要作用。

参考文献

安永刚. 休闲城市旅游业可持续发展评价研究——以长沙为例 [D]. 长沙：中南林业科技大学，2010.

巴顿. 城市经济学 [M]. 北京：商务印书馆，1984.

毕胜福. 美国的大学开放日：怎一个创意了得 [J]. 上海教育，2006（23）：42-43.

布斯曼. 语言学词典 [M]. 陈慧瑛，等译. 北京：商务印书馆，2003.

蔡艳玲. 英语语言语调特点及其功能 [J]. 郑州轻工业学院（社会科学版），2004（3）：64-66.

曹芳东，黄震方，吴江，等. 转型期城市旅游业绩效评价及空间格局演化机理——以泛长江三角洲地区为例 [J]. 自然资源学报，2013（28）：148-160.

曹小芹. 旅游行业英语需求调查分析——以南京为例 [J]. 职教通讯，2011（2）：38-40.

曾艳. 国内外社区参与旅游发展模式比较研究 [D]. 厦门：厦门大学，2007.

陈岗. 杭州西湖文化景观的语言符号叙事——基于景区营销、文化传播与旅游体验文本的比较研究 [J]. 杭州师范大学学报（社会科学版），2015（4）：121-127.

陈光庭. 泛谈"城市学" [J]. 规划师，1998（2）：109-110.

陈红梅. 中国中小旅游城市竞争力系统结构与评价研究 [D]. 秦皇岛：燕山大学，2006.

陈洁行. 试论旅游与旅游城市的功能和建设 [J]. 商业经济与管理，1988（2）：64-67.

陈林林. 跨文化视角下会展旅游宣传资料的英译——以中国桂林国际旅游博览会展出的旅游资料为例 [J]. 桂林航天工业学院学报，2015，28（12）：138-156.

陈琴，李俊，张述林. 国内外博物馆旅游研究综述 [J]. 人文地理，2012（6）：24-30.

陈树平. 目的论与景区公示语翻译失误研究——以杭州旅游景点为例 [J]. 吉林广播电视大学学报，2015（3）：3-4.

陈为邦. 中国城市科学二十三年 [J]. 北京城市学院学报，2007（2）：7-12.

陈为民. 旅游日语与敬语服务 [J]. 无锡商业职业技术学院学报，2004，4（4）：102-103.

陈小近. 地方旅游英文宣传语篇中态度评价及人际意义构建的对比分析 [J]. 丽水学院学报，2016，28（3）：71-76.

陈雪钧. 国外乡村旅游创新发展的成功经验与借鉴[J]. 重庆交通大学学报(社科版)，2012（5）：56-59.

程继忠. 波兰的博物馆事业——历史与现状 [J]. 国际论坛，1990（4）：50-53.

程伟. 我国生态城市构建的类型研究 [J]. 天津城市建设学院学报，2007（4）：236-241.

崔凤军. 理顺管理体制整合六大要素打响杭州品牌 [N]. 中国旅游报，2002.

崔璇，卢卫中. 英汉旅游语篇衔接手段对比及其翻译策略研究 [J]. 济宁学院学报，2015，36（6）：77-82.

大野晋. 类语新辞典 [M]. 东京：角川书店，1981.

邓满娇. 杭州市国际旅游产品开发研究 [D]. 长沙：中南林业科技大学，2005.

董大为. 旅游城市的旅游环境承载力研究 [D]. 天津：天津大学，2005.

方百寿，侯跃栓. 论现代生活方式与运动休闲 [J]. 经济研究导刊，2011（05）：80-82.

冯丁妮，孙智. 旅游英语语言功能与大连国际一流旅游城市建设 [J]. 大连海事大学学报（社会科学版），2008，7（1）：112-114.

冯守宇. 我国大中型城市旅游业与会展业联动发展探析 [J]. 现代营销，2014.

高君. 《新实用汉语课本》与《今日汉语》对比分析——秘鲁天主教大学孔子学院汉语教材的使用情况 [D]. 上海：上海外国语大学，2013.

葛丽. 旅游城市发展的瓶颈问题——以西安世园会公示语错译为例 [J]. 中国商贸，2011（11）：48-49.

龚晨枫. 旅游英语中的民俗文化翻译问题研究——以杭州旅游景点为例 [J]. 广西民族师范学院学报，2010（6）：117-120.

顾朝林，陈璐，王栾井. 论城市科学学科体系的建设 [J]. 城市发展研究，2004（6）：40.

顾朝林. 城市化的国际研究 [J]. 城市规划，2003（6）：19-24.

顾朝林. 城市社会学 [M]. 南京：东南大学出版社，2002.

郭聪，顾雅青. 基于跨文化视角的杭州旅游景点翻译策略研究 [J]. 语言文学研究，2013（18）：18-20.

郭慧. 包头市旅游景区英文解说系统翻译现状调查与对策 [J]. 旅游纵览（下半月），2016（5）：90-91.

国家旅游局教育司. 旅游应用写作 [M]. 北京：旅游教育出版社，2003.

郭雅诚. 基于能值分析的城市旅游业可持续发展研究——以厦门市为例 [D]. 厦门：厦门大学，2014.

哈特曼，斯托克. 语言与语言学词典 [M]. 黄长青，等译. 上海：上海辞书出版社，

1984.

韩荔华. 实用导游日语技巧 [M]. 北京：旅游教育出版社，2002.

韩顺法，陶卓民. 城市旅游形象问题及系统修正研究 [J]. 现代城市研究，2005（7）：
　　58-61.

杭州市旅游委员会. 杭州市旅游发展总体规划 2004—2025——国际专家专项研究
　　报，2005.

郝艳丽，苏勤，吕军. 城市旅游用地规划初探——以黄山市屯溪区为例 [J]. 资源
　　开发与市场，2009（3）：279-281.

何小庭. 旅游应用文写作 [M]. 北京：旅游教育出版社，2003.

河北经典旅游景点日语导游词编写组. 河北经典旅游景点日语导游词 [M]. 北京：
　　中国旅游出版社，2009.

洪雁. 汉语委婉语词略论 [D]. 天津：天津师范大学，2007.

黄安民，韩光明. 从旅游城市到休闲城市的思考：渗透、差异和途径 [J]. 经济地理，
　　2012，32（5）：171-176.

胡壮麟.语言学教程 [M].北京：北京大学出版社，2006.

黄磊，郑岩. 国内外资源型城市旅游业发展研究述评 [J]. 资源与产业，2015（17）：
　　14-21.

吉村英一.城市问题事典 [M].鹿岛：鹿岛出版社，1965.

江碧玉. 英汉旅游翻译的功能语篇对比分析——以伦敦和杭州旅游翻译为例 [J].
　　浙江工业大学学报（社会科学版），2013（12）：213-217.

姜爱林. 中国城镇化理论研究回顾与评述 [J]. 城市规划，2002（3）：44-48.

金华，杨竹莘，赵磊. 城市水域问题与休闲旅游利用国际经验 [J]. 地域研究与开发，
　　2011，30（6）：98-101.

金燕，刘娜. 论中日文化差异与旅游日语翻译 [J]. 科技信息，2014（14）：125，127.

景艳. 浅谈外语导游交际语言中委婉语的使用——以英日委婉语为例 [J]. 北方文
　　学（下半月），2012（6）：122.

阚如良，操诗图，胡晶晶. 宜昌建设国际性旅游城市的战略思考 [J]. 商业时代，
　　2006（27）：101-103.

寇鸽. 西安旅游景点文本英译中的误译现象研究 [D]. 西安：西安工业大学，2011.

赖艳. 国内外城市旅游研究综述 [J]. 时代经贸，2014（3）：190.

黎昌抱，吴锋针.英汉"死亡"委婉语对比研究 [J].西安外国语大学学报.2005,13(1)：
　　16-19.

李柏文，田里. 中国小城镇旅游研究综述 [J]. 旅游论坛，2009，2（5）：678-684.

李东，石维富. 旅游商品的开发及销售对城市旅游业发展的影响——以攀枝花市
　　为例 [J]. 城市问题，2013（7）：69-72.

李晗佶. 酒店评论的语言特点及其翻译对策 [J]. 河北旅游职业学院学报，2015(4)：
　　90-93.

李慧. 区域合作背景下温点优秀旅游城市的城市旅游发展研究 [D]. 合肥：安徽大学，2007.

利克里什，詹金斯. 旅游学通论 [M]. 程尽能，译. 北京：中国旅游出版社，2002.

李铭. 秦皇岛市旅游产业的发展对城市空间结构的影响研究 [D]. 长沙：中南大学，2011.

李明德. 试论国际旅游城市的标准 [J]. 旅游学刊，1999（6）：45-49.

李娜. 国际旅游城市指标体系研究 [D]. 杭州：浙江大学，2006.

李强，罗光华. 三十年来中国城市旅游业评述：进展与悖论 [J]. 现代城市研究，2013（8）：116-120.

李庆明，同婷婷. 认知图式理论视角下的旅游资料翻译 [J]. 重庆交通大学学报（社会科学版），2015，15（6）：135-139.

李铁映. 城市与城市学 [J]. 城市问题，1983（2）：3-6.

李伟. 基于循环经济理论的生态旅游城市建设研究 [D]. 厦门：华侨大学，2005.

李伟. 日本职场敬语的运用与分析 [J]. 日语知识，2012（8）：20-21.

李跃军，吴相利. 英国工业旅游景点开发管理案例研究 [J]. 社会科学家，2003（6）：109-115.

李志刚，宾宁. 建设现代化国际旅游城市标准体系初探——以桂林市为例 [J]. 社会科学家，2003（14）：121-123.

连晓燕. 旅游城市的发展动力与路径研究 [D]. 杭州：浙江大学，2007.

廉同辉，陶磊，余菜花，等. 旅游微博研究述评 [J]. 电子政务，2016（6）：105-115.

梁鹤年. 未来的生活与生产环境 [J]. 城市规划，2003（5）78-80.

梁红梅. 绍兴市日语人才现状及需求走向调查 [J]. 绍兴文理学院学报，2008，28（12）81-84.

林菲. 新修辞理论视域下的汉英旅游网站文本的修辞对比与翻译 [J]. 西华大学学报（哲学社会科学版），2015，34(4)：81-86.

刘慧贞，由岚. 浅谈酒店服务中的语言艺术 [J]. 对外经贸，2014（11）：125-128.

刘娟. 生态翻译学视角下的呼和浩特市旅游公示语翻译 [J]. 内蒙古师范大学学报（哲学社会科学版），2014，43（2）：101-103.

刘敏. 国际语言环境建设对于世界城市建设的作用研究——对北京市国际语言环境建设的几点思考 [J]. 现代语文（语言研究版），2014（12）：158-160.

刘萍. 从欧美农业旅游集群看中国的观光农业——以美国、意大利、波兰为例 [J]. 生态经济，2014（4）：138-142.

刘瑞玲，葛欣威. 从文本类型理论视角看旅游文本翻译——以镜泊湖景区为例 [J]. 江苏科技信息，2014（22）：123-124.

刘士林. 城市科学建构与中华民族的城市启蒙 [J]. 学术研究，2012（10）：20-24.

刘秀明，刘思琪. 浅议旅游景点的标识语翻译——以杭州旅游景点标识语翻译为例 [J]. 英语教育，2014（9）：64-65.

刘艳. 我国城市旅游业发展思考 [J]. 乐山师范学院学报，2004（19）：127-128.

陆林，葛敬炳. 旅游城市化研究进展及启示 [J]. 地理研究，2006，25（4）：741-750.

罗丽莉. 浙江省旅游外宣翻译"文化流失"及其对应策略 [J]. 宁波工程学院学报，2015，27（4）：61-65.

罗明义. 论国际旅游城市的建设与发展 [J]. 桂林旅游高等专科学校学报，2004，15（2）：5-8.

吕宁. 基于城市休闲指数的中国休闲城市发展研究 [D]. 北京：中央民族大学，2009.

马克思，恩格斯. 马克思恩格斯全集 [M]. 中央编译局，译. 北京：人民出版社，2012.

马小非. 宋文华影响下的开封陶瓷旅游产品研究与开发 [J]. 佛山陶瓷，2016，26（5）：70-72.

马杨阳. 旅游日语中的敬语表达方式 [J]. 考试周刊，2014（37）：81-82.

毛春红. 创新教育发展制度 促进城市教育发展——中国城市学年会·2015 之城市教育问题论坛综述 [J]. 上海教育科研，2016（8）：33-36.

毛宗清. 浅析旅游城市形象设计 [J]. 贵州商业高等专科学校学报，2005，18（3）：32-34.

芒福德. 城市的形式与功能 [M]. 北京：光明日报出版社，1986.

芒福德. 城市发展史——起源、演变和前景 [M]. 北京：中国建筑工业出版社，1989.

芒福德. 城市文化 [M]. 北京：中国建筑工业出版社，2009.

苗守艳. 语言经济学视域下的古地名词应用研究——以临沂市旅游业为例 [J]. 临沂大学学报，2014，36（6）：75-78.

穆洁华. 日语导游教程 [M]. 旅游教育出版社，2007.

聂献忠. 现代城市旅游业经营 [M]. 北京：社会科学文献出版社，2003.

彭华，钟韵. 关于旅游开发与城市建设一体化初探 [J]. 经济地理，1999，19（1）111-115.

钱学森. 关于建立城市学的设想 [J]. 城市规划，1985（8）：26-28.

浅川秀二. 日汉对照导游云南 [M]. 范广融，译. 昆明：云南大学出版社，2006.

秦俊，林玲. 广西旅游城市外语语言环境建设现状调查分析 [J]. 科教文汇（下旬刊），2016（348）：179-181.

秦石美. 绍兴市旅游公示语汉日翻译的现状调查 [J]. 绍兴文理学院学报（哲学社会科学）2014，34（4）：59-62.

秦学. 我国城市旅游研究的回顾与展望 [J]. 人文地理，2001，16（2）：73-78.

邱鸣，潘寿君，张文. 同声传译与翻译教学研究第 2 辑 [M]. 北京：中国传媒大学出版社，2009.

瞿昶. 基于市场化导向的旅游型特色体育小镇构建探索——以新西兰皇后镇为例 [J]. 南京体育学院学报，2017，31（5）：59-63.

瞿兆赛，曹林奎. 世界旅游农业发展概况及其对中国的借鉴作用 [J]. 中国农学通报，2006，22（5）：468-472.

任致远. 城市问题的辩证思考 [J]. 城市发展研究，2004，11（5）：33-38.

任致远. 关于城市科学学科内容的思索 [J]. 城市发展研究，2005（12）：1-7.

阮茉莉. 中日广告翻译与异文化障碍 [J]. 成都大学学报，2007，21（8）：166-168.

山田浩之. 城市经济学 [M]. 大连：东北财经大学出版，1978.

邵红万. 从标识语翻译看城市旅游语言环境的建设——以扬州市标识语为例 [J]. 扬州职业大学学报，2012，16（4）：46-50.

邵明虎，杭州富阳运动休闲产业与旅游业互动模式研究 [J]. 浙江体育科学，2014（5）：33-37.

沈明霞. 试论旅游景点公示语翻译现状及对策——以杭州余杭区"天都城"为例 [J]. 商业视角，2009（2）：196.

沈银珍，周路. 申遗后杭州旅游业外语类人才素质要求与对策 [J]. 浙江万里学院学报，2011，24（5）：24-27.

石晨曦. 日语文化与交际的系统性研究——评《日本语言、文化与交际》[J]. 当代教育科学，2016（3）：65.

石井正彦. 复合动词资料集 [R]. 国籍研究所报告，1987.

宋佰谦. 关于沿海地区旅游业定位和发展的思考 [J]. 沿海企业与科技，2002（2）：19-20.

宋丹泽. 基于旅游文化视角的旅游主体话语研究 [J]. 内蒙古大学学报(社会科学版)，2014，16（6）：133-136.

宋国琴，郑胜华. 杭州城市旅游休闲与国际接轨的问题及对策研究 [J]. 商业经济与管理，2006（7）：74-79.

宋家增. 发展都市旅游之我见 [J]. 旅游学刊，1996（3）：23-25.

宋家增. 加快发展旅游业 促进城市国际化——90年代天津旅游发展初探 [J]. 旅游学刊，1993（1）：18-21.

宋俊岭，陈占祥. 国外城市科学文选 [M]. 贵阳：贵州人民出版社，1984.

宋俊岭. 城市科学与城市学 [A]// 孙逊，杨剑龙. 都市文化研究（第7辑）——城市科学与城市学 [C]. 上海：上海师范大学都市文化研究中心，2012.

宋丽玲，王建平，等. 旅游日语中敬语的灵活运用 [J]. 甘肃科技，2009（19）：184-186.

宋瑞. 全球休闲范例城市研究 [M]. 北京：社会科学文献出版社，2012.

宋章海. 从旅游者角度对旅游目的地形象的探讨 [J]. 旅游学刊，2000（1）：63-67.

苏晓冬. 城市旅游资源开发规划研究 [D]. 哈尔滨工业大学，2008.

苏永华，王美云. 杭州城市形象的国际传播 [J]. 经济导刊，2011（3）：78-79.

孙慧文，释意论意义忠实概念视阈下的汉英导游口译策略分析——以北京旅游景点导游口译为例 [D]. 呼和浩特：内蒙古大学，2014.

孙义桢. 西班牙语实用语法新编 [M]. 上海：上海外语教育出版社，1987.

唐芳，李德超. 基于语料库的汉译旅游文本"翻译固有型"词汇特征研究 [J]. 解放军外国语学院学报，2016，39（3）：117-124.

陶潇婷. 生态翻译学视角下的旅游口号英译与目的地形象塑造 [J]. 绍兴文理学院学报（哲学社会科学），2014，34（5）：92-95.

铁军. 北京日语导游 [M]. 北京：旅游教育出版社，2005.

王国平. 推动杭州从"旅游城市"向"城市旅游"的历史性跨越 [J]. 杭州通讯（生活品质版），2009（04）：4-5.

王国平. 城市学总论 [M]. 北京：人民出版社，2013.

王君. 旅游英语的特点及翻译的路径选择 [J]. 外语学刊，2008（5）：111-113.

王利华，黄鸣. 试析成都市公共标识语翻译的问题及对策 [J]. 成都大学学报（社会科学版），2013（4）：105-107.

王连义. 导游技巧与艺术 [M]. 旅游教育出版社，2003.

王茂林. 求进与给力：中国经济转型发展思考与探索 [M]. 北京：红旗出版社，2012.

王琦. 汉语、西班牙语委婉语的文化对比 [J]. 西安外国语大学学报，2012（3）：13-15.

王琦. 跨文化视角下汉语、西班牙语委婉语的比较研究 [D]. 西安外国语大学，2012.

王铁梅. 语境与公示语中方位词的翻译研究 [J]. 洛阳理工学院学报（社会科学版），2016，31（4）：21-25.

王文贤，宋馨华. 青岛旅游景点日语翻译研究 [J]. 科技视界，2012（3）：76-80，98.

王旭科，冯书春. 传统旅游城市发展问题与转型升级 [J]. 旅游论坛，2009（5）：648-652.

王旭科. 城市旅游发展动力机制的理论与实证研究 [D]. 天津：天津大学，2008.

王亚楠. 2012年《中国旅游报》旅游广告标题的语言研究 [D]. 厦门：厦门大学，2014.

韦名忠. 旅游景区公示语英译文本类型的探讨——以桂林旅游景区为例 [J]. 桂林航天工业学院学报，2015（4）：533-537.

韦晓萍. 生态翻译学视角下的旅游文本翻译 [J]. 齐齐哈尔大学学报（哲学社会科学版），2015（12）：122-124.

魏日宁，苏金智. 中国大城市外语使用情况调查分析——以北京、上海、天津、广州、深圳、重庆和大连为例 [J]. 外语教学与研究（外国语文双月刊），2011，43（6）：924-933.

魏星. 导游语言艺术 [M]. 北京：中国旅游出版社，2002.

翁丽霞. 中日文化交流的"空间伸缩"和"内容消长"——以旅游景点翻译为例 [J]. 云南民族大学学报（哲学社会科学版），2010，27（5）：108-111.

吴必虎. 中国城市居民旅游目的地选择行为研究 [J]. 地理学报，1997，52（2）：97-103.

吴必虎，方芳，殷文娣，等. 上海市民近程出游力与目的地选择评价研究 [J]. 人文地理，1997（12）：21-27.

吴剑，彭苗. 武汉城市旅游广告在微博的运用研究 [J]. 湖北师范学院学报（哲学社会科学版），2016，36（3）：105-108.

吴洁. 文本类型理论视域下的旅游翻译研究——以西南民族地区旅游翻译为例 [J]. 长春理工大学学报（社会科学版），2015，28（12）：138-156.

吴静. 保定市旅游城市竞争力研究 [D]. 秦皇岛：燕山大学，2009.

吴良镛. 中国城市发展的科学问题 [J]. 城市发展研究，2004（1）：9-13.

吴友仁. 中国社会主义城市化道路 [J]. 城市规划，1979（3）：37-64.

武沪信. 西班牙语形成的历史背景及其语言特点探讨 [J]. 北京第二外国语学院学报，1997（2）：8-18.

武锐. 日语导游口译的思考 [J]. 语文学刊（外语教育教学），2011（10）：70-71.

肖付良. 从生态翻译学视角看旅游外宣资料翻译中形合与意合的转换 [J]. 兰州教育学院学报，2016，32（6）：156-159.

肖亮. 城市休闲系统研究 [D]. 天津：天津大学，2010.

小川芳男，伊藤芳照，家藤彰彦. 日本语教育事典 [M]. 东京：大修馆书店，1987.

谢婧. 城市形象国际公共关系管理研究——以杭州为例 [D]. 杭州：浙江大学，2009.

谢敬凤，艾进，刘亚男. 国外城市遗址博物馆管理开发实例的经验与启示 [J]. 旅游纵览（下半月），2015（2）：49-50.

谢莎. 杭州段运河品牌定位及传播策略初探 [D]. 杭州：浙江大学，2009.

刑向阳. 城市旅游业竞争力评价研究 [D]. 西安：西北大学，2014.

邢洁. 绍兴鲁迅故居内景点日语翻译研究 [J]. 现代语文（语言研究版），2013（6）：139-140.

徐福江. 汉英文化差异与西湖景点介绍的英译——从奈达的功能对等理论角度 [D]. 杭州：浙江财经学院，2009：44.

徐福英，马波. 城市旅游在中国：研究回顾与发展展望 [J]. 旅游科学，2012，26（4）：52-64.

徐美兰. 跨文化交际中的英汉恭维语差异 [J]. 湖北广播电视大学学报，2011（12）99-100.

徐跃. 旅游日语"职业敬语"中的第二人称表现法 [J]. 旅游学刊，1997（A1）：

73-77.

徐跃. 旅游日语教学中应当重视"职业敬语"的教育 [J]. 旅游学刊, 1995（6）: 48-50.

许玮, 戴春梅. 酒店行业对员工英语能力需求的调研分析及对策 [J]. 高教学刊, 2015（14）: 131-132.

许新国, 李建峰. 京津冀一体化背景下县域文化旅游产业发展——以承德市滦平县为例 [J]. 河北旅游职业学院学报, 2015, 20（4）: 1-4.

雅各布斯. 美国大城市的死与生 [M]. 金衡山, 译. 南京: 译林出版社, 2005.

亚里士多德. 政治学 [M]. 北京: 商务印书馆, 1981.

杨春梅, 赵宝福. 中国著名旅游城市旅游业的效率研究 [J]. 旅游科学, 2014, 28（1）65-75.

杨华, 张姣. 归化异化策略下的辽宁旅游景区公示语翻译 [J]. 边疆经济与文化, 2014（9）: 123-124.

杨慧, 李白清. 接受美学视域下公示语言翻译提升策略——以长沙市主要旅游景区公示语为例 [J]. 长沙理工大学学报（社会科学版）, 2014, 29（6）: 144-148.

杨慧, 于洪梅. 文化差异背景下的俄汉旅游词汇翻译 [J]. 黑河学刊, 2014（12）: 55-57.

杨慧芸. 旅游城市形象的传播策略 [J]. 对外传播, 2009（7）: 27-28.

杨其元. 旅游城市发展研究 [D]. 天津: 天津大学, 2008.

杨新军, 祁黄雄. 城市旅游开发与旅游业可持续发展——以深圳市为例 [J]. 经济地理, 1998, 18（4）: 115-119.

姚小文. 广西公示语汉英翻译问题与对策 [J]. 广西民族大学学报（哲学社会科学版）, 2009, 31（5）: 172-174.

姚艳玲. 日语宾格标记"ヲ"的双重共现及其制约因素研究 [J]. 外语与外语教学, 2016（4）: 45-53.

叶舒然. 国外博物馆文化创意产品开发分析及其启示 [J]. 佳木斯职业学院学报, 2016（3）: 110-111.

俞晟, 何善波. 城市游憩的社会学分析 [J]. 华东师范大学学报（自然科学版）, 2003（2）: 54-61.

佚名. 德国基尔"24/7 训练营"生活 [J]. 走向世界, 2012（29）: 10-13.

张丹宇, 李伟. 日本职场敬语的运用与分析 [J]. 日语知识, 2012（8）: 20-21.

张洪著. 城市旅游业竞争力研究——基于区域与产业复合竞争背景 [M]. 南京: 南京大学出版社, 2012.

张鸿微. 《杭州旅游指南》（节选）汉英笔译报告: 旅游文本中文化负载词和长句的翻译难点及对策 [D]. 杭州: 浙江工商大学. 2014.

张辉. 旅游业与城市互动发展研究——以九江为例 [J]. 城市发展研究, 2014, 21

（12）：17-20.

张佳慧，城市品牌的传播理论与实践——以杭州生活品质之城为例 [D]. 杭州：浙江大学，2008.

张金忠. 高校俄语专业学生俄汉词典使用情况调查及对策 [J]. 辞书研究，2011（4）：139-147.

张敬淦. 城市科学的发展历程——参与城市科学研究 20 年的体会 [J]. 城市科学，2004（1）：3-7.

张蕾，赵中华，贾志宏. 国外城市旅游研究进展——《Tourism Management》和《Annals of Tourism Research》文献分析 [J]. 旅游科学，2005，19（1）：17-23.

张力男. 目的论视角下旅游文本英译研究——以北京景点介绍译文为例 [D]. 天津：天津商业大学，2013.

张凌云. 城市旅游开发和旅游城市建设的思考 [J]. 城市观察，2014（1）：24-30.

张美芳. 翻译策略二分法透视 [J]. 天津外国语学院学报. 2004（11）：1-6.

张萍，孙俊涛. 北京奥运会对城市旅游业发展的影响 [J]. 体育文化导刊，2012（2）：100-103.

张启成. 关于建设系统法规体系 [J]. 城市规划，1995（1）：8-10.

张涛. 会议旅游产品开发的对策研究 [J]. 旅游纵览（下半月），2014（1）：32.

张亚伟. 西安旅游景点公示语译文错误探析 [D]. 济南：山东大学，2008.

张延勇. 功能翻译理论视角下旅游景点的语篇英译——以北京八大旅游景点为例 [D]. 天津：天津财经大学，2012.

张莹. 发展有机农业旅游的思考 [J]. 农林工作通讯，2010（13）：28.

张雨. 城市美学视野下的中国古代城市 [J]. 郑州大学学报（哲学社会科学版），2016（02）：10-13.

赵兵. 旅游城市可持续发展研究 [J]. 南京林业大学学报（人文社会科学版），2004（4）：59-63.

赵蓉. 日语构式的构式义、动词义和名词义 [J]. 解放军外国语学院学报，2016，39（3）：78-84.

赵天宝. 基于中国—东盟博览会背景下南宁市旅游业发展对策研究 [J]. 改革与战略，2010（11）：141-144.

郑扬. 市场机制与城市历史文化的可持续发展——北京胡同旅游业的调查与思考 [J]. 城市文化，1998：29-32.

中国城市经济社会年鉴理事会. 中国城市经济社会年鉴 1987[M]. 北京：中国城市经济社会出版社，1987.

宋瑞. 全球休闲范例城市研究 [M]. 北京：社会科学文献出版社，2012.

周京励，陈盈盈. 从功能翻译理论角度看汉英文化差异与西湖景点的翻译 [J]. 现代语文（语言研究版），2012（10）：154-156.

周玲强. 国际风景旅游城市指标体系研究 [J]. 城市规划，1999，23（10）：31-34.

周玲强. 国际旅游城市研究 [M]. 北京：航空工业出版社，2003.

朱铁臻. 城市发展研究 [M]. 北京：中国统计出版社，1996.

朱铁臻. 城市现代化研究 [M]. 北京：红旗出版社，2002.

邹欢. 全球城市化时代的展望 [J]. 国外城市规划，2003（2）：40-42.

Adam K L. Entertainment Farming and Agritourism[R/OL]. http://www.agmrc.org/media/ cms/entertn_E66F4FB241BB0.pdf.

Ahn B Y, Lee B K, Shafer C S. Operationalizing Sustainability in Regional Tourism Planning: An Application of the Limits of Acceptable Change Framework[J]. Tourism Management, 2002, (23): 1-15.

Albano M, SABATO G. The Female Body and Touristic Advertisement: The Case of Cruise Vacation Display Adds[J]. Journal of Research in Gender Studies, 2014 (1):753-776.

Awoniyi S. The Contemporary Museum and Leisure: Recreation as a Museum Function[J]. Museum Management and Curatorship, 2001, 19(3): 297-308.

Barry J J. Hellerstein D. "Farm Recreation" in Outdoor Recreation for 21st Century America: A Report to the Nation: the National Survey on Recreation and the Environment [R]. HK Cordell: State College, 2004.

Blank U, Petkovich M. The Metropolitan Area Tourist: a Comprehensive Analysis[C]// Travel and Tourism Research Association. A Decade of Achievement, Proceedings. Boise, ID: TTRA, 1979: 227-236.

Bruner E. Special Issue Museums and Tourism[J]. Museum Anthropology, 1993, 17(3).

Brunt P, Courtney P. Host Perceptions of Socio-cultural Impacts[J]. Annals of Tourism Research, 1999, 26(3): 493-515.

Butler R, Wall G. Introduction: Themes in Research on the Evolution of Tourism[J]. Annals of Tourism Research, 1985, 12(3), 287-296.

Byun J M, Jang S C. Effective Destination Advertising: Matching Effect between Advertising Language and Destination Type[J]. Tourism Management, 2015(50): 31-40.

Castells M. European Cities: The Information Society and Global Economy[J]. New Left Review, 1994: 18-32.

Cheong S M. Privatizing Tendencies: Fishing Communities and Tourism in Korea[J]. Marine Policy, 2003, (27): 23-29.

Chiwanga F E. Understanding the Language of Tourism: Tanzanian Perspective[J]. International Journal of Applied Linguistics, 2014, 24(2): 147-200.

Comedia. Culture and Regeneration: An Evaluation of the Evidence[R]. 2004.

Comedia. Releasing the Cultural Potential of Our Core Cities: Culture and the Core Cities[R]. 2003.

Davies A, Prentice R. Conceptualizing the Latent Visitor of Heritage Attractions[J].

Tourism Management, 1995, 16(7): 491-500.

Davis K. The Urbanization of the Human Population[J]. Scientific American, 1965(213): 40-53.

Dongwan K, Stewart W P. A Structural Equation Model of Residents' Attitudes for Tourism Development[J]. Tourism Management, 2002, (23): 521-530.

Douglas P, Bulter R W. Tourism Research: Critiques and Challenges[M]. London: Routledge, 1993.

Douglas P. Tourist Development: A Geographical Analysis[M]. Harlow GB: Longman Press, 1995.

Dungey J. Overview: Arts, Culture and the Local Economy[J]. Local Economy, 2004, 19(4): 411-413.

Dyer P, Aberdeen L, Schuler S. Tourism Impacts on an Australian Indigenous Community: A Djabugay case Study[J]. Tourism Management, 2003, (24): 83-95.

Folqués D G. Anglicism in Tourism Language Corpora 2.0[J]. Procedia-Social and Behavioral Sciences, 2015(198): 149-156.

Frank A G. Capitalism and Underdevelopment in Latin America[M]. New York: Monthly Review Press, 1967.

Fustermárquez M. Lexical Bundles and Phrase Frames in the Language of Hotel Websites[J]. English Text Construction, 2014, 7(1): 84-121.

Garcíapablos A, Cuadros M, Linaza M T. Automatic Analysis of Textual Hotel Reviews[J]. Information Technology & Tourism, 2016, 16(1): 45-69.

Gibert A G, Gugler J. Cities Poverty and Development: Urbanization in the Third World[M]. Oxford: Oxford Press, 1992.

Goethals P. Multilingualism and International Tourism: A Content- and Discourse-based Approach to Language-related Judgments in Web 2.0 Hotel Reviews[J]. Language and Intercultural Communication, 2016, 16(2): 235-253.

Goethals P. Traveling Through Languages: Reports on Language Experiences in Tourists' Travel Blogs[J]. Multilingua, 2015, 34(3): 347-372.

Graeme E. Cultural Planning: an Urban Renaissance?[M]. London: Routledge, 2001.

Gunn C A, Var T. Tourism Planning[M]. Abingdon: Taylor & Francis, 1988.

Hall P. Cities in Civilization[M]. New York: Froum International, 2001.

Hall P. Modelling the Post-industrial City[J]. Future, 1997, 29(4): 311-322.

Hall P, Pfeiffer U. Urban Future 21: A Global Agenda for Twenty-first Century Cities[M]. London: E&FN Spon, 2000.

Hilchey D. Agritourism in New York State: Opportunities and Challenges in Farm-based Recreation and Hospitality[R]. Farming Alternatives Program, Dept of Rural Sociology, Cornell University, 1993.

Holmes J. Compliments and Compliment Responses in New Zealand English[J]. Anthropolpgical Linguistics.1986, 28(4): 485-508.

Hood M G. Staying Away Why People Choose Not to Visit Museum[J] . Museum News, 1983(61): 50-57.

Horn C, Simmons D. Community Adaptation to Tourism: Comparisons Between Rotorua and Kaikoura, New Zealand[J]. Tourism Management, 2002, (23): 133-143.

Huang S. Tourism as the Subject of China's Doctoral Dissertations[J]. Annals of Tourism Research, 2011, 38(1), 316-319.

Kiss A. Is Community-based Ecotourism a Good Use of Bio Diversity Conservation Funds?[J]. Trends in Ecology and Evolution, 2004, 19 (5): 232-237.

Kudełko J. Tourism Discourse in the Dialogue between Cultures: Semiotic Analysis of the Language of Tourism Based on Spanish and Polish Text Corpus [J]. Annals of Arts, 2014, 62(5): 203-213.

Kuo N W, Chiu Y T. The Assessment of Agritourism Policy Based on SEA Combination with HIA [J]. Land Use Policy, 2006, 23(4): 560-570.

Law C M. Urban Tourism: Attracting Visitors to Large Cities[M]. London, New York: Mansell, 1993.

Lee J, Ronnie S. Heritage, Tourism and Museums: The Case of the North Atlantic Islands of Skye, Scotland and Prince Edward Island, Canada[J]. International Journal of Heritage Studies, 2001, 7(2): 149-172.

Lu C, Berchoux C, Marek M W, et al. Service Quality and Customer Satisfaction: Qualitative Research Implications for Luxury Hotels[J]. International Journal of Culture, Tourism and Hospitality Research, 2015, 9(2): 168-182.

Mariita N O. The Impact of Large Renewable Energy Development on the Poor: Environmental and Socio-Economic Impact of a Geothermal Power Plant on a Poor Rural Community In Kenya[J]. Energy Policy, 2002, (30): 1119- 1128.

Mbaiwa J E. Wildlife Resource Utilisation at Moremi Game Reserve and Khwai Community Area in the Okavango Delta, Botswana[J]. Journal of Environmental Management, 2005, 77(2): 144-156.

Mccarthy J. Cultural Quarters and Regeneration: The Case of Wolverhampton[J]. Planning   Practice & Research, 2005, 20(3): 297-311.

Meethan K. York: Managing the Tourist City[J]. Cities, 1997: 333-342.

Mitchell R E, Reid D G. Community Integration: Island Tourism in Peru[J]. Annals of Tourism Research, 2001, 28(1): 113-139.

Moliner M. Diccionario de Uso del Español[M]. Barcelona: RBA & Gredos, 2012.

Momeni M. The Role of Tourists' Offices in the Tourists' Attraction and Their Contentment: Case Study of Isfahan, Iran[J]. Asian Social Science, 2015, 11(13).

Montgomery J. Cultural Quarters as Mechanisms for Urban Regeneration. Part 1:

Conceptualising Cultural Quarters[J]. Planning Practice & Research, 2003, 18(4): 293-306.

Montgomery J. Cultural Quarters as Mechanisms for Urban Regeneration. Part 2: A Review of Four Cultural Quarters in the UK, Ireland and Australia[J]. Planning, Practice & Research, 2004, 19(1): 3-31.

Mullins P. Tourism Urbanization[J]. International Journal of Urban and Regional Research, 1991, 15(3): 326-342.

O'Regan J, Wilkinson J, Robinson M. Travelling Languages: Culture, Communication and Translation in a Mobile World[C]. London and New York: Routledge, 2014.

Page S J. Urban Tourism[M]. London, New York: Routledge, 1995.

Paolo G. Agritourism and Rural Tourism in Italy[J]. Scientific Papers, 2010, 10(3): 157-164.

Pearce P L. Perceived Changes in Holiday Destination[J]. Annals of Tourism Reasearch, 1982(2): 145-153.

Pearce P L. The Social Psychology of Tourist Behavior[M]. Oxford: Pergamon, 1982: 51-70.

Quinn B. Arts Festivals and the City[J]. Urban Studies, 2005, 42(5/6): 927-943.

Radford A. Linguistics: An Introduction[M]. Cambridge: Cambridge University Press, 1999.

Reid D G, Mair H, George W. Community Tourism Planning a Self-Assessment Instrument[J]. Annals of Tourism Research, 2004, 31(3): 623-639.

Rinaldo F. Rural Tourism in Italy[R]. Presentation at Villa Annia, 2004.

Roberts P, Sykes H. Urban Regeneration: A Handbook[M]. London: SAGE Publications, 2000:17.

Ronan P, Miles R S. Culture-Led Urban Regeneration[M]. London: Routledge, 2006.

Roodhouse S. Cultural Quarters: Principles and Practice[M]. Bristol: Intellect Books, 2006.

Salehi H, Farahbakhsh M. Tourism Advertisement Management and Effective Tools in Tourism Industry [J]. International Journal of Geography and Geology, 2014, 3(10): 124-134.

Sassen S. The Global City: New York, London, Tokyo[M]. Princeton: Princeton University Press, 2001.

Schouten F. Improving Visitor Care in Heritage Attractions [J].Tourism Management, 1995, 16(4): 259-261.

Scott A J. The Cultural Economy of Cities: Essays on the Geography of Image-producing Industries[J]. Theory Culture Society Unnumbered, 2000.

Scott A J. The Cultural Economy of Cities[J]. International Journal of Urban and Regional Research, 1997, 21(2): 323-339.

Sekhar N U. Integrated Coastal Zone Management in Vietnam: Present Potentials and Future Challenges[J]. Ocean & Coastal Management, 2005, (48): 813-827.

Sheldon P J, Abenoja T. Resident Attitudes in a Mature Destination: the Case of Waikiki [J]. Tourism Management, 2001, (22):435-443.

Shorthose J. The Engineered and the Vernacular in Cultural Quarter Development[J]. Capital & Class, 2004, 28(3):159-178.

Silberberg T. Cultural Tourism and Business Opportunities for Museums and Heritage Sites[J]. Tourism Management, 1995, 16(5): 361-365.

Simpson P, Wall G. Consequences of Resort Development A Comparative Study[J]. Tourism Management, 1999(20): 283-296.

Smith A. Reimaging the City: The Value of Sport Initiatives [J]. Annals of Tourism Research, 2005, 32(1): 217-236.

Stansfield C A. A Note on the Urban-nonurban Imbalance in American Recreational Research [J].Tourism Review, 1964, 19(4): 196-200.

Sulaiman M Z. Translating Urban Tourist Icons across Cultures: An English-Malay Perspective [J]. Gema Online Journal of Language Studies, 2014, 14 (3): 159-173.

Tosun C. Stages in the Emergence of a Participatory Tourism Development Approach in the Developing World[J]. Geoforum. 2005, 36(3): 333-352.

Tufts S, Milne S. Museums: A supply Side Perspective[J]. Annals of Tourism Research, 1999, 26(3): 613-631.

Towner J. What is Tourism's History?[J].Tourism Management, 1995(16): 339-343.

Towner J, Wall G. History and Tourism[J]. Annals of Tourism Research, 1991, 18(1):71-84.

Trakolis D. Local People's Perceptions of Planning and Management Issues in Prespes Lakes National Park, Greece[J]. Journal of Environmental Management, 2001, (61): 227-241.

Vail D，Hultkrantz L. Property Rights and Sustainable Nature Tourism: Adaptation and Mal-adaptation in Dalarna (Sweden) and Maine (USA)[J]. Ecological Economics, 2000, 35(2): 223-242.

Walpole M J, Goodwin H J. Local Economic Impacts of Dragon Tourism in Indonesia[J]. Annals of Tourism Research, 2000, 27(3): 559-576.

Walton J K. Prospects in Tourism History: Evolution, State of Play and Future Developments[J]. Tourism Management, 2009, 30(6): 783-793.

Wolfson N. Perspectives: Sociolinguistics and TESOL[M]. New York: Newbury House Publishers, 1989.

Xiao H G, Su D, Li M M. Diffusion of Knowledge Across Linguistic Communities: The Case of Using "Foreign" Sources for Tourism Research in China[J]. Journal of China Tourism Research, 2010, 6(4):326-342.

Yan L B，McKercher B. Tourism History Research: A Glimpse Into the English and Chinese Literature[J]. Journal of China Tourism Research，2013，9(2)：151-162.

Zins A H, Lin S S. From Intended to Projected Destination Image Elements: The Case of Prefectures in China[J]. International Journal of Culture, Tourism and Hospitality Research, 2016, 10(1): 38-52.

附　录

附录一　调查问卷

中文问卷

说明：课题组经与杭州市旅游形象推广中心沟通，删减了中文问卷总体评价的部分指标，以方便开展中文问卷的调查工作；英文和韩文问卷则保留了各项原始评价指标，便于收集更全面的信息。

杭州社会资源国际旅游访问点调查问卷

1. 您所在的省（区、市）和城市：_____

2. 您的性别：A. 男　B. 女

3. 您的年龄：_____

4. 您的受教育程度：

A. 研究生　B. 本科　C. 大专　D. 高中/中专　E. 初中及以下

5. 您的职业：

A. 农业人员　B. 制造、运输、手艺和相关人员　C. 服务业人员　D. 销售人员　E. 退休人员、家庭主妇　F. 学生　G. 政府官员和职员　H. 企业职工和管理者　I. 专业技术人员　J. 个体经营者　K. 其他_____

6. 组织方式：

A. 与家人　B. 与亲戚朋友　C. 旅行社　D. 独自一人　E. 其他_____

7. **您在杭期间旅游消费:**

A.5,000元以内 B.5,000~10,000元 C.10,000~15,000元 D.15,000~20,000元 E.20,000~25,000元 F.25,000~30,000元 G.30,000元以上

8. **您第几次到杭州:**

A.1 B.2 C.3 D.4 E.5 F.6及以上

9. **在杭期间使用的主要交通工具:**

A.公交车 B.地铁 C.出租车 D.自行车 E.船 F.自驾车 G.其他_____

10. **了解杭州访问点是通过:**

A.亲戚或朋友介绍 B旅行社推荐 C.广播、电视 D.报纸杂志

E.社交平台 F.访问点官方网站 G.国内和国际促销广告

H.其他_____

11. **您最感兴趣的项目(单选):**

A.工业旅游 B.运动休闲 C.农事体验 D.特色文化馆 E.手工艺术品

F.中药养生 G.文化教育 H.社区文化 I.特色文化街区

12. **最感兴趣项目的原因(多选):**

A.知识性 B.趣味性 C.互动性 D.文化内涵 E.健康养生 F.教育性

G.独特性 H.运动性 I参与性 J.其他_____

13. **您最不感兴趣的项目(单选):**

A.工业旅游 B.运动休闲 C.农事体验 D.特色文化馆 E.手工艺术品

F.中药养生 G.文化教育 H.社区文化 I.特色文化街区

14. **您最不感兴趣项目的原因(多选):**

A.缺乏知识性 B.娱乐性不强 C.缺乏互动性 D.缺少文化内涵 E.缺乏教育性 F.特色不鲜明 G参与性不高 H项目单一 I.其他_____

15. **您对访问点的总体评价?**

编号	指标	选项
1	硬件设施	A很满意 B满意 C一般 D不满意 E很不满意
2	导游服务	A很满意 B满意 C一般 D不满意 E很不满意
3	导览标识	A很满意 B满意 C一般 D不满意 E很不满意
4	餐饮环境	A很满意 B满意 C一般 D不满意 E很不满意
5	餐饮特色	A很满意 B满意 C一般 D不满意 E很不满意
6	活动项目	A很满意 B满意 C一般 D不满意 E很不满意
7	无线网络服务	A很满意 B满意 C一般 D不满意 E很不满意
8	总体满意度	A很满意 B满意 C一般 D不满意 E很不满意

16. 您未来是否愿意重游访问点?

A. 非常乐意 B. 乐意 C. 不一定 D. 不乐意

17. 您是否乐意向其他人推荐您参观过的访问点?

A. 非常乐意 B. 乐意 C. 不一定 D. 不乐意

18. 您认为访问点在哪些方面还需要提高?

_____

非常感谢您的帮助! 祝您生活愉快!

杭州市旅游形象推广中心

英文问卷

Questionnaire on the Insider's Access to Hangzhou Program

1. Your country and region : _____

2. Gender: A. Male B. Female

3. Age: _____

4. Education: A. Graduate B. Undergraduate C. College diploma

D. High school or vocational school   E. Junior school or below

5. Your job:

A. In agriculture   B. In manufacturing, transportation & handwork

C. Service working staff D. Sales personnel E. Retirees & housewives

F. Students G. Staff of government departments and public institutions

H. Corporate staff I. Expertise & research personnel J.Self-employed

K. Others_____

6. How do you go for the trip:

A.With family members B. With relatives or friends C. Through travel agency D. Alone E. Others_____

7. Travel cost for your trip in Hangzhou:

A. <$5000 B. $5,000–10,000 C. $10,000–15,000 D. $15,000–20,000

E. $20,000–25,000 F. $25,000–30,000 G. >$30,000

8. How many times have you been to Hangzhou:

A. 1 B. 2 C. 3 D. 4 E. 5 F. More than 6

9. The main means of transport for your trip in Hangzhou:

A. Bus B. Subway C. Taxi D.Bike E. Boat F. Self-driving G. Others_____

10. You get to know about the Insider's Access to Hangzhou Program through:

A. Relatives and friends B. Recommendation of travel agencies

C. Radio & TV D. Newspapers & magazines E. blog, twitter & Facebook

F. Official websites G. Domestic & international promotion fairs

H. Others_____

11. The programmes your take part in (more then one answer):

A. Industrial tour

a. products display b. production display c. DIY project

d. testing programe e. theme lectures f. others_____

B. Sports & leisure program

a. paragliding b. golf c. others_____

C. Farming experience

a.fruit picking b.fruits & vegetables growing

c. tea picking &frying d. pheasant catching e. fishing f. others_____

D. Special cultural sites

a. teahouse b. art museum c. museum d. martial art club

e. royal kiln museum f.others_____

E. Handmade works of art

a. works display b. pottery-making c. handicrafts-making d. others_____

F. Health care by traditional Chinese medicine

a. Training program of traditional Chinese medicine

b. treatment by traditional Chinese medicine c. tour around d. others_____

G. Education

a. class observation b. campus tour c. students'works display & performance

d. martial arts practice e. library tour f. others_____

H. Community culture

a. folk art display b. special services for children c. university for the

elderly d. art class e. vegetable market tour f. others_____

I. Special cultural blocks

a. traditional Chinese medicine b. old shops c.folk culture d. antiques

collections e. traditional crafts f. temple fair g.others_____

12. The program you are most interested in (one answer only):

A. Industrial tour   B. Sports & leisure program C. Farming experience

D. Special cultural sites E. Handmade works of art F. Health care by traditional

Chinese medicine G. Education H. Community culture I. Special cultural blocks

13 Factors for your most interested program (more than one answer):

A. Increasing knowledge B. Having fun C. Interactiveness D. Rich culture

E. Health care F. Instructiveness G. Uniqueness H. Sporting I. More participation J.Others_____

14. The program you are NOT interested in most (one answer only):

A. Industrial tour B. Sports & leisure programe C. Farming experience

D. Special cultural sites E. Handmade works of art

F. Health care by traditional Chinese medicine G. Education

H.Community culture I. Special cultural blocks

15. Factors for the programme you are NOT interested in most (more than one answer):

A. Not informative B. Less fun C. Lack of interactive procedures

D. Not rich in culture E. Not instructive F. Lack of striking features

G. Fail to involve more visitors H. too few activities I. Others _____

16. Your general assessment of the program:

No.	Item	Option
1	Tour facilities	A. Greatly satisfied B. Satisfied C. Generally OK D. Dissatisfied E. Very dissatisfied
2	Public resting facilities	A. Greatly satisfied B. Satisfied C. Generally OK D. Dissatisfied E. Very dissatisfied
3	Guide service	A. Greatly satisfied B. Satisfied C. Generally OK D. Dissatisfied E. Very dissatisfied
4	The image of working staffs	A. Greatly satisfied B. Satisfied C. Generally OK D. Dissatisfied E. Very dissatisfied
5	Consulting service	A. Greatly satisfied B. Satisfied C. Generally OK D. Dissatisfied E. Very dissatisfied
6	Etiquette	A. Greatly satisfied B. Satisfied C. Generally OK D. Dissatisfied E. Very dissatisfied
7	Roadmap & road signs	A. Greatly satisfied B. Satisfied C. Generally OK D. Dissatisfied E. Very dissatisfied
8	Introduction to scenic spots	A. Greatly satisfied B. Satisfied C. Generally OK D. Dissatisfied E. Very dissatisfied
9	Traffic to the visiting site	A. Greatly satisfied B. Satisfied C. Generally OK D. Dissatisfied E. Very dissatisfied
10	Washroom facilities	A. Greatly satisfied B. Satisfied C. Generally OK D. Dissatisfied E. Very dissatisfied
11	Hygiene	A. Greatly satisfied B. Satisfied C. Generally OK D. Dissatisfied E. Very dissatisfied

附　录

No.	Item	Option
12	Public order	A. Greatly satisfied B. Satisfied C. Generally OK D. Dissatisfied E. Very dissatisfied
13	Sanitary conditions	A. Greatly satisfied B. Satisfied C. Generally OK D. Dissatisfied E. Very dissatisfied
14	Specialized food	A. Greatly satisfied B. Satisfied C. Generally OK D. Dissatisfied E. Very dissatisfied
15	Featured programmes	A. Greatly satisfied B. Satisfied C. Generally OK D. Dissatisfied E. Very dissatisfied
16	WiFi service	A. Greatly satisfied B. Satisfied C. Generally OK D. Dissatisfied E. Very dissatisfied
17	External publicity	A. Greatly satisfied B. Satisfied C. Generally OK D. Dissatisfied E. Very dissatisfied
18	Overall assessment	A. Greatly satisfied B. Satisfied C. Generally OK D. Dissatisfied E. Very dissatisfied

17. Are you willing to revisit the site?

A. More than willing B. Willing C. Not sure D. No

18. Would you like to recommend the visiting site to others?

A. More than willing B. Willing C. Not sure D. No

19. Which areas need to be further improved for your visiting site?

_____

Many thanks for your great help! Wish you a happy life!

Hangzhou Tourism Image-Promoting Center

韩文问卷

항저우 사회 자원 국제 여행 방문점 설문 조사

1. 귀하의 국가와 지역을 써주십시오.

2. 귀하의 성별을 선택해 주십시오.　　　A. 남성　B. 여성

3. 귀하의 연령을 써 주십시오. _____

4. 귀하의 교육 정도를 선택해 주십시오.

A. 대학원 이상　B. 4 년제 대학교　　C. 전문대학교　　D. 고등학교
E. 중학교

5. 귀하의 직업을 선택해 주십시오.

A. 농업　B. 제조업, 운수업, 수공업 및 관련 종사자　C. 서비스업
D. 영업 직원 E. 퇴직, 가정 주부　F. 학생　G. 정부 관리 및 직원　H. 기업
직원 및 관리자 I. 전문 기술직, 교육 연구원 J. 자영업자　K. 기타 _____

6. 귀하께서는 누구와함께 여행을 하십니까?

A. 가족과함께　B. 친척, 친구와함께　C. 여행사　D. 혼자
E. 기타 _____

7. 귀하의 항저우 여행 비용은 얼마입니까? (달러 계산)

A. <$5000　B. $5,000~10,000　C. $10,000~15,000
D. $15,000~20,000　E. $20,000~25,000　F. $25,000~30,000　G. >$30,000

8. 귀하께서는 항저우에 몇 번째 방문하셨습니까?

A. 1 번　B. 2 번　C. 3 번　D. 4 번　E. 5 번　F. 6 번이상

9. 항저우에서 어떤 교통편을 주로 사용하셨습니까?

A. 버스　B. 지하철　C. 택시　D. 자전거　E. 배　F. 자가용
G. 기타 _____

10. 항저우를 방문하실 때 어떤 통로로 정보를 얻으셨습니까?

A. 친척 및 친구의소개　B. 여행사 추천　C. 광고, 텔레비전　D. 신문,
잡지　E. 블로그, 트위터, 페이스북　F. 방문 국가 및 지역 인터넷 사이트
G. 국내, 국제 홍보 활동　H. 기타 _____

11. 귀하께서 참여하신 항목을 선택해 주십시오. (복수 응답 가능)

A. 공업, 산업 시찰　a. 제품전시　b. 수공예 생산 전시　c.DIY 항목

d. 시험 , 측정항목　e. 주제강좌　f. 기타 ____

　　B. 운동 , 휴식　　a. 패러글라이딩　b. 골프　c. 기타 _____

　　C. 농사체험　　a. 과일따기　b. 과일 , 채소심기　c. 찻잎따기와 만들기　d. 꿩사냥　e. 낚시　f. 기타 _____

　　D. 특색 문화관　　a. 차관　b. 예술관　c. 박물관　d. 무술관　e. 도자기가마터　f. 기타 _____

　　E. 수공예술품　　a. 작품 전시 b. 도자기 제작 c. 수공예품 제작
　　d. 기타 _____

　　F. 중약 보양　　a. 중약 지식 학습 b. 중약 치료 체험　c. 참관
　　d. 기타 _____

　　G. 문화 교육 a. 교실 견학　b. 학교 견학　c. 학생 작품 전시와 공연 발표
　　　　　　　　d. 무술체험　e. 도서관 체험　f. 기타 _____

　　H. 사회문화 a. 민간 예술 전시　b. 아동을 위한 특색 서비스 c. 노인대학
　　　　　　　　d. 예술교실　　e. 농산물 시장 체험　f. 기타 _____

　　I. 특색 문화 거리 구역 a. 중약 문화　b. 오래된 상점 문화 c. 민간 문화 d. 골동품 수집문화　　e. 전통공예문화　f. 절부근시장 (불교문화) g. 기타 _____

12. 귀하께서는 어느 항목에 가장 흥미를 느끼셨습니까 ? (한가지만 선택)
　　A. 공업 , 산업시찰　B. 운동 , 휴식　C. 농사체험　D. 특색 문화관
E. 수공예술품　　F. 중약 보양　　G. 문화 교육　　H. 사회 문화　I. 특색 문화 거리 구역

13. 위항목에왜 흥미를 느끼셨습니까 ? (복수 응답 가능)
　　A. 관련지식이 있어서　B. 흥미가 있어서　C. 상호 교류가 있어서
D. 문화 수양을 위해서　E. 건강 보양을 위해서　F. 교육을 위해서　G. 독특해서　H. 운동을 위해서　I. 견학을 위해서　J. 기타 _____

14. 귀하께서는 어느 항목에 가장 흥미를 느끼셨습니까 ? (한가지만 선택)
　　A. 공업 , 산업시찰　B. 운동 , 휴식　C. 농사체험　D. 특색 문화관
E. 수공예술품　　F. 중약 보양　　G. 문화 교육　　H. 사회 문화　　I. 특색 문화 거리구역

15. 위 항목에 왜 흥미를 느끼지 못 하셨습니까 ? (복수 응답 가능)

A. 관련 지식이 부족해서   B. 재미가 없어서   C. 상호교류가 부족해서

D. 문화 수양이 부족해서   E. 교육이 부족해서   F. 특색이 불분명해서

G. 참여가 높지 않아서   H. 프로그램이 하나여서   I. 기타 _____

16. 항저우에서 방문하신 곳에 대한 전반적인 평가를 해 주십시오 .

번호	내용	선택항목
1	여행시설	A. 매우만족 B. 만족 C. 보통 D. 불만족 E. 매우불만족
2	공공휴식시설	A. 매우만족 B. 만족 C. 보통 D. 불만족 E. 매우불만족
3	여행가이드설명서비스	A. 매우만족 B. 만족 C. 보통 D. 불만족 E. 매우불만족
4	서비스직원이미지	A. 매우만족 B. 만족 C. 보통 D. 불만족 E. 매우불만족
5	질의응답서비스	A. 매우만족 B. 만족 C. 보통 D. 불만족 E. 매우불만족
6	예의	A. 매우만족 B. 만족 C. 보통 D. 불만족 E. 매우불만족
7	안내도 , 표지만설명	A. 매우만족 B. 만족 C. 보통 D. 불만족 E. 매우불만족
8	명승지소개판	A. 매우만족 B. 만족 C. 보통 D. 불만족 E. 매우불만족
9	방문지교통	A. 매우만족 B. 만족 C. 보통 D. 불만족 E. 매우불만족
10	화장실시설	A. 매우만족 B. 만족 C. 보통 D. 불만족 E. 매우불만족
11	위생환경	A. 매우만족 B. 만족 C. 보통 D. 불만족 E. 매우불만족
12	치안상황	A. 매우만족 B. 만족 C. 보통 D. 불만족 E. 매우불만족
13	음식위생	A. 매우만족 B. 만족 C. 보통 D. 불만족 E. 매우불만족
14	음식특색	A. 매우만족 B. 만족 C. 보통 D. 불만족 E. 매우불만족
15	특별활동항목	A. 매우만족 B. 만족 C. 보통 D. 불만족 E. 매우불만족
16	WIFI 서비스	A. 매우만족 B. 만족 C. 보통 D. 불만족 E. 매우불만족
17	대외홍보방식	A. 매우만족 B. 만족 C. 보통 D. 불만족 E. 매우불만족
18	총만족도	A. 매우만족 B. 만족 C. 보통 D. 불만족 E. 매우불만족

17. 귀하께서 방문하신 곳을 다음에 다시 가고 싶으십니까 ?

A. 꼭 다시 가고싶다   B. 다시 가고 싶다   C. 잘 모르겠다   D. 다시 갈계획이 없다

18. 귀하께서 방문하신 곳을 주위분들에게 추천하시고싶으십니까 ?

A. 꼭 다시 가고싶다   B. 다시 가고 싶다   C. 잘 모르겠다   D. 다시 갈계획이 없다

19. 귀하께서 방문하신 곳의 부족한점이나 개선이 필요한 부분을 써
주십시오 .

설문조사에 응해 주셔서 감사합니다 .

항저우시여행이미지홍보센터

附录二

基于外籍人士需求的杭州国际休闲城市调查问卷（汉语问卷）

（如非特别说明，均为单选题）

1. 第一次听说杭州是通过：

A. 朋友介绍　B. 旅游宣传／广告　C. 游记／评论等非官方宣传　D. 新闻　E. 新媒体／杂志等软性宣传　F. 其他

2. 您来杭州是：

A. 自己选择　B. 亲戚朋友推荐　C. 旅行社推荐　D. 公司安排　F. 其他

3. 您在杭州住过（或准备住）多长时间？

A. 3 天以下　B. 3~7 天　C. 8~14 天　D. 15~30 天　F. 30 天以上

4. 您来杭州的目的：

A. 观光　B. 商务　C. 度假　D. 购物　E. 学习／研究　F. 工作　G. 其他

5. 当提到"杭州"时，您首先想到的是什么？请写出您联想到的任意事物 _____

6. 来杭州前，这个城市的哪些方面最吸引您？（请不要超过三项）

A. 文化历史（如白娘子传奇）B. 自然风光（如西湖）C. 历史街区（如河坊街、南宋御街）　D. 龙井茶叶　E. 杭州丝绸　F. 餐饮业　G. 生活品质　H. 其他

7. 来杭州前，您对这个城市的印象是怎样的？

A. 中国有代表性的休闲城市　B. 历史文化名城　C. 自然风景名城　D. 美丽的西湖

8. 您对杭州餐饮店印象最深的一家：

A. 楼外楼　B. 知味观　C. 张生记　D. 外婆家　E. 其他

9. 您喜欢这家餐饮店的原因（请不要超过三项）：

A. 口味有杭州特色、江南特色　B. 精致可口　C. 餐饮环境好　D. 有文化底蕴　E. 服务好　F. 价格合适　G 其他

10. 您知道杭州举办的以下节目或活动吗？（可多选）

A. 休闲博览会　B. 西湖博览会　C. 印象西湖　D. 音乐喷泉　E. 宋城千古情　F. 烟花大会　G. 西湖之夜　H. 西湖狂欢节　I. 越剧　J. 其他

11. 您最感兴趣的节目或活动（请不要超过三项）：

A. 休闲博览会　B. 西湖博览会　C 印象西湖　D. 音乐喷泉　E. 宋城千古情　F. 烟花大会　G. 西湖之夜　H. 西湖狂欢节 I. 越剧　J. 其他

12. 您在杭州最喜欢去哪些地方？（请不要超过三项）

A. 西湖　B. 西溪湿地　C. 灵隐寺　D. 清河坊街、南宋御街等历史街区　F. 丝绸博物馆　G. 胡庆余堂中药博物馆　H. 老街、小巷、居民社区　I. 农贸市场　J. 梅家坞茶文化村　K. 西泠印社　L. 其他

13. 您最喜欢住哪家酒店？

A. 香格里拉酒店 B. 凯悦大酒店　C. 海华大酒店　D. 索菲特酒店　E. 望湖宾馆 F. 吴山驿青年旅舍　G. 明堂国际青年旅舍　H. 江南驿国际青年旅舍 I. 其他

14. 您喜欢这家酒店的原因（请不要超过三项）：

A. 房间宽敞舒适　B. 酒店装饰环境好　C. 酒店周围环境好出行方便　D. 服务比较周到、具有国际化水准　E. 有杭州生活和文化底蕴　F. 可以品尝特色菜肴和小吃　G. 其他

15. 您最喜欢去杭州下列哪种场所？

A. 酒吧　B. 茶馆　C. 咖啡馆

16. 您在杭州市内最喜欢的出行方式是：

A. 步行　B. 公共自行车　C. 公交车　D. 出租车

17. 杭州的哪些特产给你留下了深刻印象？（请不要超过三项）

A. 丝绸 B. 张小泉剪刀　C. 王星记扇子　D. 龙井茶　E. 西湖绸伞　F. 其他

18. 您对这个城市的印象与您之前的想象相符吗？

A. 相符　B. 不相符（若选择 A，请跳至第 20 题；若选择 B，请继续回答第 19 题）

19. 您对杭州的新印象是怎样的？

A. 中国有代表性的休闲城市　B. 历史文化名城　C. 自然风景名城　D. 美丽的西湖

20. 您认为杭州现有的称号中，哪个最符合您心目中的杭州？

A. 浪漫爱情之都　B. 生活品质之城　C. 东方休闲之都

D. 国际花园城市 E. 生态宜居城市 F. 中国历史文化名城

21. 如果只用三个形容词来描述杭州，您会用哪三个词？

A. 美丽的 B. 浪漫的 C. 舒适的 D. 热情的 E. 豪放的 F. 现代的

G. 神秘的 H. 紧张的 I. 国际化的 J. 古典的 K. 富足的 L. 其他

22. 在杭期间，您最满意的是：

A. 风景 B. 饮食 C. 特产 D. 交通 E. 住宿 F. 娱乐活动 G. 与居民的交流 H. 夜生活 I. 其他

23. 您认为杭州哪些方面尚待提高？（请不要超过三项）

A. 交通   B. 服务的国际化水准   C. 环境   D. 空气质量

E. 卫生设施   F. 夜生活   G. 休闲活动设施   H. 饮食   I. 其他

24. 您还会再来杭州吗？ A. 会 B. 不会（若选 A，请继续回答第 25 题；若选 B，请跳至第 26 题）

25. 如果会，原因是 _____

26. 如果不会，原因是 _____

27. 您的国籍：_____

28. 您的性别：

A. 男 B. 女

29. 您的年龄：

A.16~25 岁 B. 26~35 岁 C. 36~45 岁 D. 46~55 岁 E. 56~65 岁 F. 65 岁以上

30. 您的受教育程度：

A. 硕士及以上 B. 本科 C. 大专 D. 高中 / 中专 E. 中专及以下

31. 您的职业领域：

A. 教育 B. 传媒 C. 企业 D. 政府部门 E. 自由职业 F. 其他

32. 如果您愿意进一步接受我们的访谈，请您留下您的电子邮箱地址：

_____

英文问卷

Questionnaire on Impression and Expectations of Hangzhou for Guests Overseas

(one valid answer only unless specified)

1.The first time you get to know about Hangzhou is through:

A. Friends   B. Tourism publicity/advertising   C. Such non-official publicity Channels as travel notes and comments   D. News   E. Media & magazines F. Others _____

2.You are in Hangzhou because of:

A. Your own decision   B. Recommendations from your friends and relatives

C. Recommendations from travel agencies D. Company arrangement F. Others _____

3. You have been in Hangzhou for (or ready to stay for):

A. Less than 3 days B. 3 to 7 days C. 8 to 14 days D. 15 to 30 days F. More than 30 days

4. You are in Hangzhou for

A. Sightseeing B. Business C.Holiday D. Shopping E. Studies/Research F. Work G. Others _____

5. What comes to your mind first as far as Hangzhou is mentioned? Please note anything associated with Hangzhou.

_____

6. What attracted you most prior to your landing in Hangzhou? (no more than 3 choices)

A. Culture and history (e.g. the Legend of White Snake) B. Natural Scenery (e.g. the West Lake) C. Historical streets (e.g. Hefang Street, Southern Song Imperial Street) D. Dragon Well Tea E. Hangzhou Silk   F. Food & beverage industry G. Life quality   H. Others _____

7.What was your impression of Hangzhou before your arrival?

A. A typical leisure city in China   B. A well-known historical cultural city C. A well-known city for its natural beauty   D. The charming West Lake

8. Which of the following restaurants impresses you most?

A. Louwai Lou　 B. Zhiwei Guan　 C. Zhangsheng Ji　 D. Grandmother's Kitchen　 E. Others_____

9. Reasons for your choice：

A. Typical taste of Hangzhou and regions south of the Yangtze River　 B. Delicacies C. Good environment D. Rich cultures E. Good service F. Reasonable price　 G. Others_____

10. Any activities or shows you hear held in Hang zhou? (more than 1 choice allowed)

A. Leisure Expo　 B. West Lake Expo　 C. Impressions of West Lake　 D. Music Fountain　 E. The Romance of Song Dynasty　 F. Fireworks show　 G. The Night of West Lake　 H. West Lake Carnival　 I. Shaosing opera　 J. Others_____

11. Which of the following shows interests you the most?

A. Leisure Expo　 B. West Lake Expo　 C. Impression West Lake　 D. Music Fountain　 E. The Romance of Song Dynasty　 F. Fireworks show　 G. The Night of West Lake　 H. West Lake Carnival　 I.Shaoxing opera　 J. Others_____

12. The places to which you pay a regular visit (no more than 3 choices)：

A.West Lake　 B. Xixi Wetland　 C. Lingyin Temple　 D. Historical streets F. Silk Museum　 G. Old medical consultant shops　 H. Old residential communities I. Agricultural products market　 J. Tea Village　 K. Xiling Seal-engravers' society L. Others _____

13. The hotel you are mostly fond of：

A. Shangri-La Hotel　　 B. Hyatt Regency Hotel　　 C. Ramada Hangzhou Haihua　 D. Sofitel　 E. Lake-view Hotel　 F. Wushan Youth Hostel　　 G. Mingtang Youth Hostel　 H. Jiangnan　Youth Hostel　 I. Others _____

14. The reasons for your choice of the hotel:

A. Spacious and comfortable room　 B. Superior decorations　 C. Good surrounding environment, convenient in transport　 D.Considerate service　 E. Hangzhou lifestyle with rich cultures　 F. Local delicacies and snacks　 G. Others_____

15. Which of the following places are you fond of most?

A. Bar　 B. Tea House　 C. Coffee Bar

16. Your favorite way of intercity travelling:

A. On foot B. By public bike   C. Bus   D. Taxi

17. Which of the following local specialities leaves a deep impression on you? (No more than 3 choices)

A. Silk B. Zhang Xiaoquan Scissors C. Wangxingji Fan   D. Dragon Well Tea E. Silk Umbrella F. Others_____

18. Is your impression of Hangzhou consistent with your expections beforehand?

A. Yes   B. No (For A, go to 20; for B, skip to 19)

19. Your new impression of Hangzhou:

A. A typical leisure city in China   B. A well-known historical cultural city
C. A well-known city for its natural beauty   D. Charming West Lake

20. Which of the following titles best suits your expectations of Hangzhou?

A.The Capital of Romance B. The City of High Quality Life C. The Oriental Leisure Capital D. The International Garden City   E. An ecological livable city F. A well-known historical and cultural city

21. Pick up 3 words for Hangzhou:

A. Charming   B. Romantic   C. Comfortable   D. Enthusiastic E. Vigorous
F. Modern G. Mysterious H. Fast-paced I. International   J. Classical
K. Abundant L. Others_____

22. Which of the following items are you mostly satisfied with during your stay in Hangzhou ?

A. Scenery B. Food & beverages C. Local specialities D. Transport
E. Accommodation F. Entertaining activities G. Communications with local residents H. Night life I. Others_____

23. Which of the following items need to be improved? (no more than 3 choices)

A. Transport B. International service C. Environment D. Air quality

24. Are you willing to revisit Hangzhou in future?

A. Yes   B. No (For A, go to 25; For B, skip to 26)

25. The reason for your more visits is _____

_____

26. If no, your reason is _____

_____

27. Your nationality is _____

28. Sex: A. Male B. Female

29. Age: A. 16~25 B. 26~35 C. 36~45 D. 46~55 E 56~65 F. above 65

30. Education: A. Graduate B. Undergraduate C. College D. Senior high school E. Middle school

31. Job: A. Education B. Media C. Corporate D. Government agencies E. Freelancer F. Others

Please leave your email :_____ and phone:_____ if you are willing to accept the invitation for further talks.

Many thanks for your help! Enjoy a happy life!

附录三：访谈

采访者：刘某、马某、王某

采访对象：外籍人士

国籍：美国

职业：教师

1. Do you think Hangzhou has its unique style compared with the other Chinese cities?

您认为与中国的其他城市相比，杭州有其独特的风格吗？

Well, as one of the biggest cities in China, Hangzhou in my mind, is moderate and perfect.

我认为，作为中国最大的城市之一，杭州有着一种恰到好处的温婉。

2. What do you think is the unique style of Hangzhou?

你认为杭州具有怎样独特的风格？

I think the most charming scene of Hangzhou is the West Lake. And almost everything is around it. You know it is very peaceful and it makes me feel comfortable.

我认为杭州最迷人的景点是西湖，并且几乎所有的事物都是围绕着它。它令人内心平静，感觉舒适。

3. Is there anything that makes you feel uncomfortable here in Hangzhou?

杭州有让你觉得不舒服的地方吗？

No, I don't think there is anything that makes me feel uncomfortable. But life here is quite different from that in the western countries. Maybe it is the weather that bothers me. You know the climate changes too fast. It is too cold in winter and too hot in summer. .

我没有感觉杭州有哪里让我觉得不舒服。但这里的生活方式还是和西方有所差异的。也许我不是很习惯这里的天气。因为气候变化太快，夏天太热，冬天太冷。

4. Don't you think the traffic here in Hangzhou is too crowded?
你不认为杭州的交通太拥挤了吗?

Oh, yes, it's very crowded. You know the traffic from the downtown of Hangzhou to Xiaoshan is too terrible. Maybe you could not even get to the destination at night though you go out in the morning. It is very difficult for someone who wants to go quickly on the way.

对，这里的交通很拥挤。尤其是从杭州到萧山，这段路也许你早上出发晚上才能到。这对想快点到达的人而言是很不方便的。

5. How do you think about Hangzhou's environment?
您认为杭州的环境如何?

Hangzhou's environment is great. As you know, unlike westerners, Chinese people usually do not pay great attention to environmental protection. But Hangzhou is very neat and tidy，so I appreciate it very much.

杭州的环境很不错，众所周知，与西方国家的人相比，中国人不太注重环境保护。但是杭州很干净整洁，我很欣赏这一点。

6. Have you fallen in love with some traditional snacks in Hangzhou?
请问您有没有爱上杭州的传统小吃?

I often go to Guangzhou. Comparing Guangzhou dishes with Hangzhou's, I prefer the Yue style dishes of Guangzhou.

我经常去广州。与杭州菜相比，我更喜欢广州的粤菜。

7. Compared with your city, what is our city's advantage for tourism?
相对于您所在的城市，我们城市的旅游有什么优势?

I think the advantage is that Hangzhou is located in the central part of China, it's in the middle, so you can go to Beijing very easily and also quickly to Guangzhou from Hangzhou. Unlike modern Shanghai, Hangzhou is much more traditional because of the West Lake. Meanwhile, the city is also much smaller, which makes me feel comfortable.

　　我认为杭州的优势是它位于中国的中间位置，往返北京或广东都非常方便快捷。与现代化的上海不同，西湖使得杭州更为传统。同时，这个城市相对更小一些，让我觉得很舒适。

采访者：陈某、周某

采访对象：丁旺闵

国籍：韩国

职业：学生

Hello, nice to meet you. My name is Ding Wangming, 21 years old, I am from the R.O. Korea, I major in English.

你好，我叫丁旺闵，21 岁，来自韩国，是英语专业的学生。

1. How do you do! Did you know anything about Hangzhou before you came here?

你好！请问你在来杭州之前有了解过杭州吗？

Yes, but just a little.

嗯，不过了解得不多。

2. Why did you choose to come to Hangzhou?

你为什么会选择来杭州？

Because one of my father's friends is working in Hangzhou, so I came here for study.

因为我爸爸有个朋友在这里工作，所以我来杭州读书。

3. That is to say, you know about Hangzhou from him, is that true?

那就是说，你是通过你爸爸的朋友了解杭州的，是吗？

Yes, that is true.

没错，是这样的。

4. Did you have any impression or opinion on Hangzhou before you came here?

那你到这个城市之前，对杭州有什么印象或者看法呢？

I've heard that Hangzhou is a very beautiful place, especially there is the West Lake, and many other tourists attractions.

我听说过杭州很美的地方，特别是西湖，还有其他很多景点。

5. Do you have any different opinion about Hangzhou after you have stayed here for sometime? I mean, new impression. Do you think it's worse than your original imagination or it's better?

在这里待过一段时间之后，你对杭州的看法有什么变化吗？也就是新的看法。你觉得是比你想象中的差呢还是好呢？

It's better.

好一些。

6. Can you comment on something you like most here, like scenery, food, or custom?

那你能评论一下你在杭州最喜欢什么吗，比如风景，美食，风俗？

The scenery is so beautiful, I think.

我认为风景很美。

7. Which place do you like most, such as the West Lake, Lingyin Temple and Xixi Wetlands Park?

你最喜欢的景色是什么？比如是西湖、灵隐寺和西溪湿地。

Of the three, the West Lake comes first. I also feel that mountains around the Yuquan Spring is very beautiful.

这三者中我最喜欢西湖。我还觉得玉泉附近的山在春天时风景很好。

8. How do you think about people in Hangzhou? I mean, how do you feel about local people's personalities.

那你觉得杭州人怎么样？我是说你觉得杭州当地人的性格如何？

I've been living in Beijing for six months, so I just compare people here with people in Beijing, I feel that southerners usually speak in high volume and the tone here is louder, which sounds very noisy, a bit like quarreling.

我以前在北京住过六个月，和北京人相比，我觉得南方人说话声音很响，音调更高一些，听起来很吵，有一点像吵架。

9. How do you think about communication between local people in Hangzhou and foreigners? What needs to be improved for us, in addition to speaking in a lower voice? Are you studying in Zhejiang University now? Have you ever made some good friends, I mean Chinese friends?

你觉得除了声音需要低一点以外，杭州人在与外国人交流时还有什么需要改进的地方？你现在是在浙大读书吗？有没有交到几个要好的中国同学或中国朋友？

All my best friends are all classmates in my senior high school.

我最好的朋友都是高中同学。

10. How do you blend into local people's life here? That is to say, you came from R.O. Korea, there must be a lot of strange customs and habits you are not used to, then, how did you overcome these barriers?

那你是如何融入当地人的生活的？你从韩国来到这里，肯定有很多不习惯的地方，那你是怎么去克服这些障碍的呢？

I came over here only by myself, so there were a lot of problems and difficulties in my daily life indeed, but my father's friend helped me deal with it.

我是一个人来杭州的，的确遇到过很多问题和困难，但是我爸爸的朋友帮了我很多。

11. In addition to Hangzhou，have you ever been to other Chinese cities?

除了杭州，你还去过中国的哪些城市？

Shenzhen, Beijing, Shanghai and Hong Kong.

深圳、北京、上海和香港。

12. Then, comparing these cities you have visited and also your hometown with Hangzhou, what do you think the biggest advantage of Hangzhou is?

那么，与这些你去过的城市还有你的家乡相比，你觉得杭州最大的优势是什么？

I think it's peaceful and quiet here, it's very comfortable and livable.

我觉得这里很安静，很舒服。杭州很宜居。

13. So, what is the biggest problem of Hangzhou? Is there anything we can improve in the further?

杭州最大的不足是什么呢？有什么地方是未来需要改进的？

The traffic problem, there are subways in Beijing and Shanghai, but there is none here.

交通问题，北京上海都有地铁，但是这里没有。（注：采访时，杭州还未修建地铁。）

14. Then, have you ever considered to stay in Hangzhou in the future? I mean, to continue with your study, work, or even get married and settle

down here.

那你有考虑过未来留在杭州发展吗，比如说留在这边继续深造、工作，甚至是结婚定居?

It should be yes. After I graduate, I will go to help my dad in Shenzhen.

我想留下来。不过毕业之后，我应该会去深圳帮我爸爸。

15. From the view of a foreigner, what do you think needs to be promoted most urgently in the urban development of Hangzhou?

从一个外国人的角度来看，你觉得杭州的城市发展最需要提升的一点是什么?

I think it is the food you eat, Chinese food is too greasy, and the ways you cook food are quite different from ours. So, we are not used to it.

我觉得是饮食方面，中国菜油太多，烹饪方式也需改进。这边的食物和我们自己国际的差别很大，我们不是很习惯。

采访者：陈某、周某

采访对象：金某

国籍：韩国

职业：学生

How do you do! I am from R.O. Korea. My name is Jin, my major is English.

你好，我是韩国人，我姓金，我主修英语。

1. How do you do! Mr. Jin. Did you know anything about Hangzhou before you came here?

金同学你好，我想问一下，在来杭州以前，你对杭州有过了解吗？

It seemed that I didn't.

好像没有。

2. May I ask why would you like to come to Hangzhou?

请问你为什么会来杭州？

To study in the university.

来上大学。

3. How did you know about Hangzhou? Through friends, families, news, or the internet?

你是如何知道杭州的？通过朋友或家人，新闻还是一些网络资料呢？

On the website.

在网站上。

4. What is your impression of Hangzhou?

杭州给你什么样的印象？

It's very clean, and the West Lake is very beautiful.

杭州很干净，西湖很漂亮。

5. After you came here, is there any change in your opinion of Hangzhou? I mean, is there any difference and change compared with your original view of Hangzhou?

你来到之后，你对杭州的看法有什么变化吗？和你想象的有不同吗？

Almost the same.

差不多。

6. What is your deepest impression of Hangzhou?

你对杭州印象最深刻的是什么？

The West Lake.

西湖。

7. What do you think of people in Hangzhou?

那你觉得杭州人怎么样？

They are very kind and warm-hearted.

杭州人很热情友好。

8. How is the communication between local people and foreigners? Apart from our hospitality, what do you think we should improve?

你觉得杭州人与外国人的交流如何，除了待人热情，你觉得还有什么地方需要提升吗？

It's difficult to answer.

这个问题比较难回答。

9. How do you blend in local people's life? As a foreigner in Hangzhou, you probably will encounter many life difficulties. How did you overcome them?

你是如何融入这里的生活的？一个外国人来到杭州，肯定会遇到很多困难，你是如何克服这些困难的？

There is nothing difficult for me, but the traffic is not so convenient, and the West Lake is too far away from here.

对我而言并没有什么困难，就是交通不是很方便，西湖离这里太远了。

10. Regarding local dialect, diet and living habits, do you think they are different from that in your own country?

你觉得杭州的方言、饮食和生活习惯和韩国有什么不同？

I feel like they are basically the same as R.O. Korea.

我觉得和韩国差不多。

11. In addition to Hangzhou, what other Chinese cities have you been to?

除了杭州你还去过中国的哪些城市？

I used to study in Shenzhen, Guangzhou, Hong Kong and Macao.

我以前在深圳、广州、香港、澳门读过书。

12. Compared with the other Chinese cities you visited and your hometown, what do you think the biggest advantage of Hangzhou is?

相比较你去过的其他中国城市和你自己的家乡，你觉得杭州最大的优点是什么？

The air is clean. The scenery is very good.

空气干净。风景很好。

13. Then, what is the biggest disadvantage?

那最大的不足是什么呢？

Lack of subway, Hangzhou needs to optimize the public transport system by digging more subways.

缺少地铁，杭州需要造更多地铁，完善公共交通系统。

14. Do you think you will continue to stay in Hangzhou? What's your further plans?

你会在杭州继续发展吗？有什么进一步的打算吗？

No.

不会。

15. In order to make a better Hangzhou, do you have any suggestions?

为了更好地发展杭州，你有什么建议吗？

To make the traffic and food quality better.

完善交通系统，改善饮食质量。

采访者：陈某、周某

采访对象：张某

国籍：韩国

职业：学生

Hello, my name is Zhang, I am an international student majoring in global trade, I come from K.O. Korea.

你好，我姓张，是国贸专业留学生，我来自韩国。

1. How do you do! Did you know anything about Hangzhou before you came here?

同学你好，来杭州以前你对杭州有过了解吗？

Yes, I did. When I decided to come to China for study, I chose Hangzhou. There is a Chinese old saying goes that: Suzhou and Hangzhou are paradise on the earth. I learned this saying when I started to learn Chinese.

有过。当我决定来中国读书的时候，就选择了杭州。中国有句俗话：上有天堂，下有苏杭。我刚开始学习汉语的时候就学过这句话。

2. Why did you choose to come to Hangzhou?

为什么你会选择来杭州呢？

Because Zhejiang University is in Hangzhou. When I checked the Chinese university rankings, I found that Zhejiang University ranked at the third in China, so I came to Zhejiang University which is also in Hangzhou.

因为浙江大学在杭州。我在看中国大学排名的时候，看到浙大排名第三，所以我就到浙大来念书了。

3. How did you know about Hangzhou? Through friends, relatives or the internet?

那你是通过什么渠道了解到杭州的呢，是通过朋友，亲人，还是网络？

Before I came to Hangzhou, I didn't know anything about it. I once attended a high school in Shanghai. When I had to choose between Hangzhou and Shanghai for college studies, I took a trip to Hangzhou and searched some information about the city online.

在我来杭州之前，对杭州还没什么了解。我曾在上海上过高中。选大学的时候，我在杭州和上海之间进行选择，然后我来杭州转了一下，也在网上搜索过杭州的信息。

4. What do you like most in Hangzhou?

你最喜欢杭州的什么呢？

I like riding, and I think Hangzhou is one of the most suitable cities for cycling, such as the Longjing Village in Hangzhou. My friend and I often climb up to the top of the high mountain, and then ride down along the zig-zag mountain road very comfortably. I love the riding most; I especially like riding a bicycle in Hangzhou.

我喜欢骑自行车，我觉得杭州是最适合骑自行车的城市之一，比如说杭州的龙井村。我跟我朋友常常爬到山顶，然后再沿着崎岖的山路骑下来，感觉很好。我爱骑车，尤其喜欢在杭州骑车。

5. How do you feel about local people in Hangzhou? How do they communicate with foreigners?

你觉得杭州人怎么样？他们和外国人的交流如何？

First, I do not know what local people are like in Hangzhou. Because most of my Chinese friends are Zhejiang University students, I don't know where are they from. I know few local people.

首先，我不知道杭州人是什么样子的。因为我中国朋友大都是浙大的学生，我不知道他们来自哪里。杭州本地人我认识不多。

6. Would you like share with us how do you communicate with classmates and make friends with them in Zhejiang University. What do you think about their communication with foreigners?

你可以跟我们谈谈你是如何跟浙大学生交往、交朋友的吗？你觉得他们和外国人交流情况如何？

It depends on people's personality. I feel some people are very open, and they talk to me very openly, and so do I. I make jokes about them, so do they. But some people just can't accept this style, it is hard to understand, so it depends on individuals and their personalities. But I think that most Chinese are not so open and straightforward, and there are still some difficulties for them to communicate freely with foreigners.

这要看性格。我觉得有些人很开放，和他们聊得来。我也很开朗，我们相互之间会开玩笑。但是有些人就不能接受、不理解，每个人性格不一样，所以这个问题要看个人。但是我觉得大部分中国人都不是那么直白开放的，跟外国人自由交流还是有些困难。

7. So, how do you blend in local life here? What is the difficulty you met in China?

那你是如何融入这里的生活？你在中国遇到过什么困难？

I've been in China for a long time, so I have been used to Chinese daily life, it's no problem for me.

我来中国有一段时间了，慢慢适应了这里的生活，没有什么困难。

8. Except Hangzhou, have you ever been to other Chinese cities?

除了杭州，你还去过中国的哪些城市？

I have stayed in Shanghai for 3 years, and been in Beijing for 1 year, then I would like to travel to more places. Also I have been to Tianjin, a city called Shangqiu, Henan, Macao, Guangzhou, Hong Kong, Rizhao, Qingdao, and Nanjing.

我在上海待了 3 年，在北京待了 1 年。我想去更多的地方旅行。我也去过天津、河南商丘，还去过香港、澳门、广州、日照、青岛和南京。

9. It seems that the places you've visited are mainly coasted cities in south-east China, right?

似乎你去过的城市主要都是东南沿海城市？

Yes, they are costal cities in southeastern China, I've never been to the western part of the country.

是的，都是东南沿海城市，我还没去过西部。

10. Compared with those cities you visited, what are the biggest advantages and disadvantages of Hangzhou?

和这些城市相比，杭州最大的优势和不足是什么？

The biggest feature of Hangzhou is the natural environment. Compared with metropolis like Shanghai and Beijing, I feel that there is no city culture. For example, after 9:00 pm, there is no place to go for fun, it's very dark outside. I am an energetic young man, so I hope I can have a little bit busier and more noisy night life in Hangzhou.

杭州最大的特点就是它的自然环境。我认为和北京、上海那种大都市相比，杭州缺少自己的城市文化，比如，晚上九点之后就没有什么娱乐的地方了，外头很黑。我是一个喜欢热闹的人，我希望杭州能更加热闹一些，有更多的夜生活。

11. Have you ever considered to continue to stay in Hangzhou?

你有考虑过在杭州继续发展吗?

I do want to stay in China, but not in Hangzhou. Maybe Beijing, Shanghai or Hong Kong.

我确实想留在中国，但应该不会在杭州，可能会去北京、上海或者香港。

12. Can you tell me why?

可以说一下原因吗?

I just want to stay in the big city. Opportunities are fewer in Hangzhou, it's better to work in political or economic centers. Beijing is the capital city while Shanghai is also an international city. There are a lot of chances over there.

我就是想要去大城市。杭州的工作机会不多，还是到政治或经济中心地区工作更好。北京是首都，上海是国际大都市。这些地方的机会也更多。

13. Then, we hope that you can give us some suggestions to make a better Hangzhou from a foreigner's point of view?

你可以从外国人的角度给杭州的发展提一些建议吗?

The traffic in Hangzhou is very inconvenient, for example it takes 2 hours from our school to the Mixcity by bus. With so much time on the road, I prefer to go to Shanghai. The Time spent on the road is too much, traffic congestion is everywhere. I have a suggestion, Hangzhou has really good natural environment, which blends with the city. It's rare in other places. I think this is a very good advantage to take. I feel the city needs to continue with environmental protection. It is the paradise on the earth.

杭州的交通非常不方便，比如说从浙大到万象城，坐公交车需要两个小时，我更愿意去上海。路上消耗的时间太久了，交通很拥挤。我有一个建议，杭州的自然环境不错，与城市发展相契合，这在其他城市并不多见。我觉得这样发展下去很好。保护自然环境，多开发一点自然环境，我觉得很不错。上有天堂，下有苏杭嘛。

Thank you!

谢谢你!

采访者：何某、傅某

采访对象：外籍人士

国籍：印度

职业：教师

1. Today we come here to ask you some questions about your impression of Hangzhou, so could you help me?

今天我们来这里，想问你一些关于杭州印象的问题，请问你方便吗？

That is OK, no problem.

好的，没问题。

2. Where are you from?

请问你来自哪里？

I'm from India.

我来自印度。

3. India? So how long have you been in Hangzhou? What do you do?

印度？那你来杭州多长时间了？你是做什么工作的？

About 2 years. I am a teacher trainer in GLV.

大约 2 年了，我现在是一名师资培训师。

4. What's the difference between Hangzhou and your hometown?

杭州和你的家乡有什么不同吗？

Very different. My hometown is near the sea. I really miss ocean, although there is the Xiang Lake in Xiaoshan and the West Lake in the downtown. And the climate is quite different. My hometown is very hot, Hangzhou is cooler, especially it is colder in the winter.

很不一样，我家乡是靠海的，尽管萧山有湘湖，市区有西湖，但我还是非常想念大海。还有气候也很不一样，我家乡很热，杭州更冷一点，尤其是在冬天。

Yeah, then, can you adapt to the different climate here?

那你能适应这里的气候吗？

Yeah, it's easy to get used to it.

当然了，这很容易适应。

5. May I know where else have you been to in China?

请问你还去过中国的哪些城市?

Yeah, I had been in Shanghai for one year.

是的，我曾在上海呆过 1 年。

6. Oh, so, what's the difference between Hangzhou and Shanghai?

那你认为杭州和上海有什么不同?

Yes, I think people in Shanghai have a fast life pace; they have no time to rest. But people in Hangzhou get more time to enjoy life, it's a more comfortable city to live and relax.

我认为人们在上海生活节奏很快，没有时间休息。而杭州人更享受生活，这是一个适合生活休闲的城市。

7. Yes, Hangzhou is a very livable city, so that's why you chose Hangzhou?

是的，杭州是一个很宜居的城市，所以你选择了杭州?

Yeah, people in Hangzhou are interested in speaking English, they want to improve their English. It's very glad to meet and talk to local people. They are happy to talk with foreign people. They are more friendly.

对，而且杭州人对英语很感兴趣。他们想提高英语能力，我很开心能和当地人交谈。他们很乐意与外国人交谈，都很友好。

8. So, does the hospitality of local people make you feel very happy, is there anything else?

所以杭州这种友好的接待让你很舒心，还有别的吗?

Yes, if you have good friends, you will be very happy. And another important thing for me is the natural scenery like Xiang Lake and the West Lake. Because I am really happy to see water.

是的，如果你有好朋友你会很开心，对我来说另一个重要的原因是杭州的自然风景，比如湘湖和西湖。因为我看到水很高兴。

9. Because your hometown is near the ocean?

因为你的家乡在海边?

Yes, I like Xiang Lake very much because of its beauty and tranquility. I like going there for exercising in the morning. Oh, it's also a good place for people to spend their holidays.

是的，我很喜欢湘湖，非常美，很安静，

我喜欢在那附近晨练。那也是个度假的好地方。

10. Yeah, where have you been to in Hangzhou besides the two lakes?

那在杭州，除了西湖和湘湖，你还去了哪里呢？

Yeah, I went to the Tea Garden, museums and some pagodas and so on. And I go to the church every weekend on Zhoushan Road.

很多，我去了茶园，博物馆，还有一些塔，等等。我会每个周末去在舟山路上的教堂。

11. Wow, every weekend?

每个周末都会去吗？

Yes, I also like to go to some out-skirt cities near Hangzhou, like Ningbo, Shaoxing. It's convenient to go there.

是的，我还喜欢去杭州附近的城市，例如宁波、绍兴，过去也很方便。

12. Really? would you like to say something about them more specifically?

真的吗？你能不能具体说说呢？

The high speed railway in Hangzhou is very convenient. I can go to Nanjing, Shanghai, Suzhou by the train. It's very convenient. I can go there on Friday and come back on Sunday, for just two days. I like the tours.

杭州的高铁很便利。可以坐动车去南京、上海、苏州，非常方便。我周五去，周日回来，待两天。我喜欢旅行。

13. Oh, yeah, the high speed railway is very convenient. What about the traffic in Hangzhou? Do you think it's convenient too?

是的，高铁很方便，那你认为杭州的交通如何？你认为方便吗？

The traffic is too crowded in Hangzhou, I prefer trains.

杭州市内的交通十分拥挤，我更喜欢火车。

Yeah, it's not so convenient to take the bus.

是的，乘公交车并不方便。

Yeah, so when I am in Hangzhou, I prefer to ride a bicycle. I think it's more convenient than taking the bus.

在杭州我宁愿骑自行车，这比乘公车要方便得多。

Yes, there are public bicycles for rental. If you have a card, you can rent one.

是的，在杭州有公共自行车，用卡去租就好了。

Yes, it's also works in Xiaoshan.

对，在萧山也可以用。

14. OK. What would you do in your free time?

那么在平时空闲时间里你会做什么呢?

I will go sightseeing around Hangzhou, I like go to the Wushan Square, Hefang Street. There are many traditional Chinese restaurants and western restaurants. There is also a Xinjiang restaurant. I like the food there, such as the barbecue, lotus root and so on.

我会出去闲逛，我喜欢去吴山广场，河坊街。那里有很多传统的中餐馆和西餐厅。还有一个新疆餐馆。我很喜欢。我很喜欢那里的食物，像烧烤、藕等。

15. OK. There are many traditional food in Hefang Street, right?

是的，河坊街有很多传统小吃。

Yes. And sometimes I go to the theater or see the performance with my students. We also go to KTV for fun. It's really good.

对啊，我有时也会和我的学生一起去剧院或者看演出。我们还会去KTV唱歌，感觉很好。

16. Wow, what a colorful life you have. But before you came to Hangzhou, have you known anything about Hangzhou, like the history of Hangzhou ?

你的生活真丰富啊。那么你来杭州之前你了解杭州吗，比如杭州的历史?

Yes, I know just a little. It is the capital city in the Song Dynasty and I think there were a lot of historical capitals like Xi'an, Nanjing and so on.

我知道一些，杭州是南宋时的首都。我觉得中国有很多的古都，像西安、南京等。

17. Yes, So if your friends come to China, will you introduce Hangzhou

to them ?

对啊，如果你的朋友来中国，你会向他们介绍杭州吗？

Of course, we enjoy living in Hangzhou.

当然了，我们会很享受在杭州的生活。

OK. Thank you for your cooperation, and we hope your life will be better and better in Hangzhou

那就好，谢谢你的合作，希望你在杭州的生活越来越好。

Thank you.

谢谢。

采访者： 洪某、谢某、陈某、吴某

采访对象： Jessica

国籍： 美国

职业： 教师

1. This interview is about what's your feeling about Hangzhou. So may I know your name please?

这次采访是关于你对杭州的印象的。请问你的名字是？

My name is Jessica.

我叫 Jessica。

2. Where are you from?

请问你来自哪里？

I'm from California, USA.

我来自美国，加利福尼亚州。

3. Could you tell me your job here?

请问你的工作是什么？

I am an English teacher.

我是一名英语老师

4. OK, among so many cities, why did you choose to stay in Hangzhou?

为什么在中国众多的城市中，你选择了杭州呢？

I'm staying in Hangzhou as a part of a master program and I have very little choice. But I am very happy to be here.

因为我的硕士课程有一部分需要在杭州学习，但是来这里我很开心。

5. Have you ever been to other cities, such as Shanghai, Hong Kong, Beijing and so on?

你有去过其他城市吗，比如，上海、香港、北京等？

I have been to Beijing, it's very beautiful, so is Shanghai, Xiamen, Anji, and Lin'an.

我去过北京，那里真的很美，上海也是，棒极了。我还去过厦门、安吉、临安。

6. You mean that you have been to many cities. How long have you

been in Hangzhou?

那你去过很多城市，你在杭州待了多久？

Nearly ten months.

差不多十个月。

7. Compared with other Chinese cities, what do you think about Hangzhou?

与其他城市相比，你觉得杭州和其他城市有什么不同呢？

Compared with other cities, Hangzhou is more peaceful and beautiful, the scenery is very beautiful.

相对于其他城市，它更安静，更迷人。自然风景更漂亮。

Hangzhou is a well-known historical and cultural city in China, it is also one of the seven ancient capital cities in China. Since you have stayed in Hangzhou for a long time, you must have visited many scenic spots. How many scenic spots have you been to?

杭州是个历史悠久，文化底蕴丰富的城市。它是我国七大古都之一。你在杭州的期间肯定欣赏过很多美丽的景点。你都去过哪些景点呢？

I have been to the West Lake and Zhejiang University, there is a special garden close to the university. So I have visited it and I also have been to many scenic spots in Hangzhou.

我去过西湖，还有浙江大学，学校附近有个特别的花园，还去过很多其他景点。

9. Have you ever been to Lingyin Temple?

你有参观过灵隐寺吗？

No, I haven't. I think it will be a nice place to go.

还没去过，但是我觉得肯定值得一去。

10. Which scenic spot is most impressive to you?

哪个景点给你留下的印象最深？

My favorite scenic spot in Hangzhou is the West Lake, it's beautiful. There are many people there everyday. I love there.

我最喜欢的是西湖，那里景色迷人，每天都有很多人。我喜欢那里。

11. There are many peaks, springs, Buddha statues, so which one do

you prefer?

杭州有很多山峰、泉水、佛像。你更喜欢哪一个呢？

I think spring is the best. Girls always like water.

我最喜欢泉水，女生总是喜欢水多一点。

12. The old Chinese saying goes that, food is the paramount necessity of people, so what kind of local snacks have you tasted?

中国有句古话：民以食为天。你有吃过杭州哪些当地小吃呢？

OK, local food. I think my favorite restaurant in Hangzhou is Grandma's Kitchen. My favourite is the eggplant (qie zi) there, it's different from America's. It's long and thin in China, but it's big and fat in America. The taste is also different, but I don't know why.

说到本地食物，我认为我最喜欢的杭州餐厅是外婆家，我最喜欢的菜是茄子，它和美国真的大不一样。外观上，中国的茄子比较瘦，比较长；而美国的茄子比较大，比较圆。茄子的味道也不同，但我不知道为什么。

13. So next, how do you think of their service and customers there?

那你觉得那儿的服务如何，人怎么样呢？

The people who eat there, I think they are very nice, the service is also nice there. But sometimes it's not so good, maybe it is too busy there.

在那里吃东西的人都很好。服务也很好，但是有些时候不是很好，我想是因为太忙了。

14. If you have an opportunity to learn how to cook one kind of Chinese food, what will it be?

如果有机会让你学做中国食物，你会选择学哪道菜？

Oh, dumpling, dumpling is the best one.

噢，饺子。饺子是最好的选择。

15. You have visited many places and tasted delicious food. How about the night life in Hangzhou? Which hotel or youth hotel have you stayed?

迷人的风景看过了，美味的食物也尝过了。你体验过杭州的夜生活了吗？你住过哪些酒店或者青年旅馆？

Yeah, I have stayed in the hotel called Wyden, a five-star hotel on the Wushan Square. It's very nice, .

体验过了，我住过一个叫 Wyden 的酒店。它是一家在吴山广场旁边的五星级酒店。酒店很不错。

16. With the scenic spots, restaurants and hotels，how do you think of the life in Hangzhou?

从酒店、旅游景点和餐厅来看，你认为杭州的生活怎么样？

Yes, good quality.

嗯，生活质量很高。

17. Do you want to stay here and find a boyfriend?

你想留下来，找个男朋友吗？

Ha-ha, I love staying here, it is similar to my hometown.

哈哈，我很喜欢待在这里，它和我的家乡很像。

18. What kind of activities have you participated in at night? Such as KTV, Bar.

你曾经有过什么夜生活啊，例如 KTV、酒吧等？

I love singing, I have been to KTV once, with John and students. It's very interesting, it is different from America and I love going out at night.

我喜欢唱歌，我和 John 还有学生们一去过一次 KTV，非常有趣，和美国很不一样。我很喜欢在晚上出去逛。

19. Yeah, that is fun. After this short conversation I know you enjoyed your life in Hangzhou very much. Do you know something about local events?

听起来很有趣。通过这个简短的采访，我们听得出来你很享受在杭州的生活。那你知道当地的一些活动吗？

I have been to the music festival around the West Lake. But it's raining that day, I also went to the music festival in Haining.

我参加过西湖音乐节，不过那天下雨。我还去过海宁的音乐节。

20. What is the biggest trouble you have here? Language or other things?

你在杭州遇到的最大的麻烦是什么呢，是语言还是其他别的？

Language is not so troublesome, body language is useful. The biggest problem is taking a taxi. Once it takes me two hours to get a taxi. Sometimes I said to the taxi driver where I wanted to go and he said: "I know, I know." I spent two hundred yuan on one taxi. Because he really did not know where we were going. It is very difficult and sad.

语言不是最令我头疼的，肢体语言很有用。最大的问题的是打车问题。有一次我花了两个小时打车。有时候我跟司机说了我的目的地，他说："知道，知道。"我曾花了200块钱打的，就是一个因为司机并不知道我想去哪儿。这很麻烦，并且让人郁闷。

Yes, once it was a big trouble for me to get bus Y5 to the destination. It took me with five hours! The bus simply didn't not move forward at all.

是的，有一次我乘坐Y5路公交车，花了将近5小时才到目的地，车子根本一动也不动的。

Every time when I get on a bus, when the people get off the bus without keeping the line, I am shocked.

每次我坐公交车时，我发现人们下车都是不排队的，我感到很奇怪。

21. I am sorry for the bus problem. what is the most unforgettable thing?

我为此感到很抱歉，那你最难忘的事是什么呢?

Honestly, Hangzhou is beautiful, besides the scenery, people have been so great and so helpful to me. On many occasions, I have been lost and did not know how to get home, I could not speak Chinese either, it was local people who helped me out.

说实话，杭州很美，除了风景，这里的人也很乐于助人。有时候，我迷路了，找不到回去的路，我也不会说中文，是当地人帮助了我。

22. Your Chinese is very good.

你的中文很不错。

Thank you, just a little.

谢谢，我只会一点点。

And for many times, I rode my bicycle out. Once I was exhausted because it took me a couple of hours to come back. I could not go any further. And my Chinese is horrible, I was lost, but finally a girl took me back home with her bicycle.

　　然后我经常骑自行车出行。有一次，回去路上我骑了好几个小时，骑不动了。我的中文并不流利，而且还迷路了，最后是一位女孩骑车送我回去的。

　　That is all, thank you!

　　采访结束了，谢谢你！

　　You are welcome! I enjoy it！

　　不客气，我乐在其中。

采访者：徐某、彭某、徐某、祝某

采访对象：外籍人士

国籍：美国

职业：教师

1. Where are you from?

请问你来自哪里？

America, California, near San Francisco.

我来自美国的加利福尼亚，旧金山附近。

2. Yes, our oral English teacher is also from there. What is your profession now? And before?

我们的口语老师也是来自那里的。你现在的工作是什么？来杭州之前呢？

Now I am a teacher in Gateway Language village, I was also a teacher before I came here.

现在是平和英语学校的一名外教，来杭州之前也是一位老师。

3. How long have you been to Hangzhou?

你来杭州多久了？

Almost two weeks.

大约两周了。

4. Why did you come to Hangzhou?

你为什么来杭州？

To learn Chinese and teach English.

来学中文，教英文。

5. Which cities have you been to in China?

除了杭州，你还去过中国的其他城市吗？

No other city but Shanghai.

只去过上海。

6. How did you know about Hangzhou?

你是怎么知道杭州的？

I watched a video seven years ago about the cities in China and Hangzhou was in the video.

七年前我看到一段关于中国城市的录像，有看到杭州。

7. What is your general impression of Hangzhou?

你对杭州的总体印象是什么？

I know so little about Hangzhou, it is very hard to say impression of Hangzhou. And Hangzhou is a city of nature, and the city has a long history.

我对杭州不是很了解，所以让我说出对杭州的印象还是有点困难的，杭州是一个自然之城，也是历史古城。

8. Why do you like Hangzhou?

你为什么喜欢杭州呢？

There are buses, taxis in Hangzhou, so it's very nice.

杭州有公共汽车、出租车，这很令人满意。

9. Don't you think the traffic is terrible in Hangzhou?

你认为杭州的交通问题严重吗？

It's very crowded, the driver drives like crazy man. There is no subway here now.

杭州的交通很拥挤，司机看起来也很暴躁。而且目前还没有地铁。（注：采访时，杭州还未修建地铁）

10. Any bad impression of Hangzhou?

你对杭州有什么不好的印象吗？

It is difficult for me to get to the store. There are very few convenient stores.

对我来说购物是件麻烦的事情，这里的便利店太少了。

11. If you introduce Hangzhou to your friends, what will you say and why?

如果你要向你的朋友介绍杭州，你会怎样介绍？为什么？

OK, I will introduce the West Lake. As a matter of fact, I don't know what can be introduced really. I don't know too much about it.

我会介绍西湖，事实上，我也不知道具体介绍些什么，因为我了解的也不是很多。

12. Maybe you just haven't been to many other places in Hangzhou, so

you don't know much about Hangzhou.

可能是因为你没去过杭州的很多地方，所以你对杭州的了解不是很多。

Yes, exactly.

正是如此。

13. Can you give me some advice to the development of Hangzhou?

可以请你为杭州的发展提一些建议吗？

Many aspects, like the subway as you mentioned. More convenient stores could be built also. It will make me feel more comfortable.

有很多，比如你之前提到的地铁。还有就是开一些便利商店，我觉得那样会更方便。

14. I know it is hard for you. Can you make a comparison between Hangzhou and Shanghai?

我知道这对你来说可能有点困难。你能比较一下杭州和上海吗？

I once worked in R.O. Korea before. So it is perhaps...but I can't compare Hangzhou with Shanghai. Eh ha ... I don't know...Maybe Shanghai is developing more quickly, and Hangzhou is just on the way. This is a rising city.

我以前在韩国工作。所以可能……呃，我无法比较杭州和上海。可能上海发展得更迅速一些，杭州正在发展中。这是一座在崛起的城市。

15. That's all. Thank you!

好的，这次访谈就到这里，谢谢你！

You are welcome. It's my pleasure!

不客气，非常荣幸！

采访者：章某、许某、冯某、王某

采访对象：Drew

国籍：美国

职业：教师

1. Hello, my name is Salmons, nice to meet you!

你好，我是 Salmons，很高兴见到你!

My name is Drew, nice to meet you too.

我叫 Drew，很高兴见到你。

2. OK, today we want to ask you some questions about your impression of Hangzhou, so can you help us?

好的，今天我们想向你了解一些你对杭州的印象，可以吗?

That is OK, no problem.

好的，没问题。

3. I want to know that before you came to Hangzhou, what was your first impression when hearing about Hangzhou?

我想知道在你来杭州之前，提到杭州，你的第一印象是什么?

My first impression of Hangzhou was probably...well, the first impression was that it was different from other cities. There are poor and rich areas. And I feel that it is a big city after I traveled to several small places. When I first got here, I got lost, so I went all over the city.

我对杭州的第一印象可能……第一印象就是它和其他城市不同。杭州有贫困的地方，也有富裕的地方。当我游览了杭州的一些小地方之后，我觉得杭州也是一个很大的地方。当我第一次来到这里的时候，我迷路了，所以，我几乎走遍了杭州。

4. Before you came to Hangzhou, have you ever heard of this city?

你来杭州之前，听说过这个城市吗?

No, I've never heard about Hangzhou. I heard of Shanghai, but never Hangzhou. And I do not know much about other Chinese cities.

没有，之前我从来没听说过杭州，我只听说过上海。我对中国的其他城市也不是非常熟悉。

5. How long have you been here?

你来杭州多久了？

Right up to now, I think it's about two weeks.

到目前为止，我认为大概两个星期吧。

6. So you work here as a teacher?

所以你在这儿当老师吗？

I am learning to be a teacher.

我正在学习成为一个老师。

7. Would you like to settle down in Hangzhou for a long time?

你想在杭州长期定居吗？

I think it will be nice if so. I think if the subway is finished, I would like to live here.

我认为挺好的。我想如果地铁建好的话，我愿意住在这里。

8. Yeah! The subway will be finished in the October of this year.

地铁将在今年十月份完工。

So. I am looking forward to that. I will try to get a job in Hangzhou. I think that will be nice.

我很期待，我会努力在杭州找份工作，我觉得这非常棒。

9. How do you think about the transportation in Hangzhou? I think it is terrible.

你觉得杭州的交通怎么样？我觉得很糟糕。

Well, if the transportation can be better, I could go to more different places. Right now, there are small shops nearby and so on. But there should be more ways of transportation.

交通如果好一点的话，我能去更多的地方。但是现在我只能去一些附近的小商店等等。我想交通方式应该多一点。

10. Have you ever traveled to some other cities in China?

你有去过中国其他城市旅游吗？

It is my first time in China, Just Hangzhou.

这是我第一次来中国，就来了杭州．

11. Have you tasted some Chinese food?

你有品尝过中国菜吗？

I eat at the school. So I have tasted the school food. It is very good. The food is so good everyday.

我是在学校用餐的，味道不错，每天的食物都很美味

12. Is it all western food?

你吃的都是西餐吗？

No No. It was Chinese food sometimes. Everyday we try all kinds of Chinese food. There is also a barbecue street, which is not very far. The street food is delicious. I want to eat everything there. It is so good.

不是，也有一些中餐。我们每天都会品尝到不一样的食物，学校附近有一条烧烤街，那里的美食很多。我想吃遍那里的东西，都很好吃。

13. What will you do in your spare time?

你在空闲时间都干些什么呢？

I do not have much time right now. But I like reading, movies, and stories. And I also like doing sports, such as fencing.

我现在没有很多时间，但是我喜欢看书，看电影。我也喜欢运动，比如击剑。

14. What is your impression of people in Hangzhou ?

你对杭州人的印象如何？

People in Hangzhou are so nice. Really, very nice. And they look so clean. Before I came here, I heard that Hangzhou people spit everywhere and throw things in streets. But Hangzhou is so clean.

杭州人非常友好，真的很友好。我来之前，听说杭州人随地吐痰，在街上乱扔垃圾。但其实不是这样，杭州很干净。

15. Do you like Hangzhou's climate?

你喜欢杭州的天气吗？

I think it rains too much.

我觉得雨水太多了。

16. Thank you for helping us with this interview!

谢谢你接受我们的采访！

You are welcome!

不用客气！

采访者：朱某

采访对象：外籍人士

国籍：美国

职业：教师

1. Where are you from? Would you please tell me what is your job?

你来自哪里？从事什么工作？

I come from USA and I am a foreign teacher at a local college here.

我来自美国，在杭州的一所大学教书。

2. How long have you stayed in Hangzhou? Have you ever been to other cities? Compare them with Hangzhou please.

您来杭州多久了？还去过中国的哪些城市？请将它们与杭州进行比较。

I have been in Hangzhou for 6 years. Yes, I have once been to Shanghai. I think Hangzhou is much more peaceful and beautiful than Shanghai.

我来杭州 6 年了。我去过上海，与上海相比，杭州更加宁静和美丽。

3. How did you know Hangzhou? What's the most important reason that attracts you to Hangzhou ?

你是如何知道杭州的？是哪一点吸引你来杭州的？

I have stayed in Shanghai for one year, then I moved to Hangzhou for a new job. Actually, I was bored with the way of life in Shanghai and I wanted to change a life style. Now I see that Hangzhou is really a nice place to live, nice people, nice scenery and so on.

我曾在上海待过一年，然后我来了杭州，想换一份工作。事实上，我厌倦了上海的生活方式，想要换一种生活。现在我觉得杭州是一个适合生活的地方，这里人美，景美，什么都美。

4. Any bad impression of Hangzhou?

杭州给你留下过什么不好的印象吗？

The weather, extremely hot in the summer and very cold in the winter.

天气，夏天酷热，冬天很冷。

5. How do you think the economy growth in Hangzhou? Compare it

with your city please.

和你的故乡相比较，你认为杭州的经济发展水平如何？

I am from the Washington State, Hangzhou is OK, just like my hometown.

我来自华盛顿州，杭州不错，和我家乡一样。

6. How do you think of the food in Hangzhou? What's the biggest difference with your country?

你认为杭州的饮食如何？和你国家的饮食最大差异是什么？

I like Hangzhou food, boiled fish with pickled cabbage and chili especially. It tastes good indeed. My country, you mean hamburgers? Wow, I can't see any similarities between them.

我喜欢杭州菜，特别是酸菜鱼，味道十分不错。我的家乡菜，你是指汉堡吗？它和杭州菜完全不同。

7. What do you think should be improved firstly in Hangzhou?

你认为杭州最先应该改善哪些地方？

The traffic and housing price.

交通和房价。

If you want to introduce Hangzhou to your friends, what will you choose? Why?

如果你要向你的朋友们介绍杭州，你会介绍什么？为什么？

The West Lake of course. It is very beautiful, there is a famous love story that may be attractive to people like me. Fond of listening to stories is human nature, isn't it?

当然是西湖。它很美，还有一个古老的爱情故事，这对外国人来说很有吸引力。人们都很爱听故事，不是吗？

采访者：鲁某、陈某、黄某

采访对象：外籍人士

国籍：美国

职业：教师

1. Would you please tell me where are you from ?

请问你来自哪里？

I am from New Jersey.

我来自美国新泽西州。

2. Before you came to China, what did you do?

在你来中国之前，你是从事什么工作的？

I got many different jobs. I am a student, I attended an university in Michigan，Michigan State is in the middle of America. I am a student in America, but here I work, I teach English, and next month I will be studying in Beijing for 2 months, taking a Chinese language course.

我做过很多工作。我是一个学生，在美国中部密歇根州的一所大学学习。虽然我在美国是个学生，但我在这里工作，我教英语。下个月我将前往北京，参加一个为期两个月的中文课程。

3. What other cities have you ever been to in China?

你还去过中国的那些城市？

I have been to Beijing, Tianjin, Xi'an, Guangzhou, Hong Kong, Macao.

我去过北京、天津、西安、广州、香港、澳门。

4. Can you compare them with Hangzhou? In terms of daily life, impression of local people, and city image.

你能从日常生活、市民印象、城市面貌等方面将这些城市与杭州进行比较吗？

I like Hangzhou, I think Beijing is very crowded, and it is not as clean as Hangzhou. I like Hangzhou, I feel happier here and it's great, and it's very easy to live here. Xi'an is great too, it has a long history, Hangzhou does not have so much history, it has no much Chinese culture as Xi'an does，you know, that's pretty good that it is quite different from other cities. I really like Hong Kong,

Hong Kong is a great and very clean city, and the people are very friendly to the westerners, it's very modern, with the most modern things anywhere from the world. But I think Guangzhou comes similar as Hangzhou, Tianjin is also very different.

我喜欢杭州，我认为北京太拥挤了，也不如杭州干净。我爱杭州是因为杭州很棒，这里能让我觉得很开心，也很适合生活。西安也很棒，有着很深厚的历史。相比较而言，杭州不像西安那么历史悠久。你知道，西安包涵了很多的历史文化，非常棒，与其他城市相比很不一样。我非常喜欢香港，香港很干净，香港人对西方人非常友好。香港聚集着很多来自世界各地的时尚品牌。广州和杭州差不多，天津又是一座不一样的城市。

5. So what do you like best in Hangzhou？

你在杭州最喜欢的是什么？

I like people here, very easygoing.

我喜欢这里的人，他们都很好相处。

6. So how long have you been in Hangzhou?

你来杭州有多久了？

I have been in Hangzhou for 2 weeks, only 2 weeks.

我来杭州仅仅 2 周。

7. Have you been to the West Lake?

你去游览过西湖了吗？

Yes, one day in the last weekend. It's great, very beautiful, we went to see an old house which is now a hotel, it is so beautiful.

是的，上个周末去游览过。西湖很赞，很漂亮。我们参观了一幢现作为宾馆的老房子，很漂亮。

8. Do you have any bad impression about Hangzhou?

你对杭州有什么不好的印象吗？

I've only been here for 2 weeks, so I like everything here, so no bad impression.

我刚来杭州 2 周，我对这里的一切都很喜欢，所以没有不好的印象。

9. Hangzhou is famous for many delicious food, have you tasted them？

杭州有很多著名美食，你都品尝过了吗？

I love tasting food; I have enjoyed many different Chinese food here. I love Chinese food, I don't like spicy food, but I love Chinese food, love Hangzhou food which is not so spicy.

我喜欢品尝美食，在这里我尝到了各种各样的中国美食。我爱中国食物，我不喜欢辛辣的食物，但我喜欢中国菜，就像杭州菜，不会很辣。

10. How long do you plan to stay in Hangzhou?

你计划在杭州待多久？

In Hangzhou I will be here for 1 month, and then I will live in Beijing for 2 months.

我会在杭州待 1 个月，然后我会去北京待 2 个月。

11. Do you plan to go back to America?

你准备回美国吗？

Yes, I will be back to America on August 13.

是的，8 月 13 日我就回美国了。

12. If you want to introduce Hangzhou to your friends, what will you choose? Why?

如果你要向你的朋友们介绍杭州，你将介绍哪些方面？为什么？

Great people, leisure activities, easy to get to, very close to Shanghai.

友善的人们、娱乐活动、交通便利、离上海很近。

13. Have you made some friends in Hangzhou?

你在中国结交到朋友了吗？

I work with people whom I go out with at night. I go with my coworkers. No, I have not met many people in Hangzhou.

我一般晚上和我的同事们一起出去玩，我在杭州认识的人不多。

14. How do you think about the economic growth in Hangzhou?

你认为杭州的经济发展水平如何？

Easy public transportation, close to Shanghai, the train is fast like the magic, but the buses, the subways are not. They are building the subway right now. So when that is done, I think that will bring large economic progress for Hangzhou. I think the subway will be a great boost to Hangzhou's economy.

便利的公共交通，能够很快到达上海，火车速度快得就像变魔术一样。但是公交车、地铁还不够完善。地铁还在修建中。所以我认为，当地铁全部建成之后，能够带动杭州的经济发展，地铁对杭州的经济发展有着推动作用。

15. How did you know Hangzhou? By advertisement or magazines or your friends?

你是通过什么方式了解杭州的呢，广告、杂志或是朋友介绍的?

I wanted to come to China very much. After I visited Beijing, I went to Shanghai. And when I didn't know where to go, I found GLV. They offered me a job. So I think it is how I knew Hangzhou.

我很想来中国，去过北京之后，我又去了上海，在我不知道我到底想去什么地方的时候，我找到了 GLV，他们给了我这份工作。这就是我认识杭州的方式。

16. After you go to Beijing, will you come back to Hangzhou?

去北京之后，你还会回杭州吗?

I will be going back to America, and one day I will come back here, I don't know when but one day.

我会回美国，但有一天我会回杭州，我不确定具体是什么时候，但是我会回来的。

17. Will you choose Hangzhou as the city you settle down?

你会选择在杭州定居吗?

I love China, yeah, really, but I would choose to live in America.

我爱中国，我真的很爱中国，但是我会选择在美国定居。

18. So, would you please compare your city with Hangzhou?

你可以将你的城市和杭州做一个比较吗?

Hangzhou is really different from where I live. I don't live in the city, so I will compare Hangzhou with New York. New York is very close to where I live, it is really different. New York has people from all over the world, there are white people, African American... people from everywhere in the world. But Hangzhou is very Chinese, I'm not saying that's good or bad, I just say it is different...

杭州和我所住的地方有很大的不同，我不是住在城市里，因此我会将杭州和纽约做一个比较。因为纽约离我住的地方很近，纽约有来自世界各地的人：黑人、白人……来自世界各个地方，但是杭州是一个非常中国化的城市，我并不是说这好或是不好，只是它们有所不同。

19. How about food?

那饮食方面有什么不同呢？

New York food is very good, it has the best pizza in the world. I miss the food in New York, but I like the food in Hangzhou by now. The food is unique.

纽约的食物很不错，有世界上最好的披萨，我很想念纽约的食物，但是现在我也很喜欢杭州的食物。杭州的食物很独特。

20. What is your favorite food in Hangzhou?

那你最喜欢的食物是什么？

I like Jiaozi, dumpling.

我最喜欢饺子。

21. So, where have you been to except the West Lake in Hangzhou?

除了杭州西湖，你还去过哪些地方？

Where have I been to in Hangzhou... I don't know the names, I have been to the outskirt of the West Lake and around my work place. I have been to an art school near the West Lake which is said to be the best in China, but I forgot the name.

我不知道去过地方的名字，但我去过西湖和我工作的周边。还有我去过西湖旁边的一所美术学校，听说那是中国最好的美术学院，但我不记得它的名字了。

22. Is it called the China Academy of Art.

那应该是中国美院吧？

Maybe, it is very beautiful.

可能是吧，非常漂亮。

23. I know you have been to Beijing before, so have you been to the Great Wall?

我知道你之前去过北京，那你去过万里长城吗？

Yeah, I have been to the Great Wall, Tian'anmen Square and an interesting temple.

是的，我去过万里长城、天安门，还有一个非常有意思的寺庙。

24. Hangzhou also has a very famous temple called Lingyin Temple, have you ever heard of it?

杭州的灵隐寺也非常著名，你听说过吗？

Well, where is the temple?

这个寺庙在哪里？

25. Not far from the West Lake, it has a long history.

离西湖不远，它有很悠久的历史。

Yes, I have seen that, it is really interesting.

是的，我见过，非常有意思。

26. Can you tell us more information about the difference between America and China?

你能再说说中国和美国的不同之处吗？

OK, there are many differences because of many reasons. Do any of you have sisters and brothers?

好的，很多原因导致了不同，你们有兄弟姐妹吗？

Yes, we do.

有的。

Here in China everyone I meet don't have sisters and brothers. It is really interesting because of the one-child policy. So, you guys are lucky. Also, in America our economy grows very slowly and China grows very fast now.

在中国，我所遇到的人都没有兄弟姐妹，我觉得很有意思。可能是计划生育政策，所以你们很幸运。在美国的经济现在发展很缓慢，而在中国却很快。

27. OK, what's your impression about Hangzhou before you came to Hangzhou?

在你没来杭州之前，你对杭州的印象是什么？

I didn't hear anything about Hangzhou, only two things: it is said that the weather is really hot and beautiful and the girls in Hangzhou are the most beautiful ones in China.

我只听说过两件事情：杭州的天气很热，杭州的女生是中国最漂亮的。

28. Did you know Hangzhou through magazines? It will tell you its scenery about the West Lake, famous tea like Dragon Well Tea, the green tea?

你是通过杂志来了解杭州的么？它会告诉你杭州有著名的西湖，还有一种很有名的绿茶，西湖龙井吗？

I don't know much about Hangzhou. Actually I like running in the morning, but in Beijing, the air is not so clear. But here I like running in the morning. It is great. Because the air is very clear.

我对杭州并不是很了解，事实上我喜欢在早上跑步，然而北京的空气不是很好，但是我很喜欢在杭州晨跑，感觉很棒，因为这里空气很干净。

29. What sports do you like in China?

在中国，你喜欢什么运动？

I don't know much about sports in China.

我对中国的运动不是很了解。

30. I heard about many sports in America, like football and baseball.

我们听过美国的很多运动，例如足球和棒球。

Yeah, American soccer.

是的，美式足球。

Yeah, baseball. Baseball is very popular in America. And football, we call football. I know Yao Ming did well in NBA.

是的，棒球在美国很流行，还有足球篮球，我知道姚明在 NBA 打篮球打得很好。

Yes.

是的。

Comparing with Chinese sports, I prefer American sports.

比起中国的运动，我更喜欢美国的运动。

31. Chinese sports are very quiet and soft, like Tai Chi.

中国的运动比较柔和，例如太极。

Yes, I like Tai Chi.

是的，我喜欢太极。

32. Now, you only run in the morning?

现在你只在早上跑步吗？

Yes, I like to run. Do you like American music?

是的，我喜欢跑步。你喜欢美国的音乐吗？

Yeah, I do.

是的，我很喜欢。

Which singer do you like?

你们喜欢哪个歌手？

I have many favorite singers. Oh, have you ever heard of the song *Trouble Maker*?

我喜欢好多呢。你听过《惹麻烦的人》这首歌吗？

Trouble Maker? Who is the singer?

《惹麻烦的人》，是谁唱的？

I forgot. My favorite American singer is Taylor Swift?

我忘了。我最喜欢的美国歌手好像是叫泰勒·斯威夫特的。

Yeah, I like her, she is very different. She is popular in America.

啊，是的，我也喜欢她，她是有点与众不同，在美国很受欢迎。

33. Who is your favorite Chinese actor or actress?

你最喜欢的中国男演员或者女演员是谁呢？

Jakie Chan. He is very popular in America. I know he is even more popular in China. He is great.

成龙。他在美国很受欢迎，我知道他在中国更受欢迎。他很了不起。

34. What kind of movie do you like? Action movie?

你喜欢哪种类型的电影呢？动作片么？

Comedy. Chinese people watch American movies, and American people also watch Chinese movies.

喜剧片。中国人喜欢看美国片，美国人也喜欢看中国片。

35. Many people like Hollywood，it is the best place to product movies. And Chinese movie is just learning from Hollywood.

许多人喜欢好莱坞，那里是生产电影的最好的地方。中国电影正在向你们学习。

Yes. It is very interesting.

这很有趣啊。

36. Have you been to the zoo in Hangzhou?

你去过杭州动物园么？

No, I haven't. What kind of animals are there in the zoo?

没有。动物园里有什么动物？

There are many animals, such as tiger, pandas, monkeys and so many.

有很多动物，例如老虎、熊猫、猴子等。

Pandas? I've never seen real pandas forever, I really want to see it.

有熊猫啊？我从来没见过真的熊猫，我很想看看。

If you have time, you can go to see them, it's near the West Lake.

有时间你就可以去，就在西湖附近。

OK, I would like to.

哦，我会去的。

We are very happy that you can accept our interview, we hope you can enjoy your work here and have a happy life here in Hangzhou. Bye-Bye!

很高兴你能接受我们的采访，希望你在杭州生活愉快，工作顺利。再见！

采访者：楼某、张某、俞某

采访对象：Monica

国籍：美国

职业：教师

1. I know your name is Monica and you come from California of America, right?

我知道你叫 Monica，你来自美国的加利福尼亚州，对吗？

Yes, of course.

是的，没错。

2. When did you come to Hangzhou?

你什么时候来杭州的呢？

On September 1st of 2011.

2011 年 9 月 1 日。

3. Why did you choose to be a teacher?

为什么你会选择当一个老师？

I came here as part of my master's program through Concordia University in Irvine California and part of getting the master's degree in international studies involves coming to China to teach English for almost one year—teach oral English. And I had a choice to teach young children or college-age adults. And I chose the latter. I don't think I can handle well with the young children.

我通过参加加利福尼亚州欧文市的康科迪亚大学硕士项目来到中国。项目中拿国际研究硕士学位的学生需要在别的国家教一年的英语口语。我可以选择年龄小的学生，也可以选择教大学生。我选择了后者，因为我认为我可能管不了小孩子。

4. If you can settle down in Hangzhou, will you choose any other jobs?

如果你能定居在杭州，你会选择什么工作？

I have looked for different jobs all over Asia. And I know that I can follow by teaching because China wants native English speakers to teach English. Also my background is business. So my options are open, whether I get the job in America or here. So it is just depends.

我在亚洲范围内寻找工作。我知道我可以继续做老师。因为中国需要英语为母语的人来教英语。我曾经是做生意的，所以我也和一些公司联系过。我的选择范围比较广，所以不管是回美国工作还是留在这里都可以，视情况而定。

5. Through which way did you know about Hangzhou?

你是通过什么途径知道杭州的呢？

Through the Internet and a few of my mother's friends. My mother has many Chinese friends. And they were telling me about Hangzhou and all of them said it was a beautiful city. It is! And I am lucky to be living here.

我是通过网络和我妈妈的几个朋友知道的。我妈妈有很多中国朋友，他们告诉我杭州是一个十分美丽的城市。确实如此！我很幸运我可以住在这里。

6. Did you go to any other city when you were in China?

当你来到中国以后，你还去过别的城市吗？

After I arrived in Hangzhou, I did travel to Xi'An, Beijing, Shanghai, Shaoxing and Hong Kong.

在我来到杭州以后，我还去西安、北京、上海、绍兴和香港旅游过。

7. Among these cities, which city do you like most?

在上述城市里，你最喜欢哪个城市？

Each city has something different to offer. So I can't really compare them. But I like Beijing. Because it's easy to get around the city.

因为每个城市都有很多闪光点，所以我不能真正比较出来，但是我喜欢北京，因为去任何地方都很方便。

8. Where did you want to travel before you go back to America?

在你回美国以前，你还想去中国的哪些地方旅游呢？

I am looking forward the possibility of traveling to Chengdu, Guilin. However It's the summer time now so the prices are little bit high. It's expensive.

如果有可能的话，我还想去成都、桂林。但是现在已经快到暑假了，所以旅游就有点贵了。

9. How did you know about these cities like Chengdu and Guilin?

你是通过什么途径来知道成都和桂林这些城市的呢?

Through the internet and travelling. When I went to Xi'an and Beijing, I stayed at hotels where you could meet people who have traveled all over the world. So you had conversations with the people at the hotels and they make good travel recommendation.

通过网络和我的旅行经历。我以前去西安、北京旅行的时候,在我入住的酒店可以见到从世界各地来旅行的人。因此可以和他们交流,他们会推荐一些好的旅游城市。

10. What's your impression of Hangzhou ?
你对杭州的印象是怎么样的?

My image about Hangzhou is that it is a beautiful city. I think it is also a city growing very rapidly. It seems that there are many people living in the city now and maybe the city planners are attempting to catch up with the population growth. I see that a subway is under construction.

在我的印象里,杭州是一个美丽的城市。我认为这个城市发展很迅速。现在看起来有很多人居住在这个城市。或许这个城市的规划者已经想好了应对人口增长的措施,我看到有地铁正在建设中。

11. How do you think about the Hangzhou citizens?
你认为杭州的市民素质怎么样?

Everyone has been very pleasant, helpful and nice. Maybe they do not meet as many foreigners here as they do in Shanghai. So I think there are less people in the city speaking English here. When I went to Shanghai, I found that more people speak English. But that may change.

每个人都很友好,很乐于助人。也许他们不像上海人一样有很多接触外国人的机会,所以我觉得这里会说英语的人很少。当我去上海的时候,那里有很多的人会说英语,但是我相信这一点也会改变。

12. Do you know what made Hangzhou famous?
你知道杭州因什么而闻名吗?

I know that the West Lake is probably the No. 1 tourists attraction. And then the tea, Lingyin Temple and the views around the West Lake. And Wushan Square is quite charming for tourists. That is all I know. I also know Hangzhou is well-known for its silk, the silk production is pretty good.

我认为西湖也许是杭州最有名的景点，还有是茶叶、灵隐寺以及西湖周边的景点。像吴山广场也非常吸引游客，这是所有我知道的。我还了解到，杭州的丝绸很有名，丝绸制品很好。

13. What is your favorite food during your stay in Hangzhou?
当你在杭州这段时间，你最喜欢的食物是什么？

Well, I'm a particular picky eater. So I haven't had many different foods here. I have tried different foods through out the city, like the noodles, the West Lake fish in vinegar gravy. But when I went to the Tea house, I tried all different types of food, so there were fruits, pastry, meats, vegetables, rice and noodles. So when I eat in the tea house. I always enjoy the food.

我是一个特别挑剔的食客，因此我在这里尝试的食物不算多。我到外面去尝试不同的食物，像面条、西湖醋鱼。但是当我去茶馆的时候，我尝试了许多不同的食物，那里有很多的水果、面点、肉类、蔬菜、米饭和面条。因此我非常喜欢茶馆里的食物。

14. If you have the chance to recommend Hangzhou to your friends, What will you introduce about Hangzhou?
如果你有机会向你的朋友介绍杭州，你会介绍什么？

I will introduce the West Lake to my friends. Also, I will introduce Lingyin temple. Actually, it is one of the prettiest temple I have been to. Because it's different from the Buddha that were carved into the mountain.

我会向我的朋友介绍杭州西湖，当然也会介绍灵隐寺，事实上这是我去过的最好的寺庙之一，我觉得那里与雕刻在山石中的佛像是不一样的。

15. Can you give some suggestions to make Hangzhou better?
你可以给一些让杭州建设得更好的建议吗？

Transportation should be improved. I think we have so many colleges on one street and thousands of students on one street that want to go to the city, especially on Fridays. I just think the city should make accommodations for that. I do not think they have enough buses especially on the weekends for the students. You know it is difficult for people living here. Because it is very crowded and I also have to be back here on time because the buses will stop running. But I think they should organize the tours for the city. They need publicize more and more, people should know about them. And maybe some day-trips like sightseeing of the city to let more foreigners or visitors stay in Hangzhou. Also the city needs to publicize the arts, theaters, musicians and even the lessons for foreigners on how to make dumplings or Chinese food. Or having Chinese restaurants to hold a party to attract tourists.

　　交通条件有待改善，这里有很多学校，有许多学生要去市区，尤其是在星期五的时候，我觉得城市的交通规划应该给予调节。我认为他们需要足够的公交车，尤其是在周末给学生提供方便。你知道，我们住在这里很麻烦，因为公交很挤，而且必须尽早返校，不然就没有公交车了。此外，我认为城市可以设计一些旅游线路，并做更多的宣传，以便让更多的人了解杭州。也许可以开展杭州几日游，让旅游者可以住在杭州，同时宣传艺术、剧院、音乐甚至开展一些怎么做饺子等中国美食的课程，也可以开办一些能举办聚会的中式餐馆来吸引游客。

采访者：楼某、张某、何某

采访对象：Alex

国籍：德国

职业：酒店实习生

1. Can you tell me your name and where are you from?

请问你叫什么名字？来自哪里呢？

My name is Alex. I am a German.

我的名字叫 Alex，来自德国。

2. How long have you been working here?

请问你在杭州工作了多久？

I came here as an intern for almost one month now.

我来这里参与实习工作接近一个月了。

3. Why would you come to Hangzhou and choose this job?

请问你为什么选择来杭州，从事这份工作呢？

I have been here for almost 4 years and I study tourism management at Gongshang University and this year is my graduate year. So I choose this hotel to do my internship.

我来这里已经 4 年了，我在浙江工商大学学习旅游管理这个专业，我今年大四，因此我选择在酒店实习。

4. Have you been to any other cities in China?

你去过中国的其他城市吗？

Yes I have been to Shanghai, Beijing, Suzhou and Chengdu.

是的，我去过上海、北京、苏州和成都。

5. What is your impression of Hangzhou?

请问你对杭州的印象是怎么样的呢？

Pretty good. I think it is a nice city because it is green and try to be very clean. The mountains and landscapes here are very beautiful. The environment here is much better than Shanghai. Because I have lived in Shanghai for two years. And I just think it is a very green and is a leisure city.

很好，我认为这是一个很好的城市，因为绿化做得很好，很干净。这里的风景和山峦很美，自然环境要比上海好。因为我曾经也在上海生活过2年。总的来说，我觉得杭州是一个很绿色，也很休闲的城市。

6. What do you think about the negative things in Hangzhou?

请问你对杭州有什么不满意的地方吗?

The negative thing maybe is the traffic sometimes. I mean that the traffic in Chengdu you know is also bad but in Shanghai they have the shift change and you can get the cab at 5 or 6 o'clock. I think this is not good in Hangzhou. Otherwise, there's nothing to complain about.

不满意的地方也许就是交通，成都的交通情况很差，但是在上海的话，他们有交通轮班转换，你在五点或者六点的时候还可以打到出租车，但是这个时间段杭州就没有这么好了，除此之外，其他也没有什么问题了。

7. Do you know what made Hangzhou famous?

你知道杭州以什么出名吗?

Longjing Green Tea, the West Lake, silk. I have been to the Silk Museum.

龙井茶、西湖、丝绸。我还去过丝绸博物馆。

8. Did you live in this hotel?

你是住在酒店里吗?

I didn't accept the accommodation that they provide for me. I live in my own apartment. My apartment is nice.

我没有住在他们提供给我的地方，我住在自己的公寓里，那里很好。

9. Do you think it's convenient for you to buy something from the supermarket?

你认为在这里去超市买东西方便吗?

Yes, very convenient.

是的，很方便。

10. Do you like the food here?

你喜欢这里的食物吗?

Yes, I like Chinese food generally like Dongpo Pork, potatoes. But I don't like fish.

是的，我喜欢这里的东坡肉、土豆，但我不喜欢鱼。

11. If you have the chance to introduce Hangzhou to your friends, what

will you introduce?

如果你有机会给你朋友介绍杭州，你会如何介绍呢？

The West Lake and the central island, the Lingyin Temple or trips in similar places.

西湖，还有小岛，还有灵隐寺，或者诸如此类的地方。

12. Can you give us some suggestions to make Hangzhou better?

你能给我们一些让杭州变得更好的建议吗？

Try to keep the rubbish recycling and separate the rubbish into recyclable and unrecyclable. I just saw people throwing the rubbish into the dustbin but they didn't have the awareness to separate them. So whatever the policy is, I think it should be strict. Besides, sometimes there are lots of people around the West Lake, so I think it should be controlled properly.

尽量做到垃圾回收利用，将垃圾分为可回收和不可回收。我注意到人们将垃圾扔进垃圾箱，但还没意识到将它们分类。不管政策是什么，我认为都应严格执行。还有就是，有时候西湖上人太多了，所以我认为应该控制一下人流量。

Thank you for your suggestions and your answers！

谢谢你的建议！

You are welcome！

不用谢！

采访人：刘某、皇甫某、高某

采访对象：外籍人士

国籍：美国

职业：教师

1. How do you think about the transportation in Hangzhou?

请问你对杭州的交通有什么感想？

The transportation for me is a challenge. When I am out, I need to take a bus, and the bus is usually crowded. I should plan a day around the bus schedule, because the bus ends at 6:30, I have to make sure I can get on bus on time. But I do know, Hangzhou is improving its transportation system.

交通对我来说是一个挑战。我一般乘坐公交出行，但是通常都很拥挤。这时我必须安排好一天的出行计划。因为公交车最后一班车的发车时间是6:30，我要确保我能准时赶上末班车。不过我知道，杭州正在完善交通系统。

2. Which scenic spots left you the deepest impression in Hangzhou?

请问你对杭州哪个景点印象最深？

I have visited many places around the West Lake. The lake is quite beautiful and it is nice to walk around. I also enjoy going to the Wushan Square, which is a great place for shopping and food.

我游览过许多西湖周围的景点，西湖是个既美丽又适合散步的地方，我也去过吴山广场，那里不仅购物方便，还有很多美食。

3. How do you think about the food in Hangzhou?

请问你对杭州菜肴有何评价？

I had tasted many kinds of home cooking food in Hangzhou. I also enjoy the West Lake Fish in Vinegar Gravy, I know that is good, I really enjoy it.

我吃过杭州的好多种类的家常菜，我也非常喜欢西湖醋鱼，味道鲜美，我真的很喜欢。

4. How do you think about the economic development of Hangzhou?

请问你认为杭州的经济发展如何？

I think the economic development in Hangzhou is growing rapidly, and people in city need to spend money.

我认为杭州的经济发展还是比较快的，城市里的人们需要消费。

5. Do you have any plan of living in Hangzhou for a long time? If not, why?

请问你在未来几年有没有在杭州长期居住的计划？

I consider moving back to China to teach English, whether in Hangzhou or Shanghai, I am not sure, but I will not live in Shanghai forever, I will not live in any city forever in China.

我考虑还是回到中国教学，至于是住在杭州或是上海我还不怎么确定，但是我不会长期生活在上海，我也不会长期定居在中国的任何一个城市。

6. What made you come to Hangzhou at the first time?

请问当初是什么促使你来到杭州的？

As I know, I am here since it is part of my school program, I am working on the master's degree in International Studies and part of the program is to come to China for teaching. I had no choice, teaching adults or children. I chose adults.

据我所知，我在这里是我的学校课程的一部分，我在攻读国际研究硕士学位，其中一项学习计划是来中国教学。给成人或者儿童授课，我选择了成人。

7. How you think about the commodity price in Hangzhou?

请问你认为杭州的物价怎么样？

I think it is may be a little bit high comparing with that of Shanghai.

我认为和上海相比这个价格是有点贵的。

8. What do you like most in Hangzhou ?

请问你最喜欢杭州的那一点？

Of course my loving students, also I do enjoy going to the West Lake. And I also went to the Lingyin Temple, I enjoy it very much. I know there are many temples in China.

当然是我可爱的学生了，我也很爱去西湖玩，我去过灵隐寺，我也很喜欢那里，我知道在中国有很多这样的寺庙。

9. Would you like give some suggestions about how to develop Hangzhou?

请你给杭州的发展提几点意见或建议好吗？

No.1 of course is the transportation, but I also hope the city can keep the school growing. As you know, tourism is going rapidly, and the school buildings were built ten years ago. And secondly, I think the city should provide more transportation service for students so that it can make sure students can go to towns. Now there is only two bus lines. But there are thousands of students.

首先当然是交通问题，但我也希望城市能够保持学校的发展。如你所知，旅游业发展快速，但校舍却建于 10 年前。第二，我觉得应该增加学生去市区的交通路线，因为现在只有两条交通路线，却有好几千名学生。

采访者：倪某、陆某

采访对象：波琳娜

国籍：俄国

职业：某学院俄语外教

1. Сейчас начнём. Это маленькое интервью. Сначала расскажите немного о себе. Как вас зовут? Откуда вы приехали?

您好。这是个小小的采访。能先自我介绍一下，您叫什么名字，来自哪里吗？

Меня зовут Полина, я приехала из России, из города Екатеринбурга.

我叫波琳娜，来自俄罗斯叶卡捷琳堡市。

2. Когда вы впервые приехали в Ханчжоу?

请问您第一次来杭州是什么时候？

Я впервые приехала в Ханчжоу в октябре 2010 года.

我第一次来杭州是 2010 年 10 月份。

3. Зачем вы приехали в Ханчжоу? Учитесь или работаете?

您来杭州是因为学习还是工作？

Я здесь работаю.

是来工作的。

4. Скажите, в каких местах вы были в Ханчжоу?

您去过杭州的哪些地方？

По озеру Сиху, в Храме Линьинь, в Музее Чая, Погаде Лэй Фэн, улице Хэ Фан, и в других местах.

我去过西湖、灵隐寺、茶博物馆、雷峰塔、河坊街，还有一些别的地方。

5. В Ханчжоу много вкусных блюд, и что вы уже попробовали? Расскажите о впечатлениях.

杭州有很多美食，您品尝过什么？可以谈谈感受吗？

Да, конечно. Я попробовала Свинину, пельмень, говядину и так далее. И я не знаю, как называть другие, потому что в Россих таких нет.

嗯。品尝过。比如说东坡肉、饺子、牛肉等。还有一些我不知道是什么，因为俄罗斯没有。

Ага... Говядина действительно вкуснее.

啊……特别好吃。

Да, мне очень нравится.

是的，很好吃。我很喜欢。

6. Сможете ли вы посоветовать вашим друзьям в Ханчжоу на экскурсию? Почему?

您会介绍您的朋友来杭州旅游吗？

Конечно, я смогу. Здесь много интересных и красивых мест, и недавно был мой друг.

当然会。这里有很多有意思又漂亮的地方。前不久我就有朋友来玩过。

7. Какое впечатление произвёл на вас Ханчжоу?

杭州给您留下了哪些印象？

Очень прекрасное, Ханчжоу – это большой и красивый город.

印象很好。杭州是个美丽的大都市。

8. Приедете ли вы ещё раз в Ханчжоу, если у вас будет возможность?

如果有机会的话，您还会再来杭州吗？

Да, конечно, с удовольствием приеду ещё раз.

当然会。很希望能再来。

9. А чем-то вы недовольны?

那杭州有没有使您不太满意的地方？

Ни о каком плохом я не скажу, только я думаю, что это очень крупный город, только в чём-то неудобнее.

也没有特别不满意的地方，只是我感觉这个城市很大，大城市总会有些不太方便的地方。

10. И в транспорте неудобнее? Да?

是觉得交通不太方便吧？

Да, каждый раз я хожу в магазин, на автобусе очень долго. И жаль, что здесь нет метро. Одним словом, всё хорошо.

是的，交通有点不太方便，每次去商店都要坐很久的车，可惜这里没有地铁。（注：采访时杭州还没有地铁。）但是总体来说还是不错的。

11. Что вы посоветуете для лучшего развития в Ханчжоу?

您能为我们今后更好的发展提一些建议吗?

Я думаю, что есть необходимость открыть метро и увеличить количество карт города возле остановок общественного транспорта для лучшей ориентировки. и в некоторых местах немножно грязно, а в России везде чисто. Ну и всё.

我觉得有必要开通地铁。同时我觉得地图很有必要,希望能在公交车站增设地图,以便了解所在地方位。还有,有些地方很脏,而俄罗斯哪里都很干净。大概就这些吧。

Большое спасибо.

非常感谢!

采访者：倪某、周某

采访对象：叶卡捷琳娜

国籍：俄国

职业：俄语外教

1. Здравствуйте, Скажите，Как вас зовут? Откуда вы приехали?

您好，请问您贵姓，来自哪里？

Екатерина Филиппова. Из Москвы.

我是叶卡捷琳娜，来自莫斯科。

2. Когда вы приехали в Ханчжоу?

您是什么时候来杭州的？

В июле 2011.

2011 年 7 月来的。

3. Зачем вы приехали в Ханчжоу? Учитесь или работаете?

您来杭州是学习还是工作？

Учу китайский язык.

是来学汉语的。

4. Скажите, в каких местах вы были в Ханчжоу?

请问您去过杭州哪里？

По озеру Сиху, в Мейдзяву, на проспекте Хэйфан, в Чжэцзянском музее, в историческом музее и т. д.

我去过西湖、梅家坞、河坊街、浙江博物馆、历史博物馆等。

5. В Ханчжоу много вкусных блюд, вы уже попробовали?

杭州有很多好吃的食物，您品尝过吗？

Да, конечно. Я постоянно кушаю.

当然品尝过，我经常会去吃地方菜。

6. Сможете ли вы посоветовать вашим друзьям в Ханчжоу на экскурсию? Почему?

您会介绍你的朋友来杭州旅游吗？

Конечно, моим друзьям, которые побывали здесь, очень нравится город. Они особенно любят гулять по горам, ходить в монастыри.

当然会。所有我邀请来这里的朋友都很喜欢杭州，特别喜欢去山上散散步、去寺院走走。

7. Какое впечатление произвёл на вас Ханчжоу?

杭州给您留下了什么印象？

Очень приятное впечатление. Город чистый и красивый, много зелени. Я живу на западе города. На восточной части города очень шумно и много машин, но всё-таки здесь центр города.

很好的印象。城市绿化好，干净又漂亮。我住在城西，城东虽然很吵闹而且汽车多，但仍然是市中心。

8. А чем-то вы недовольны?

有没有什么不太满意的地方吗？

Мне не нравится восточная часть города: много машин, стройки...

我不喜欢城东。不但车辆多，还有很多工地。

9. Приедете ли вы ещё раз в Ханчжоу, если у вас будет возможность?

如果有机会，您还会再来杭州吗？

Да, конечно, приеду ещё раз.

嗯，当然会再来。

10. Что вы посоветуете для лучшего развития в Ханчжоу?

您能给我们提一些有助于杭州发展的建议吗？

Я хочу, чтобы поскорее закончить строительство метро, восточная часть станет более чистой и спокойной.

我希望能早点完成地铁建设，这样城东会变得干净而安静。

Спасибо

谢谢！

采访者：朱某、黄某
采访对象：柳承宜
国籍：韩国
职业：某学院韩语外教

1. 안녕하세요? 우리 예쁘신 류승의 선생님, 이렇게 바쁘신데도 불구하고 시간을 내셔서 저희 인터뷰에 응해주셔서 정말 감사합니다. 오늘의 주제는 항주에 대해 이야기를 나누는 것입니다. 선생님, 항주에 오신 게 처음이 아니시지요?

漂亮的柳承宜老师，您好！感谢您百忙之中接受我们的采访。今天我们就围绕着"杭州"这个主题谈谈。老师不是第一次来杭州吧？

네. (처음이 아님)

是的（不是第一次）。

2. 그럼, 이번에는 항주에 오신지 얼마 되셨습니까?

那么，这次来杭州有多久了？

2009년 8월에 왔는데 3년이 됐습니다.

我是 2009 年 8 月份来杭州的，快 3 年多了。

3. 아~ 선생님께서 이곳에 오래 사셨군요. 그럼 항주에 오신 계기는 무엇입니까?

哦，那您在这里也生活了很长一段时间了。为什么会来杭州呢？

직업 때문입니다. 이번에는 원어민 선생으로 학교에서 일하고 있습니다.

因为工作。就像现在，我是一名外教。

4. 네. '항주' 하면 뭐가 제일 먼저 머리에 떠오르십니까?

嗯。提起杭州，首先映入您脑海的是什么？

하늘에는 천당이, 땅에는 소주와 항주가 있다는 말이 제일 먼저 생각납니다. 그러면서 서호도 떠오릅니다. 전에는 책을 통해 항주를 알게 되었지만 직접 와서 보니까 경치가 참 아름답고 환경도 좋다는 생각이 들었습니다.

首先想到"上有天堂，下有苏杭"这句话，同时联想到西湖。刚开始是从书本上了解了杭州，后来来到杭州，发现这里的风景很美，环境也很好。

5. 아까 서호를 말씀하셨는데 서호 어디에 가 보셨습니까? 그 중에서 어느 곳을 가장 좋아하십니까?

刚才听您提到西湖，您具体去过哪里？最喜欢哪里？

서호와 그 주변에 다 가봤어요. 동쪽, 서쪽, 남쪽, 북쪽의 경치는 모두 다르다고 생각해요.

西湖，包括周边都去过。感觉西湖的东西南北都不一样。

6. 항주에서는 쌀과 물고기의 고향으로 강남지역의 풍요로움을 가장 잘 느낄 수 있는 곳입니다. 뿐만 아니라 서호 호반을 거닐면서 옛날 문인들의 자취를 볼 수도 있습니다.

杭州是鱼米之乡，不仅能感受到江南地区的富饶，当走在西子湖畔的时候，还能看到古代文人的遗迹。

소동파 이야기를 들어본 적이 있습니다. 전에 한국에서도 소동파 얘기 많이 들었습니다. 서호십경 중에서 가장 대표적인 소제춘요, 그건 바로 소동파가 항주에서 벼슬할 때 지은 거라고 들었습니다.

我听说过苏东坡，在韩国也经常听到很多有关苏东坡的故事。西湖十景中最有代表性的是苏堤春晓，据说正是苏东坡在杭州为官时所建的。

예. 알겠습니다. 동파육도 드셔 보셨지요?

嗯。东坡肉吃过吗？

그럼요. 정말 맛있던데요. 하지만 기름끼가 좀 많더라고요.

吃过。很好吃，但感觉太油了。

7. 항주는 중국 7대고도 중의 하나로 역사가 2200년이나 된답니다. 혹시 실크로드도 아십니까?

杭州是中国七大古都之一，有将近 2200 年历史。您有听说过丝绸之路吗？

서안 아닙니까?

那不是指的西安吗?

8. 이밖에도 전당강 해조를 아십니까?

知道钱塘江大潮吗?

전당강은 병목처럼 급작스럽게 좁아져서 바다물의 역류현상 때문이랍니다. 맞지요?

我听说那是因为钱塘江口像瓶颈一样窄，海水会产生逆流现象，对吧?

9. 네 . 전당강에 대해 많이 아시네요 . 직접 가 보셨습니까 ?

是的，您对钱塘江知道得不少啊，有去过吗？

못 가 봤어요 . 사진만 봤어요 .

没有去过，只是在照片里看过。

네 . 역류현상은 음력 8 월 18 일쯤에 제일 뚜렷합니다 . 나중에 시간이 있으시면 가 보실 수 있습니다 .

恩，逆流现象在农历八月十八日前后最为明显，以后有时间的话可以去看看。

10. 친구에게 항주를 소개하면 무엇을 소개하겠습니까 ? 왜그렇습니까 ?

向朋友介绍杭州的话，您会介绍什么？为什么？

항주의 음식을 소개하고 싶습니다 . 그리고 항주는 큰 도시니까 항주의 발전 상황도 소개하겠습니다 .

会介绍杭州的饮食。另外，因为杭州是一个大城市，我会向人介绍杭州的发展状况。

11. 항주에는 얼마 동안 계실 계획입니까 ? 나중에 또 오실 겁니까 ?

准备在杭州待多久，以后还会再来吗？

아직 결정할 수 없습니다 . 여기 계속 살고 싶지만 결혼 문제 등 때문에 빨리 띠날 수도 있습니다 .

现在还不确定，很想继续在这里生活，但也可能会因为结婚等原因提早离开。

오늘 덕분에 항주 이야기를 하면서 즐거운 시간을 보냈습니다 . 정말 감사합니다 .

今天聊得很开心。非常感谢。

采访者：梁某、方某

采访对象：外籍人士

国籍：日本

职业：某学院日语外教

1. ご出身は何所ですか。

您来自哪里？

日本の東京です。

日本东京。

2. 初めて杭州へ行ったのはいつですか？

您第一次来杭州是什么时候？

2007 年です。

2007 年。

3. あなたはどうやって杭州を知りましたか？

您是通过什么方式了解杭州的？

私の丈夫は杭州人ですから。

因为我的丈夫是杭州人。

4. 今の杭州での生活に慣れましたか？ なぜですか。

您已经适应在杭州的生活了吗？ 为什么？

はい、慣れました。 ３年間住んでいますから、大体慣れました。

是的，已经适应了。因为已经在杭州生活了 3 年，所以基本适应。

5. 杭州のどんなところが最も魅力的ですか？

杭州最吸引您的地方有哪些？

杭州の魅力的なところはたくさんがあって、もちろん西湖でしょう。
最もいい所です。

杭州有很多具有魅力的地方，其中最好的当然是西湖。

6. 今まで中国の他の都市に行ったことはありますか？ 例えば？

您曾经去过中国的其他城市吗？ 比如说？

もちろん，北京、上海、西安など色々な都市にいきました。

是的。比如去过北京、上海、西安等城市。

7. 杭州にいた時、最も印象に残ったのは何ですか？

请问您在杭州期间让您印象最深的是什么？

もちろん、西湖です。

当然是西湖。

8. 国にいる時、杭州という都市を聞いたことがありますか。

您在自己的国家时，有没有听说过杭州？

はい、あります。

是的，听说过杭州。

9. 杭州に対するおおよその印象をお答えいただけますか？

您能大致说一下对杭州的印象吗？

杭州は最も有名ですから、みんな知っています。

因为杭州是很有名的城市，所以大家都知道。

10. 他の都市と比べて杭州特有のものは何だと思いますか？

和其他城市相比，您认为杭州特有的地方有哪些？

西湖、龙井茶、はさみなどです。

西湖、龙井茶、剪刀等。

11. 杭州の交通についてどう思いますか？

您认为杭州的交通怎么样？

不便です。

不太方便。

12. 杭州の改善すべきところは何ですか？

杭州在哪些方面需要进行改善？

あまりよくない公衆衛生や、空気汚染などがあります。

公共卫生、空气污染等方面还需改善。

采访者：李某、叶某

采访对象：外籍人士

国籍：西班牙

职业：西班牙语外教

1. Según la encuesta, tenenmos un impresión inicial sobre usted. ¿Y ahora nos podría contar un poco más de usted? Podemos comenzar por… ¿Cuánto tiempo lleva en Hangzhou?

根据上次的问卷调查，我们对你已经有了初步的了解。我们想对你做进一步的了解，比如可以从你在杭州待了多久开始。

He vivido más de 4 años en Hangzhou. Al principio vine sólo por el turismo, y después me quedé para aprender el idioma chino.

我已经在杭州住了四年多了。刚开始只是来旅游，后来为了学中文，我又继续留下来了。

2. Después de esos años, te has decidido a establecerte en Hangzhou? Si un día te vas, ¿qué es lo que más extrañarás?

过了这些年，你决定在杭州定居吗？如果有一天你要离开，让你最牵挂的是什么？

Lo que más extrañaré será la gente.

我最牵挂身边的那些人。

3. ¿Has tenido intención de volver a tu país?

你有想过回西班牙吗？

Sí sí, muchas veces, cuando echa de menos a mi familia y mis amigos y la comida de mi país, tengo muchas ganas de volver a España.

有过，很多次。每当想念我在西班牙的亲朋好友以及西班牙美食的时候，我就很想回国。

4. ¿Por qué elegiste vivir y trabajar en Hangzhou en lugar de Shanghai, Beijing, las ciudades metropolitanas? Me parece que ahí hay muchos extranjeros.

为什么你决定在杭州生活、工作，而不是去像上海、北京这样的大都市呢？我觉得那些地方外国人会更多。

Sí, allí hay muchos extranjeros y eso es lo que no me gusta. Prefiero más vivir con los chinos, porque estoy en China, prefiero tener una vida como los chinos.

是的，虽然那里有很多的外国人，但这个恰恰是我不喜欢的。我更喜欢多和中国人接触，因为我在中国，我想更贴近中国式生活。

5. ¿Y quieres ser único?

你想变得与众不同？

No, es que quiero tener más contactos con la cultura china. Beijing y Shanghai ya son muy cosmopolitas y occidentales, no son muy chinas. Si···, ves por ejemplo, Shanghai, en cada esquina tiene un McDonalds, y eso no es China, China no es Mcdonalds. Entonces Hangzhou es diferente, es una mezcla, porque Hangzhou no es una ciudad muy tradicional ni tan internacional como Beijing y Shanghai, es una balanza.

不是。我想与中国文化有更多的接触。像北京、上海等大都市，太西式化。比如在上海，每一个角落都会有一家麦当劳，而这些不是中国的东西，中国不应用麦当劳来代表。而杭州不同，它是一个混合体。杭州既不特别传统，又有一点国际化。杭州是一个比较平衡的城市。

6. Tú has viajado por otras ciudades chinas, y en comparación con esas ciudades, ¿qué es lo exclusivo de Hangzhou?

你有去中国的其他城市旅游吗？和他们相比，杭州有什么独特之处？

Exclusivo de Hangzhou... aparte del Lago de Oeste y lo bonito qué es... Eso es lo que digo, es una mezcla entre internacional y típica que tiene yo creo.

杭州的独特之处……除了西湖之外，它的美也就是我所说的，在于传统和国际化之间。

7. La primera vez que viniste, ¿cuál fue tu primera impresión de esta ciudad?

当你第一次来杭的时候，你对杭州的第一印象如何？

Era una ciudad con muchísima gente, pero es muy bonita y con mucho verde.

杭州是一个很拥挤的城市，但是非常漂亮，绿化也很好。

8. Y tú has estado en Hangzhou por mucho tiempo, incluso más tiempo

que nosotros. Entonces tú habrás cambiado mucho, ¿tú nos podrías contar algunos?

你在杭州待了很长时间了，甚至比我们还长。想必你会有很大的变化，可以跟我们谈谈么？

Algunos cambios que he tenido..., así como algunas costumbres se han cambiado, por ejemplo, antes no tomaba agua caliente, ahora sí. Antes no me gustaba el té, ahora sí me gusta mucho. Qué más..., comer temprano igual que los chinos. El almuerzo de los chinos está a las 11:30, 12:00. Nosotros generalmente comemos, a las dos o tres.

关于我的变化……比方说，以前我不喝开水，但现在我经常喝；以前我不喜欢喝茶，现在我非常喜欢。而且我和中国人一样午饭吃得很早。中国人吃午饭在 11 点半或者 12 点左右，而在西班牙通常在 2 点或者 3 点。

9. Según la encuesta, ya sabemos que los amigos tienen un papel importante en tu vida. Pues tienes muchos amigos chinos, ¿si?

据说在你的生活中，朋友扮演着一个很重要的角色。你在中国是否也有很多朋友？

Muchos no, tengo pocos amigos chinos, tampoco tengo muchos ammigos extranjeros.

不是很多。我只有很少的几个中国朋友，外国朋友也不是很多。

10. Me gustaría saber como convive con tus amigos.

我想了解下你是如何跟朋友相处的。

¿Con los chinos?

和那些中国人？

Con los chinos y los extranjeros.

和中国的或者外国的朋友。

De los chinos, generalmente son mis estudiantes con los que mantenemos un contacto después de la clase, salimos juntos. Y con los extranjeros, algunos, porque estudiábamos juntos. Sí que estudiábamos chino juntos. Y lo de más, nos encontramos en un restaurante, y hacemos amigos poco a poco.

中国朋友，一般是我的学生。课后我们会保持联系，有时候也会一起出去。至于外国朋友，有些是和我一起学中文的；有些是饭店里遇到后在聊天中成为朋友的。

11. ¿Tienes alguna experiencia inolvidable con ellos?

你们有过难忘的经历么？

¿Con mis amigos extranjeros o los chinos?

和我的外国朋友还是和我的中国朋友？

Con los chinos.

中国朋友。

Con mis amigos chinos la experiencia inolvidable sería en el Karaoke yo creo, porque son locos. El Karaoke es una tendencia china ahora entre los jóvenes. Les gusta cantar mucho. Sin embargo, en Colombia, preferimos bailar con los amigos que ir a KTV. A los chinos, les gusta mas cantar y comer en KTV en vez de bailar. Todos cantan muy bien. Cuando ibamos juntos, toda la gente canta mucho mejor que yo.

和中国朋友的难忘经历，我感觉是在KTV。因为他们玩得很疯。去KTV算是中国年轻人的传统节目，他们很喜欢唱歌。在哥伦比亚，我们也有KTV，但更喜欢和朋友们一起去跳舞。中国人不同，他们更倾向于吃东西和唱歌，而且唱得很好。当和我的学生或朋友去KTV的时候，他们都比我唱得好很多。

12. ¿Puedes cantar canciones chinas?

你会唱中文歌吗？

No puedo. Solo puedo cantar un pedacito a veces cuando yo veo las letras. Digamos que TIAN MI MI o FEI DE GENG GAO, las canciones que aprendí de la escuela. Pero las canciones populares de ahora no, no puedo.

我不会。但我可以边看歌词边跟唱一小段，比如《甜蜜蜜》或者《飞得更高》。这些都是在学校里学的，但现在流行的歌曲我不会。

13. ¿Tus amigos te han invitado a su casa durante las fiestas?

在节日里，你的朋友会邀请你去他们家做客吗？

Mis amigos chinos me han invitado muchas veces, especialmente en la noche del año nuevo, pero nunca fui. Por que en ese momento, estaba en Colombia con mi familia.

中国朋友曾经多次邀请过我，特别是在春节的时候，但是我都没有去过，因为春节的时候通常我在哥伦比亚。

14. ¿Estás satisfecho con las comunicaciones que tienes con los locales?

你对和当地人的交流满意么?

No mucho, porque mi chino no es muy bueno.

不是很满意，因为我的中文不是很好。

15. ¿Entonces el idioma es un problema?

所以语言是一个障碍吗?

Sí el idioma es un problema, porque no puedo..., ok puedo hablar en chino, pero no puedo hablar de todo, hay muchas palabras que no sé, hay muchas palabras que olvidé. Para ellos, no pueden hablar todo en español. Por lo menos, el idioma es un problema cuando nos comunicamos.

语言的确是一个障碍。我会说一点中文，有很多词我不会，也有很多词我忘记怎么说了，就像有时候他们也没办法全部用西班牙语来表达。至少在交流方面，语言是一个问题。

16. Si supieras hablar bien el chino, te facilitaría la vida. Por cierto, ¿cómo te parecen las actividades efectuadas por nuestro gobierno para los extranjeros?

如果你能说一口流利的中文，那生活就会方便很多。顺便问一下，你对政府开展的一些对待外国人的活动有什么看法?

No conozco las actividades del gobierno para los extranjeros, pues no sé cómo contestar.

我不清楚政府举行的这些活动，所以，我没办法回答。

17. Pues en tu punto de vista, ¿qué tipo de actividades pueden atraer más a los extranjeros?

在你看来，开展什么样的活动可以吸引更多的外国人?

Actividades..., por ejemplo, intercambio de idioma, chinese corner, english corner o spanish corner, actividades así en las que los extranjeros pueden enseñar el idioma y a la vez aprender su idioma.

活动……比如说，建立一个语言交流的平台，如中文角、英语角、西班牙语角，在这类活动中，外国人可以在教中国人外语的同时学习中文。

18. ¿Tienes un nombre chino?

你有中文名么？

Sí, Wei Ma.

有，威马。

19. Cuando estás en apuros, ¿a quién prefieres acudir?

当你遇到困难的时候，你会向谁寻求帮助？

Generalmente si es un problema de chino y con los chinos, pido ayuda a CHE.

通常来说，如果是跟中文或者跟中国人有关的问题，我会向 CHE^① 寻求帮助。

20. Y tras algunas entrevistas, muchos mencionaron el fenómeno de los mendigos, ¿cuál es tu opinión sobre eso?

在几次采访后，很多人都提到了乞丐现象，你对此有何意见？

Es muy triste, es muy triste ver tantos mendigos en la calle. Normalmente son mendigos muy muy viejos. Para mi, es muy triste. En Colombia, también tenemos mendigos, pero generalmente son jóvenes y son niños pobres. Pero en China, estoy muy triste que veo a tantos viejos.

看到这么多的乞丐，觉得他们很可怜，通常都是一些年老的乞丐。 对我来说，这些人很可怜。在哥伦比亚，也有乞丐，但都是一些年轻人或者身体不好的小孩子。而在中国，看到如此多年老的乞丐，我感到很遗憾。

21. ¿Cómo te parece el tráfico de esta ciudad?

你对杭州的交通有什么看法？

Terrible, sí, horrible, muy malo.

很糟糕，真的，很差。

22. ¿Tienes sugerencias para otros extranjeros que viven aquí?

你对其他生活在杭州的外国人有什么建议？

Sugerencias..., aconsejo que tengan más contactos con los chinos, porque yo no veo que hay muchas relaciones entre los chinos y los extranjeros, normalmente los extranjeros van aparte y los chinos van aparte. Entonces si vienes a China y quieres aprender bien chino, lo mejor es que tener una novia

---

① CHE 是威马的朋友。

china. Eso sería mejor, el mejor método. Si no puedes, amigos, tener amigos chinos.

建议的话……我建议他们可以多跟中国人接触，因为我很少看到中国人和外国人在一起玩耍，基本上都是外国人在一起，中国人在一起。所以，如果你要来中国并且想学习中文，最好的方法是有一个中国的女朋友。如果没有，多交几个中国朋友也很好。

Gracias por su tiempo. Te lo agradecemos sinceramente. Si te encuentras con algún problema o tienes sugerencias útiles para mejorar la imagen de la ciudad, dinos por favor y te ayudaremos con todo lo que podamos.

我们非常感谢你。如果你遇到困难了或者有其他积极的建议可以优化杭州形象，请跟我们说，我们会尽力帮助你。

索　引

后 记

城市旅游业与众多业态相关联，丰富的业态为城市旅游业的发展注入源源不断的活力。同时，城市旅游语言使用的规范性、系统性有助于提升城市国际化水平，促进城市旅游业的国际化发展。

杭州历史悠久，文化底蕴深厚，拥有丰富、独特的旅游资源。近十年，杭州加快了各业态融入城市旅游发展的步伐，涉及传统工艺品、化妆品、保健品、食品饮料、通信、循环经济等行业。社会资源国际访问点的开发和建设是多业态融合旅游发展的重要载体，研究小组对国内外游客做了问卷调查和访谈，他们对杭州的评价总体较高。针对部分游客英语能力较差的状况，英语较好的国外游客会用母语解释问卷或访谈内容。他们在行程安排紧张的情况下，还全力配合我们的调研工作，让我们备受感动，也反映了他们对这座城市的期待。最让他们感兴趣的是杭州的历史和文化，包括社区文化、农事体验、茶文化、农贸市场等。他们为访问点的国际化发展提出了众多良好的建议。这些建议已经提交给政府主管部门，为国际访问点可持续发展政策的制定提供了重要参考依据。2016 年，杭州市旅游委员会已经启动国际访问点的标准化试点工作，制定了《社会资源国际旅游访问点设置与服务规范》标准，从设施、环境、服务、管理等方面对访问点进行进一步优化和规范，这将大幅提高访问点的管理和服务水平，促进访问点的健康、可持续发展。2017 年上半年，《社会资源国际旅游访问点设置与服务规范》标准已通过地方评审，成为地方标准，为培育环境优良、服务人性、管理规范的访问点提供了制度保障。

城市国际化的发展程度反映了城市旅游业发展的阶段，不断推进城市国际化发展是国内外城市不断努力的方向和目标。为了全面了解杭州的国际化发展程度，项目组对来自不同国家和地区的游客、在杭州工作或学习的外国人进行了问卷调查，部分还进行了访谈。问卷调查环节总体更顺利，主要是因为问卷调查耗时较短，而访谈的时间较长。调研阶段搜集的所有数据和建议都提交给政府旅游主管部门，由旅游主管部门统筹，协调政府其他部门，升级城市硬件设施，不断提高服务水平和质量。

城市旅游语言的规范性、系统性是一个城市的名片，反映了一个城市的国际化水平，语种多样性更是反映了一个城市的包容性和文化多样性。项目组邀请了不同语种的教师参与，在统筹研究对象、研究目标后，齐心协力，共同完成了不同语种的语料搜集和分析，并进行了多次论证。团队协作至关重要，大家在完成教学、学生管理等重点工作的前提下，保障了整个项目的顺利推进，并根据专家意见，多次进行修改。没有团队的努力和协作，不可能如期完成各项研究任务。

最后，衷心感谢我们项目组所有成员的辛苦付出，感谢专家的指点和同行的帮助。

图书在版编目（CIP）数据

城市旅游业及其语言使用研究 / 黄慧，梁兵，陈倩
茜著 . —杭州：浙江大学出版社，2018.11
ISBN 978-7-308-17848-8

Ⅰ . ① 城… Ⅱ . ① 黄… ② 梁… ③ 陈… Ⅲ . ① 城市旅
游－应用语言学－研究 Ⅳ . ①H08

中国版本图书馆 CIP 数据核字（2018）第 008706 号

城市旅游业及其语言使用研究

黄 慧 梁 兵 陈倩茜 著

责任编辑	杨利军	
文字编辑	吴水燕	
责任校对	戴依依	
封面设计	周 灵	
出版发行	浙江大学出版社	
	（杭州市天目山路 148 号 邮政编码 310007）	
	（网址：http://www.zjupress.com）	
排 版	杭州中大图文设计有限公司	
印 刷	虎彩印艺股份有限公司	
开 本	710mm×1000mm 1/16	
印 张	21.5	
字 数	360 千	
版 印 次	2018 年 11 月第 1 版 2018 年 11 月第 1 次印刷	
书 号	ISBN 978-7-308-17848-8	
定 价	65.00 元	